W0291403

# Le trésor des alchimistes

J'AI LU

## JACQUES SADOUL

| | |
|---|---|
| LE DOMAINE DE R. : | *J'ai lu* 2522/**6*** |
| LA PASSION SELON SATAN | |
| LE JARDIN DE LA LICORNE | |
| LES HAUTES TERRES DU RÊVE | |
| | |
| LA MORT DU HÉROS | *J'ai lu* 1950/**3*** |
| TROIS MORTS AU SOLEIL | *J'ai lu* 2323/**3*** |
| L'ÎLE ISABELLE | *J'ai lu* 2623/**3*** |
| LE MORT ET L'ASTROLOGUE | *J'ai lu* 2797/**3*** |
| HISTOIRE DE LA SCIENCE-FICTION MODERNE | |
| L'ENFER DES BULLES : 20 ans après | |
| LE TRÉSOR DES ALCHIMISTES | *J'ai lu* 2986/**4*** |
| L'ÉNIGME DU ZODIAQUE | |
| LES FILLES DE PAPIER | |
| LES TROIS VISAGES DE L'ASTROLOGIE (en collaboration avec M. Gauquelin) | |
| HIER, L'AN 2000 | |
| LE GRAND ART DE L'ALCHIMIE | |
| 93 ANS DE B.-D. | *J'ai lu* 2561/**7*** |
| ANTHOLOGIE DE LA LITTÉRATURE POLICIÈRE | |
| ANTHOLOGIE DE LA LITTÉRATURE DE SCIENCE-FICTION | |
| LES MEILLEURS RÉCITS DE WEIRD TALES | *J'ai lu* 2556/**6*** |
| MA GASGOGNE | |
| | |
| *Cycle Carol Evans* | |
| L'HÉRITAGE GREENWOOD | *J'ai lu* 1529/**3*** |
| LA CHUTE DE LA MAISON SPENCER | *J'ai lu* 1614/**3*** |
| L'INCONNUE DE LAS VEGAS | *J'ai lu* 1753/**3*** |
| DOCTOR JAZZ | *J'ai lu* 3008/**3*** *(fév. 91)* |

JACQUES SADOUL

# Le trésor des alchimistes

Édition revue par l'auteur

ÉDITIONS J'AI LU

A précédemment paru sous le nº A258

# AVANT-PROPOS

« Même pour un apothicaire, la vie n'est pas facile dans le nouveau monde », songeait Mr Starkey qui avait émigré d'Angleterre en Amérique, au début du XVII$^{e}$ siècle.

Il ôta la pancarte *chambre à louer* qu'il avait accrochée à la devanture de son officine. Son nouveau locataire, un certain John Smith — un nom d'emprunt assurément — était un homme sans âge, de taille moyenne, au visage banal, mais assurément instruit. Allons, il n'aurait pas d'ennuis avec celui-là, comme avec l'ivrogne qui, l'hiver précédent, avait importuné la fille du voisin.

Mr Smith fut en effet un pensionnaire modèle et Starkey avait presque oublié son existence, lorsqu'un soir son locataire demanda la permission d'utiliser le petit laboratoire de la pharmacie. Il désirait essayer un nouveau colorant, expliqua-t-il. Mr Starkey y consentit volontiers mais, trouvant la demande bizarre, suggéra à son fils, George, de jeter un coup d'œil sur l'opération par une fente d'un volet.

Le jeune homme prit donc position et vit Mr Smith pénétrer dans le laboratoire, porteur d'un sac de dimensions réduites mais visiblement fort lourd. Il en retira des morceaux d'un métal gris et terne, probablement du plomb, qu'il plaça dans un creuset sous lequel il alluma un feu violent. Lorsque le métal eut atteint son point de fusion, l'homme prit dans sa poche une petite boîte qui contenait une sorte de poudre rougeâtre. George le vit alors enrober un grain de cette poudre dans un peu de cire et jeter la boulette ainsi obtenue dans le métal en fusion, puis il alla tranquillement s'asseoir. George dut attendre un bon quart d'heure avant de voir Mr Smith verser le métal fumant dans une lingotière. Le jeune homme écarquilla alors les yeux de stupéfaction, le métal coulé était jaune, avec des reflets verts, en un mot il avait acquis la couleur de l'or fondu.

C'est alors que l'alchimiste — puisqu'il faut bien l'appeler ainsi — se tourna vers le volet par où l'observait George Starkey et dit:

— Entrez donc, jeune homme, puisque mes opérations vous intéressent.

L'étrange personnage ne s'offensa pas d'avoir été espionné et fit cadeau à ses hôtes d'une partie du produit de sa transmutation, par contre il refusa catégoriquement de les initier à son art, disant à George, qui se faisait plus pressant que son père:

— Mon ami, si Dieu vous a élu pour cet Art, il vous accordera en temps utile sa science, mais si, dans sa Sagesse, il vous juge impropre à l'exercer, ou s'il voit que vous en mésusez, bien fou serait l'homme qui armerait le bras d'un ignorant capable de porter préjudice à ses semblables.

Dans la relation qu'il laissa de l'événement, Starkey précisa: « J'avoue que cette leçon de la divinité ne me fit pas plaisir. » L'alchimiste, voyant son dépit, ajouta:

— Sachez que nous sommes strictement tenus

par des vœux sévères de ne jamais procurer la connaissance de notre Art à quiconque apporterait la confusion dans le monde, s'il en disposait, et de tous les maux qui en résulteraient, l'Adepte qui en aurait indirectement été l'instigateur devrait répondre devant Dieu.

— Je comprends, monsieur, répondit le père Starkey, mais au moins nous laisserez-vous savoir votre nom?

— On me nomme Eyrénée Philalèthe, Anglais de naissance, habitant de l'univers (1).

(1) Cette relation a pour origine l'ouvrage de Eirenaeus Philoponos Philalethes, *The Marrow of Alchemy* (la moelle d'Alchimie), publié en Angleterre en 1655 et actuellement conservé au British Museum. George Starkey en écrivit la préface sous le pseudonyme de Egregius Christo.

# AZOTH,

## OV LE MOYEN DE FAIRE l'Or caché des Philosophes.

*De Frere Basile Valentin.*

Reueu, corrigé & augmenté par Mr. L'agneau Medecin.

A PARIS.
Chez PIERRE MOET, Libraire Iuré, proche le Pont S. Michel à l'Image S. Alexis.

# LIVRE I

# L'ART HERMÉTIQUE

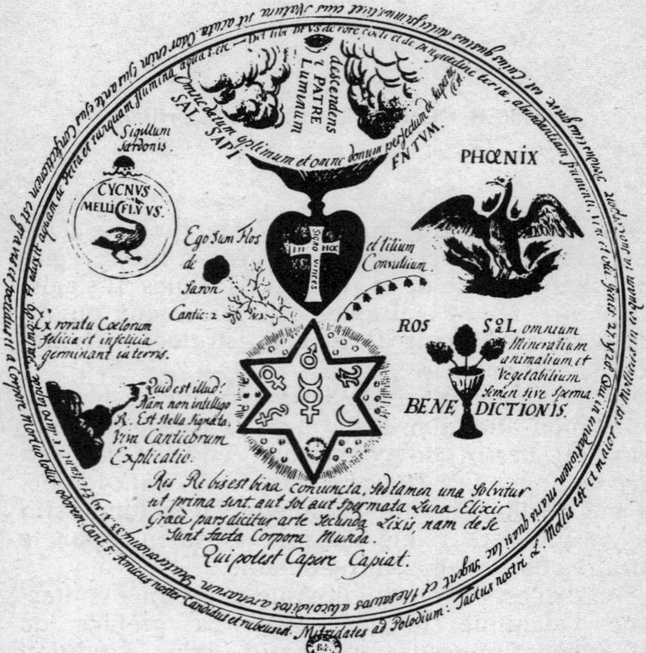


SYMBOLICAL ROSICRUCIAN PLATE FROM AN UNPUBLISHED MANUSCRIPT OF THE EIGHTEENTH CENTURY.

*The central part of the figure represents the three spheres, spirit, soul, body. In the spiritual world is the eye of God hidden by clouds. In the world of soul is a heart containing a cross symbolizing the purification of the human emotions. In the material world beneath are emblems of the elements and planets. From the material world rises the rose of Sharon and the lily of the valley, representing the emotional and intellectual approaches to truth. Surrounding the central design are several alchemical figures.*

**Figure symbolique de la Rose-Croix d'après un manuscrit inédit du XVIIIe siècle.**

# 1

## PREMIER CONTACT AVEC L'ALCHIMIE

Au cours du rude hiver 1956, je fus pris dans une tempête de neige qui m'obligea à me réfugier dans une librairie de la rue Saint-Jacques. Il s'agissait d'une de ces boutiques consacrées aux ouvrages occultes traitant de magie, astrologie, divination ou alchimie.

C'est finalement sur ce dernier rayon qu'un livre retint mon attention, d'abord par l'aspect moyenâgeux du dessin de couverture, ensuite par son titre étrange, *Les Douze Clefs de la Philosophie*. Je me décidai à faire l'emplette du volume afin de ne pas être rejeté dans la tourmente par le libraire qui me semblait redoutable.

Force m'est de reconnaître que ce premier contact avec l'alchimie fut décevant. La préface de M. Eugène Canseliet me parut d'une érudition dépassant largement les possibilités du néophyte que j'étais; quant au texte de l'auteur, le frère Basile Valentin, de l'Ordre de Saint Benoît, il ne répondait guère à son exorde, qui disait: « Dans ma préface, O très grand ami passionné d'art, je t'ai donné l'espoir de t'apprendre, par l'étude, et aux autres brûlant du même feu, les propriétés de la nature et, plus profondément, aux chercheurs, les arts, la pierre angulaire et le rocher, autant qu'il me fut accordé d'en haut. Je vais t'indiquer de quoi nos anciens Maîtres confectionnèrent leur Pierre, qu'ils avaient reçue du Très-Haut, dans le but de l'utiliser pour leur santé et la commodité de cette vie terrestre. »

Voilà qui était prometteur, mais le texte qui s'ensuivait était d'une obscurité telle que je n'y compris rien! Quant aux dessins des « douze clefs », qui — du point de vue artistique — étaient d'ailleurs fort beaux, ils m'en apprirent encore moins que les écrits du Maître. On y voyait quelques personnages richement vêtus, des animaux plus ou moins fabuleux et, parfois, des instruments qui semblaient plus directement en rapport avec l'alchimie, tels que creusets ou cornues. Des explications de M. Canseliet venaient certes préciser cette symbolique abstraite, mais elles me parurent surtout destinées à des lecteurs déjà initiés. Par exemple, il commençait ainsi son commentaire de la première figure: « Le Roi et la Reine de l'Œuvre, c'est-à-dire l'*or* et l'*argent philosophiques*, spagiriquement désignés par le loup et le gros *bouton de retour* sur la coupelle. Celle-ci et le creuset, au milieu des flammes, indiquent nettement la *voie sèche* dans laquelle joue un très grand rôle le *feu secret.* »

J'avoue que de telles explications, loin de dissiper mon embarras, ne firent que l'augmenter. Néanmoins, les étrangetés de Basile Valentin se mirent peu à peu à exercer sur moi une véritable fascination. Le désir de pénétrer plus avant dans ce monde occulte me saisit, et je retournai à la boutique de la rue Saint-Jacques. J'y demandai des ouvrages accessibles aux débutants ou des études de vulgarisation; le libraire me répondit, non sans une certaine condescendance, que les deux derniers livres de la sorte étaient parus respectivement en 1860 et 1891, et qu'ils étaient pratiquement épuisés depuis lors. Il ajouta qu'à l'heure actuelle on ne pouvait trouver que deux sortes d'ouvrages, les uns étant des rééditions de traités alchimiques des siècles passés, les autres des études modernes analysant les causes pychologiques, voire psychanalytiques, du « phénomène » alchimique, ces derniers livres étant toujours dus à des auteurs alliant, dit-il, l'incompétence à la fatuité. Devant mon air marri, il finit par aller chercher sur un rayon un livre qu'il me tendit.

— Tenez, me dit-il, prenez ceci. L'auteur, Claude d'Ygé, est un confrère qui est un spécialiste en art hermétique, c'est-à-dire en alchimie, ajouta-t-il voyant mon air surpris.

L'ouvrage s'appelait *Nouvelle assemblée des Philosophes Chymiques* et était paru en 1954, soit deux ans auparavant. Je me permis une question:

— Pourquoi ce titre étrange?

— On appelle les alchimistes des philosophes hermétiques ou chymiques, avec un y; c'est une dénomination traditionnelle. Quant au titre « nouvelle assemblée », il a sans doute été donné à l'imitation d'un vieil ouvrage, *Turba philosophorum*, qui doit se traduire par « l'assemblée des philosophes » et non « la Tourbe des philosophes », comme on le fait parfois.

Sentant que je perdais pied, je me hâtai de payer le livre et en commençai aussitôt l'étude. Ce n'était pas un ouvrage pour débutant, mais l'auteur avait su le rendre suffisamment clair pour qu'il soit accessible aux lecteurs attentifs. Il fut le sésame qui m'ouvrit la première porte de l'art hermétique.

Il me fallut plus d'un an pour me procurer la vingtaine d'ouvrages de base nécessaires à l'étude du sujet et, à mesure que je les étudiais, je sentis mon opinion première se modifier peu à peu. Au début, comme tout le monde, je pensais que l'alchimie était tout entière contenue dans cette définition de Louis Figuier: « L'objet de l'alchimie c'est, comme personne ne l'ignore, la transmutation des métaux; changer les métaux vils en métaux nobles, faire de l'or ou de l'argent par des moyens artificiels, tel fut le but de cette singulière science, qui ne compte pas moins de quinze siècles de durée. » (*L'Alchimie et les Alchimistes*, 1856.)

J'avais en effet lu que le travail pratique de l'alchimiste, appelé le *magistère*, tendait à réaliser une substance extraordinaire, la Pierre philosophale, qui avait la propriété de transmuter en or n'importe quel métal en fusion. Ainsi, dans son *Miroir d'Alquimie,* le moine britannique Roger Bacon ne déclare-t-il pas: « L'Alchimie est la science qui enseigne à préparer une certaine médecine ou élixir, lequel étant projeté sur les métaux imparfaits leur communique la perfection dans le moment même de la projection. »

Une première mise en garde contre cette opinion préconçue me fut fournie par l'érudit Grillot de Givry dans son ouvrage, *Le Musée des Sorciers, Mages et Alchimistes:* « Pour bien des gens qui ne l'ont pas étudiée, l'alchimie n'est qu'un amas de rêveries et de divagations, résultant d'une vaine tentative des hommes pour faire de l'or artificiel, à laquelle ils étaient poussés, soit par une cupidité sordide, soit par une folie orgueilleuse de vouloir s'égaler au Créateur. Cependant, ceux qui étudient l'alchimie, en dehors de ces préoccupations inférieures, ne tardent pas à y découvrir un charme dont la suavité ne saurait être décrite; et, dans l'édifice ténébreux des sciences du Moyen Age, celle-ci irradie comme ces roses géantes, silencieuses et immobiles qui, loin des vulgarités de la vie, baignent d'une lumière ineffable le transept des cathédrales endormies. »

J'en vins à me demander si cet accent mis sur la transmutation des métaux en or, n'était pas une sorte de poudre jetée aux yeux des non-initiés pour mieux les tenir à l'écart des réalités secrètes de l'alchimie.

★

L'or est aujourd'hui encore considéré comme le but ultime de l'art hermétique pour une autre raison. A côté des alchimistes proprement dits — généralement appelés *Adeptes*, ou *Artistes*, c'est-à-dire ceux qui possèdent l'Art — il y eut deux autres catégories de personnages qui tentèrent de transmuter les métaux; d'abord les *souffleurs*, ensuite, plus près de nous, les *archimistes*. Or, le public a toujours confondu ces personnages, dont l'unique dessein était de fabriquer de l'or, avec les véritables philosophes hermétiques.

Nous trouvons une excellente définition des souffleurs dans l'ouvrage de René Marcard, *Petite histoire de la Chimie et de l'Alchimie:* « En marge du Grand Art, les souffleurs constituaient une secte inférieure où abondaient charlatans, marchands d'orviétan, fous, sorciers, jeteurs de sorts, envoûteurs, noueurs d'aiguillettes, d'anciens tire-laine, d'astucieux truands, et surtout ces stupides valets d'officine ayant cru dérober aux « laborants » une partie de leurs secrets ou une étincelle de leur génie. Les opérations magiques, la préparation des poisons qui eut jadis une certaine vogue, constituaient les sources impures de leur maigre revenu; persuadés qu'on pouvait préparer une quintessence merveilleuse à l'aide de produits animaux, ils expérimentèrent sur les matières les plus extraordinaires, comme aussi parfois les plus répugnantes. Le sang de jeunes enfants ne servit que trop souvent à ces expériences qui firent passer à la postérité le nom du sinistre Gilles de Rais, mais n'incitèrent pas les juges à l'indulgence vis-à-vis des purs chevaliers du Grand Œuvre.

« Prétendant imiter la nature dans sa lente évolution, les alchimistes procédaient à d'interminables opérations dont la durée allait de quelques mois à quelques années, à tel point que, fréquemment, l'Adepte qui avait entrepris la réalisation du magistère étant mort d'épuisement au cours du travail, ses disciples se disputaient l'honneur de le terminer. Les souffleurs, gens sans vergogne, poussés par l'exécrable soif de l'or, l'*auri sacra fames*, ne pouvaient se résigner à de tels délais; dans leur ignorance, ils prétendaient remplacer la lente action du temps par l'ardeur de leurs foyers, aussi, souvent une explosion terminait l'essai, mettant à la fois un point final à l'expérience et un terme à l'existence de l'apprenti sorcier. »

La description de Marcard n'est nullement exagérée. En effet, il y a trois éléments secrets nécessaires à l'élaboration de la Pierre philosophale: la *matière première*, corps unique sur lequel l'alchimiste travaille et qu'il soumet à l'action du *feu secret* (encore appelé *premier agent*), puis du *mercure philosophique*. Les souffleurs, ignorant à quoi correspondaient ces appellations symboliques, mettaient donc n'importe quoi dans leurs creusets ou dans leurs cornues. C'est ainsi qu'ils firent nombre d'importantes découvertes chimiques, dont certaines leur furent malheureusement fatales; par exemple, une des phases du magistère peut réunir dans un creuset du charbon, du soufre et du nitrate, ce qui est dangereusement proche de la poudre à canon!

René Marcard avait donc parfaitement raison de signaler que la carrière de maints souffleurs se termina par une énorme explosion. En voici un exemple tiré des *Mémoires de la nouvelle Atalante*, de Marie Manley, qui furent composés en Grande-Bretagne vers la fin du XVIIe siècle:

« Une princesse éprise d'alchimie fit la rencontre d'un homme qui prétendait avoir la puissance de changer le plomb en or, c'est-à-dire, dans le langage alchimique, de convertir les métaux imparfaits en métaux parfaits. Ce philosophe hermétique ne demandait que les matériaux et le temps nécessaire pour exécuter la conversion qu'il avait promise. Il fut amené à la campagne de sa protectrice, où l'on construisit pour lui un vaste laboratoire et, afin qu'il ne pût pas être dérangé dans ses travaux, les ordres les plus exprès furent donnés pour que personne n'y entrât. Il avait imaginé de faire tourner sa porte sur un pivot, de sorte qu'il recevait à manger sans voir ni être vu, et sans que rien pût le distraire de ses sublimes contemplations. Pendant le séjour de deux ans qu'il fit au château, il ne consentit à parler à qui que ce fût, pas même à son infatuée protectrice. Lorsqu'elle fut introduite pour la première fois dans son laboratoire, elle vit, avec un agréable étonnement, des alambics, des chaudières immenses, de longs tuyaux, des forges, des fourneaux et trois ou quatre feux d'enfer allumés aux différents coins de cette espèce de volcan. Elle ne contempla pas avec moins de vénération la figure enfumée du physicien, pâle, décharné et affaibli par ses opérations de jour et ses veilles continuelles, qui lui révéla, dans son jargon inintelligible, les succès qu'il avait obtenus; elle vit et crut voir des monceaux de mines d'or répandus dans son laboratoire. Souvent l'alchimiste demandait un nouvel alambic ou des quantités énormes de charbon. Cette princesse, voyant néanmoins qu'elle avait dépensé une grande partie de sa fortune à fournir aux demandes du philosophe, commença à régler l'essor de son imagination sur les conseils de la sagesse. Deux ans déjà s'étaient écoulés, de vastes quantités de plomb avaient été fournies, et elle ne voyait toujours que du plomb. Elle découvrit sa façon de penser au physicien; celui-ci lui avoua sincèrement qu'il était surpris de la lenteur de ses progrès, mais qu'il allait redoubler d'efforts et hasarder une laborieuse opération à laquelle jusqu'alors il avait cru ne pas être obligé d'avoir recours. Sa protectrice se retira, et les visions dorées de l'espérance reprirent tout leur premier empire. Un jour qu'elle était à dîner, un cri affreux, suivi d'une explosion semblable à celle d'un coup de canon du plus fort calibre, se fit entendre; elle se rendit avec ses gens près du chymiste; ils trouvèrent deux larges retortes brisées, une grande partie du laboratoire en flammes, et le physicien grillé depuis les pieds jusqu'à la tête. »

★

On considère aujourd'hui que notre chimie moderne ne provient nullement de l'art traditionnel des alchimistes, mais bien des recherches désordonnées des souffleurs. Comme nous le disions, avant de citer l'exemple de ce malheureux charlatan, un grand nombre de réactions chimiques, et aussi des corps nouveaux, furent découverts par ces pseudo-alchimistes qui se livraient à des essais systématiques avec tout ce qui leur tombait sous la main. Au contraire, l'Adepte véritable savait très exactement quels étaient les corps naturels qui lui étaient nécessaires pour l'élaboration de la Pierre, par suite il n'avait que fort rarement besoin de se livrer à des recherches purement chimiques. Certes, certains alchimistes — Basile Valentin, Paracelse, par exemple — ont enrichi la nomenclature chimique de noms nouveaux et très importants, mais c'était lors d'expériences secondaires sans rapport direct avec le magistère philosophal.

Considérons maintenant les archimistes, chercheurs indépendants opérant à la fin du siècle dernier et au début de celui-ci, qui prétendaient que la transmutation des métaux en or était parfaitement possible par des voies chimiques ordinaires, c'est-à-dire n'utilisant pas les énergies nucléaires fantastiques libérées par la physique moderne. Tiffereau, puis Jolivet-Castelot s'illustrèrent dans ces recherches, mais la science officielle ne reconnut jamais pour valables les transmutations qu'ils prétendirent avoir effectuées. Il faut reconnaître que l'or obtenu dans ces expériences était en quantité si minime qu'il pouvait provenir d'impuretés se trouvant dans les corps employés. Un tel cas, plutôt comique, se produisit en 1931 en Allemagne, où le Pr Hans Miethe affirmait avoir transmuté du mercure en or. Une analyse de ses manipulations révéla que les traces d'or trouvées dans le mercure à la fin de l'expérience provenaient tout simplement des branches des lunettes du professeur qui avaient été attaquées par les vapeurs du mercure!

De plus, après la guerre de 1914, au moment même où M. Jolivet-Castelot avait créé et présidait la *Société Alchimique de France*, les Adeptes contemporains refusaient à ses expériences le nom d'alchimiques. Je n'en veux pour preuve que l'article qu'écrivit l'un d'entre eux, Auriger, en 1926, dans le numéro spécial consacré à l'alchimie par la revue *Le Voile d'Isis*. Voici un extrait de cet article, intitulé *l'Alchimie devant la Science*: « M. Jolivet-Castelot me permettra sans doute une remarque sur le qualificatif « d'alchimique » qu'il donne à ses expériences. Elles l'ont été au temps où seuls existaient les alchimistes mais, actuellement, par les matériaux mis en œuvre et les procédés employés, elles ressortent du domaine de la chimie pure et simple. Si elles étaient alchimiques au vrai sens du mot il n'y aurait point, au moins à ma connaissance, de professeur en Sorbonne, quelle que soit son érudition, capable de les contrôler. D'ailleurs, M. Jolivet-Castelot réclame uniquement le contrôle des chimistes, c'est donc que les transmutations qu'il affirme obtenir sont effectuées par voie chimique, sans plus. » Ce texte d'Auriger me semble parfaitement résumer la question et il ne sera plus question ici des archimistes qui n'ont pas de rapport réel avec l'art hermétique.

★

Une fois parvenu à circonscrire mon étude aux véritables Artistes, au sens noble du terme, j'ai essayé d'étudier dans leurs œuvres quelle importance effective ils attachaient à la transmutation métallique. C'est là un véritable « travail d'Hercule », du nom que les Adeptes donnent parfois au magistère, car — même en se limitant aux plus célèbres traités — il est impossible d'en tirer une impression d'ensemble tant les pratiques diffèrent d'un auteur à l'autre.

Cette diversité ne provient pas tellement des différences constatées dans les méthodes, mais bien plus du fait que les traités des Alchimistes n'abordent pratiquement jamais la même partie de l'Œuvre! Il est en effet *sans exemple* que l'un d'eux ait décrit les opérations du magistère, dans l'ordre chronologique, depuis le début; c'est-à-dire depuis la recherche de la *matière éloignée* de la Pierre, qui doit devenir sa *matière prochaine,* avant de se transformer au dernier stade en *rebis* (du latin res-bis, c'est-à-dire la substance double).

L'expression « matière première » désigne indifféremment, dans les traités, ces trois états bien différenciés; quant aux confusions entre les divers « mercures », elles sont innombrables. Ainsi, chaque philosophe semble parler de choses sans le moindre rapport avec les dires de ses confrères, alors qu'il commente bien la même Œuvre mais considérée dans des phases différentes. C'est là un premier et très sérieux écueil.

Le second réside dans l'incroyable obscurité des textes et, en particulier, de la terminologie, ainsi un même corps peut porter plus de douze noms différents! Le célèbre naturaliste Buffon s'est exclamé, dans l'article sur l'or de son *Histoire naturelle des minéraux* (tome 4, édition de 1784, p. 270 à 272):

« Notre plus grand chef-d'œuvre serait en effet d'augmenter la densité de la matière, au point de lui donner la pesanteur de ce métal (l'or); peut-être ce chef-d'œuvre n'est-il pas impossible, et peut-être même y est-on parvenu; car, dans le grand nombre des faits exagérés ou faux, qui nous ont été transmis au sujet du *grand œuvre*, il y en a quelques-uns (1) dont il me paraît assez difficile de douter; mais cela ne nous empêche pas de mépriser et même de condamner tous ceux qui, par cupidité, se livrent à cette recherche, souvent même sans avoir les connaissances nécessaires pour se conduire dans leurs travaux: car il faut avouer qu'on ne peut rien tirer des livres d'Alchimie; ni la *Table hermétique*, ni la *Tourbe des Philosophes*, ni *Philalèthe* et quelques autres que j'ai pris la peine de lire (2), et même d'étudier, ne m'ont pré-

(1) Voyez entre autres le fait de transmutation de fer en or, cité par Model dans ses *Récréations chimiques*, traduites en français par M. Parmentier. » (Note de Buffon).

(2) *Nota*: « Je puis même dire que j'ai vu un bon nombre de ces messieurs *adeptes*, dont quelques-uns sont venus de fort loin pour me consulter, disaient-ils, et me faire part de leurs travaux; mais tous ont été dégoûtés de ma conversation par mon peu d'enthousiasme. » (Note de Buffon).

senté que des obscurités, des procédés inintelligibles où je n'ai rien aperçu, et dont je n'ai rien pu conclure, sinon que tous ces chercheurs de pierre philosophale ont regardé le mercure commun comme la base commune des métaux et surtout de l'or et de l'argent. Bécher avec sa *terre mercurielle* ne s'éloigne pas beaucoup de cette opinion. »

On peut se demander pourquoi les philosophes hermétiques ont pris tellement soin de paraître incompréhensibles. Une première réponse possible est celle de l'écrivain scientifique du siècle dernier, Louis Figuier, qui nous dit: « Pour adopter ce langage obscur et inaccessible, les alchimistes avaient un excellent motif. Ils n'avaient rien à dire sur l'art de faire de l'or, tous leurs efforts pour y parvenir étant demeurés inutiles. » Cette opinion est le parfait reflet de l'esprit de la science du XIXe siècle qui croyait avoir tout découvert et ne laisser au XXe siècle que le soin de « calculer les décimales suivantes ». Une seconde réponse, plus exacte, nous est fournie par l'alchimiste arabe Geber, dans sa *Somme des perfections du magistère*: « Je déclare ici que, dans cette *Somme*, je n'ai point enseigné notre science selon une démarche cohérente. Si je l'avais exposée dans l'ordre de son développement, des esprits mal intentionnés pourraient la comprendre et l'utiliser à mauvais escient. »

Persuadés de la réalité de leur Œuvre, les Adeptes s'estimaient responsables des pouvoirs occultes qu'ils détenaient et, par suite, se réservaient la possibilité d'interdire le magistère à ceux qui en seraient indignes. Les traités d'alchimie ne doivent par conséquent être considérés ni comme des manuels d'initiation ni comme des communications scientifiques destinées aux autres philosophes. Ils sont réservés à une troisième catégorie de lecteurs, celle des *initiables*, selon l'heureuse expression de René Alleau, dans *Aspects de l'alchimie traditionnelle*, qui met en lumière l'existence de personnes pouvant accéder à l'art hermétique par elles-mêmes, sans le secours d'un *gourou* (guide), ceci pour établir une comparaison avec les disciplines hindouistes où l'initiation par un Maître reste la règle unique et absolue.

En dehors des réponses proposées par Figuier et Geber à notre question initiale, il existe une troisième possibilité. L'alchimie peut nous paraître incompréhensible à l'heure actuelle, tout simplement parce que certaines notions courantes lors de la formation de cette science sont aujourd'hui oubliées. Par exemple, Jacques Bergier m'a parlé d'un ouvrage technique de télévision qui décrivait les principaux types de récepteurs, et il me disait : « Si jamais, dans l'avenir, un tel manuel vient aux mains d'une civilisation fondée sur une technologie différente de la nôtre, les appareils décrits apparaîtront comme autant d'absurdités, car l'auteur n'a nulle part indiqué qu'il fallait les brancher sur du courant électrique pour qu'ils fonctionnent! C'était tellement évident à ses yeux qu'il n'a pas cru devoir le signaler. »

Il n'est pas tout à fait exclu qu'il en soit de même pour l'alchimie et que certains textes indéchiffrables, ou certaines lacunes soient, en fait, des notions si familières aux initiés du temps jadis et à leurs successeurs qu'ils aient toujours négligé de les expliciter. Personnellement, je m'en tiendrai à l'explication de Geber que je crois sincère, mais insuffisante. Les « méchants » ont d'autres moyens de se procurer de l'or que d'en fabriquer artificiellement! Ce que les alchimistes ont à cacher est plus important que le secret du métal précieux, voilà la conclusion qui s'impose. Mais qu'est-ce? Eh bien, une rapide remontée de l'histoire de la philosophie hermétique nous éclairera peut-être.

## 2

## HERMÈS ET L'HISTOIRE DE L'ALCHIMIE

D'où vient-elle?

Il est bien difficile de répondre par une date et un lieu précis à cette question; la Chine, l'Egypte, le Moyen-Orient et la Grèce peuvent également prétendre avoir donné le jour à l'alchimie.

Je suivrai donc tout simplement la tradition en faisant remonter l'art hermétique à Hermès lui-même (qui fut un dieu ou un roi prépharaonique) puisqu'il lui a donné son nom. On lui attribue plusieurs traités alchimiques, entre autres la fameuse *Table d'Emeraude*, qui est certainement le plus court résumé existant du Grand Œuvre, sinon le plus clair. Une légende veut que ce texte ait été trouvé par les soldats d'Alexandre le Grand dans les profondeurs de la Grande Pyramide de Giseh, qui ne serait autre que le tombeau d'Hermès. Celui-ci aurait lui-même gravé les quelques lignes qui composent la *Table*, avec une pointe de diamant, sur une lame d'émeraude, d'où son nom.

Je vais la citer en entier car sa lecture permettra de mieux se rendre compte de la difficulté des textes alchimiques; et je précise que j'ai choisi une traduction — celle de l'Adepte contemporain Fulcanelli — qui me paraît sensiblement plus claire et plus précise que la plupart des autres.

« Il est vrai, sans mensonge, certain et très véritable:

« Ce qui est en bas est comme ce qui est en haut, et ce qui est en haut est comme ce qui est en bas; par ces choses se font les miracles d'une seule chose. Et comme toutes les choses sont et proviennent d'UN, par la médiation d'UN, ainsi toutes les choses sont nées de cette chose unique par adaptation.

« Le Soleil en est le père, la Lune la mère. Le vent l'a porté dans son ventre. La terre est sa nourrice et son réceptacle. Le Père de tout, le Thélème du monde universel est ici. Sa force ou puissance reste entière, si elle est convertie en terre. Tu sépareras la terre du feu, le subtil de l'épais, doucement, avec grande industrie. Il monte de la terre et descend du ciel, et reçoit la force des choses supérieures et des choses inférieures. Tu auras par ce moyen la gloire du monde, et toute obscurité s'enfuira de toi.

« C'est la force, forte de toute force, car elle vaincra toute chose subtile et pénétrera toute chose solide. Ainsi, le monde a été créé. De cela sortiront d'admirables adaptations, desquelles le moyen est ici donné.

« C'est pourquoi j'ai été appelé Hermès Trismégiste, ayant les trois parties de la philosophie universelle.

« Ce que j'ai dit de l'Œuvre solaire est complet. »

★

Si l'alchimie a intéressé les Egyptiens depuis la plus haute Antiquité, il en fut assez curieusement de même, à l'autre bout de la terre, dans le céleste empire. En effet, les plus anciens textes chinois — le Tsai-y-Chi et le Tao — font déjà état de spéculations sur la matière et sur les possibilités de transmutations métalliques. Or, en Chine, à l'époque du Tao, on ignorait l'usage des acides forts pour dissoudre les métaux et il est donc fort remarquable qu'on y ait déjà entrepris des opérations transmutatoires sur des bases assez proches de celles des hermétistes du Moyen Age.

Néanmoins le berceau concret de l'alchimie, du moins telle que nous la connaissons aujourd'hui, me semble devoir être recherché chez les Grecs, les Arabes et à Byzance. La principale école grecque d'Art hermétique fut fondée à Alexandrie par Zozime le Panapolitain vers le début du IV^e^ siècle après J.-C. Plusieurs de ses ouvrages nous sont parvenus, en particulier son *Traité des fourneaux*, où il décrit des appareils de verre servant à distiller, bien avant que les savants arabes aient signalé leur existence. L'un de ses disciples, Démocrite, affirme déjà l'existence de deux poudres de projection, l'une blanche et l'autre rouge. La fameuse femme alchimiste, Marie la Juive, que d'aucuns ont voulu faire à tort la sœur de Moïse, vécut à la même époque. C'est elle qui découvrit le « bain-marie » qui nous sert si souvent en cuisine aujourd'hui; elle inventa aussi le *kerotakis*, qui est un récipient fermé où l'on exposait à l'action de vapeurs des métaux réduits en minces feuilles, et l'aréomètre, identique à celui dont nous nous servons à l'heure actuelle et qui fut retrouvé par Baumé au XVIII^e^ siècle après avoir été oublié.

D'Alexandrie, l'alchimie émigra à Byzance au V^e^ siècle où elle se maintint quelques lustres avant de passer aux Arabes qui recueillirent ainsi tout l'héritage égyptien et grec. Du VII^e^ au XI^e^ siècle, l'alchimie fut ainsi introduite dans tous les pays que les Arabes avaient réduits par la force de leurs armes, en particulier en Espagne qui devint ainsi un des grands centres hermétiques de l'Europe encore enténébrée. L'influence arabe sur l'art hermétique fut considérable et conservait encore tout son poids à l'époque d'Albert le Grand et de Thomas d'Aquin. De nombreux mots d'alchimie arabe sont d'ailleurs passés dans le langage courant, élixir, alcool, alambic, etc. (1). Le plus grand Adepte arabe fut sans conteste Geber, dont j'ai déjà cité la *Somme des perfections du magistère*, et je ne pense pas inutile de m'arrêter un instant sur lui.

Geber, de son vrai nom Djabir-Ibn-Hajjan, vécut au VIIIe siècle après J.-C., il fut l'élève d'un célèbre maître de l'Islam, l'Iman Djafar, et devint à son tour un savant très réputé. En particulier, il explique dans ses ouvrages la préparation de l'acide nitrique, de l'eau régale et d'autres corps chimiques totalement inconnus des savants occidentaux; comme il ajoutait tenir ses découvertes de son maître Djafar, il fallait donc admettre que c'était au VIIe siècle que l'alchimie arabe en était arrivée à des résultats aussi remarquables. Il ne faut pas s'étonner de découvrir sous la plume d'historiens occidentaux de longues démonstrations pour montrer que les œuvres de Geber sont des faux largement postérieurs, qu'il n'a lui-même jamais été alchimiste, ni même chimiste, et que d'ailleurs il n'a pas existé! Or, on a depuis retrouvé dans les bibliothèques du Caire et de Constantinople plusieurs ouvrages de Geber, dont l'authen-

(1) Le mot « alchimie » lui-même vient de l'égyptien *kêmeia* et de l'article arabe *el*. C'est donc « la science de la terre noire », c'est-à-dire de la matière première et originelle.

ticité n'est pas mise en doute, et qui contiennent des aperçus particulièrement intéressants sur la philosophie de la nature, sur la manière de prédire l'avenir et sur les propriétés chimiques des corps naturels. Un doute demeure cependant quant à sa *Somme des perfections* puisque son texte arabe est perdu et que sa première version connue est une traduction datant de la fin du XIIIe siècle. Rien n'empêche alors que le traducteur ait pu, pour asseoir davantage l'autorité de l'alchimiste arabe, introduire dans le texte des découvertes datant des XIe et XIIe siècles. De toute façon, aujourd'hui, la question reste purement académique.

Ce rapide tour d'horizon historique de l'alchimie nous a conduits à un de ces problèmes d'attribution de traités qui font la joie des érudits. Il me semble nécessaire d'en dire un mot ici: en effet, nous allons bientôt nous apercevoir, tout au long de ce livre, que pratiquement tous les grands Adeptes ont vu la paternité des ouvrages qui portent leur nom mise en doute. Ainsi, s'il faut en croire les historiens, ou du moins ceux qui se prétendent tels, Albert le Grand n'a jamais écrit une ligne sur l'alchimie pas plus que son élève Thomas d'Aquin (qui, dans sa *Somme théologique*, disserte pourtant longuement sur la question de savoir si la vente de l'or hermétique est frauduleuse!) Les traités attribués à Arnauld de Villeneuve, Raymond Lulle, le Pape Jean XXII et tant d'autres seraient des faux; quant à des alchimistes célèbres comme Basile Valentin ou Nicolas Flamel, ils n'auraient jamais existé, alors que, dans le cas de l'écrivain public parisien, nous possédons de nombreux actes notariés relatifs à sa vie et qu'il subsiste encore à Paris, de toute certitude, une des maisons où il vécut.

Toutes ces contestations me semblent bien proches du sophisme. Il est évident que Basile Valentin était un pseudonyme: *Basileus*, en grec, veut dire roi, *Valens (valentis)*, en latin, signifie puissant; mais il ne viendrait à l'idée de personne de dire que Molière n'eut pas d'existence historique parce que ce n'était pas là son véritable patronyme! Il a certainement existé quelqu'un qui, sous le nom de Basile Valentin, a écrit des traités d'alchimie où des découvertes tout à fait remarquables sont signalées pour la première fois dans l'histoire des sciences occidentales, ce qui vaut à son auteur d'être encore souvent cité dans les ouvrages modernes de chimie minérale. Jetons maintenant un coup d'œil sur le cas de Raymond Lulle (et j'y reviendrai lorsque nous étudierons la vie de cet Adepte): toutes ses œuvres alchimiques sont qualifiées d'apocryphes, pourquoi? Essentiellement, parce qu'elles furent publiées après sa mort; or, Lulle vivait à Palma de Majorque, c'est-à-dire tout près de l'Espagne très catholique, et il est fort probable qu'il a jugé plus prudent de laisser à ses disciples le soin de publier ses œuvres hermétiques après son décès. Il est à noter que la paternité de ses ouvrages ne lui a été contestée qu'après qu'il eût reçu de l'église catholique la qualité de « bienheureux »...

C'est pourquoi je ne tiendrai, dans cet ouvrage, aucun compte des discussions académiques relatives aux attributions de traités à d'autres auteurs que ceux qui les ont signés. J'admets volontiers qu'il n'est nullement certain, dans quelques cas, que ce soit bien le nom de l'auteur qui figure sur la couverture mais, après trois ou quatre cents ans, quelle importance cela présente-t-il pour nous?

La fréquentation assidue de tous les vieux philosophes me permit, par contre, de me rendre compte d'un fait intéressant. Comme je le soupçonnais, la plupart d'entre eux placent les vertus médicinales de la Pierre bien avant ses qualités transmutatoires. Dans la citation en tête de ce livre, des *Douze clefs de la Philosophie*, nous avons déjà vu que Basile Valentin recommande à ses lecteurs « d'utiliser pour leur santé » la Pierre philosophale; ailleurs il précise: « Et ainsi, par ce traité, j'ai voulu t'indiquer et ouvrir la Pierre des Anciens, nous venant du ciel, pour la santé et la consolation des hommes, dans cette vallée de misères, comme le plus haut trésor terrestre accordé et, pour moi, combien légitime. »

Néanmoins plusieurs faits restaient mystérieux; pourquoi *devait-on* effectuer des transmutations et quelles différences existait-il entre la médecine universelle, l'or potable et l'élixir de longue vie? Il me fallait donc poursuivre par l'étude des principes sur lesquels reposait l'art hermétique et qui, seuls, pouvaient m'apporter les réponses souhaitées.

## 3

## LES PRINCIPES DE L'ALCHIMIE

On parle généralement de *théories* alchimiques, mais ce terme est refusé par les alchimistes eux-mêmes qui lui trouvent un aspect trop doctoral, trop scolastique. Leur art est fait avant tout de rapports personnels entre la Nature et eux, rapports qui diffèrent d'un Adepte à l'autre. Tous ont cependant quelques *principes* en commun et ce sont eux que nous allons examiner maintenant.

Le premier et le plus important de ces principes est l'affirmation de l'unité de la matière; ainsi, dans son *Char de Triomphe de l'Antimoine,* Basile Valentin écrit: « Toutes choses viennent d'une même semence, elles ont toutes été, à l'origine, enfantées par la même mère. » C'est également cette notion qu'on trouve dans la *Table d'Emeraude,* quoique sous une forme plus allégorique, avec la phrase « ce qui est en bas est comme ce qui est en haut », et que Raymond Lulle résume magistralement, dans son *Testament,* par la formule: « Omnia in unum. »

La modernité de cette conception surprend au Moyen Age, mais il ne faut pas oublier que l'alchimie est avant tout une science traditionnelle et que l'enseignement platonicien était parvenu sans discontinuité aux Adeptes de toutes les périodes de l'Histoire. Tous savaient qu'une maxime attribuée au philosophe grec avait été gravée sur l'une des stèles du Temple de Saïs: « Je suis tout ce qui a été, ce qui est, ce qui sera. Nul d'entre les mortels n'a soulevé le voile qui me couvre. »

Ensuite, les alchimistes posaient en principe que les métaux, loin d'être des corps simples, étaient bien au contraire composés et renfermaient tous trois éléments dont seules les proportions variaient, à savoir le *mercure des philosophes*, le *souffre des philosophes* et le *sel* ou *arsenic*. Précisons immédiatement qu'il y a nécessité absolue de ne pas confondre le mercure *des philosophes* et le mercure *philosophique*; de nombreux souffleurs se sont égarés pour avoir identifié ces deux substances dont l'unique rapport est de n'avoir rien de commun avec le mercure! Quant au soufre et au sel, ils ne correspondent pas davantage aux corps chimiques qui portent ces noms, il s'agit seulement d'appellations symboliques.

D'après ce principe, les alchimistes estimaient que le cuivre, par exemple, était composé de parts égales de soufre et de mercure, avec seulement un peu de sel en dose infinitésimale. Quant à l'or, voici comment le voyaient deux Adeptes renommés. Dans son *Abrégé du parfait magistère*, l'Arabe Geber (VIII^e^ siècle) indique: « Le Soleil (*l'or*) est formé d'un mercure très subtil et d'un peu de soufre très pur, fixe et clair, qui a une rougeur nette. Et comme ce soufre n'est pas également coloré, et qu'il y en a qui est plus teint l'un que l'autre, de là vient aussi que l'or est plus ou moins jaune. » Quant au moine britannique Roger Bacon (XIII^e^ siècle), il déclare dans son *Miroir d'Alquimie*: « Nature de l'or: l'or est un corps parfait composé d'un mercure pur, fixe, brillant, rouge et d'un soufre pur, fixe, rouge, non combustible. L'or est parfait. »

Nous voyons qu'il y a identité de vues entre les deux alchimistes pourtant séparés par leur époque et leur culture.

Précisons encore que ces noms, soufre, mercure et sel, n'étaient pas seulement des abstractions, mais représentaient certaines qualités bien précises de la matière. Le mercure, ou élément femelle, symbolisait l'élément proprement métallique, la cause de l'éclat, de la ductilité et de la malléabilité des métaux. Le soufre, ou élément mâle, indiquait leur degré de combustibilité et leur couleur; le sel (ou arsenic), plutôt qu'un troisième élément, représentait le moyen d'union entre le soufre et le mercure.

Il est certain qu'une telle conception justifiait totalement l'idée de la transmutation: dès l'instant où tous les métaux étaient composés d'éléments rigoureusement identiques, mais en proportions différentes, il devenait logique de penser qu'on pouvait modifier ces proportions par l'action d'un agent catalyseur, la Pierre philosophale. C'est Geber qui, le premier, exposa cette « théorie », sans toutefois s'en attribuer la découverte qu'il rapportait aux Anciens.

Les alchimistes étaient ainsi conduits à admettre l'existence dans la Nature d'une matière première unique. De plus, ils estimaient que la formation des minéraux et des métaux, à partir de cette matière première, était tout à fait comparable à celle du fœtus dans la matrice des êtres animés. Par suite, il devait exister une semence des métaux, tout comme il existe une semence de la vie végétale ou animale. Un des buts de l'art hermétique était donc de découvrir cette semence, et il n'était pas rare d'entendre parler de *sperme minéral*.

★

La vieille théorie des quatre éléments, héritée de l'Antiquité, n'était cependant pas rejetée par les philosophes hermétiques qui l'avaient seulement adaptée à leur art. Cette théorie soutenait que quatre éléments seulement, la Terre, l'Eau, l'Air et le Feu, formaient l'ensemble de l'univers. Ils étaient différenciés par leur poids, la Terre étant le plus lourd, puis l'Eau suivie de l'Air, tandis que le Feu était de loin le plus léger. Par suite, les deux premiers étaient attirés vers le bas du fait de la pesanteur, les deux autres vers le haut. Aristote avait précisé cette théorie en indiquant que les quatre éléments étaient liés entre eux par des propriétés telles que sécheresse, chaleur, humidité, froid; les propriétés opposées étant totalement incompatibles, telles que froid et chaud ou sécheresse et humidité. Cela entraînait quatre unions donnant finalement naissance aux quatre éléments:

| | | | | |
|---|---|---|---|---|
| Chaleur | + | Sécheresse | = | Feu |
| Chaleur | + | Humidité | = | Air |
| Froid | + | Sécheresse | = | Terre |
| Froid | + | Humidité | = | Eau |

Ainsi aucun élément ne contenait rien qui ne fût partiellement contenu dans deux des autres, ce qui leur permettait de se mélanger.

L'adaptation de cette vieille théorie classique à l'alchimie a été fort bien décrite par Albert Poisson : « Pour un alchimiste, tout liquide est une Eau, tout solide est Terre en dernière analyse, toute vapeur est Air. C'est pour cela que l'on trouve dans les anciens traités de physique que l'eau ordinaire chauffée se change en Air. Ceci ne veut pas dire que l'eau se transforme dans le mélange respirable qui constitue l'atmosphère, mais bien que l'eau, d'abord liquide, se change en fluide aériforme, en un gaz comme on l'a dit plus tard. Les Eléments représentaient non seulement des états physiques mais, par extension, des qualités. » Poisson conclut son étude par un tableau de correspondances que nous reproduisons ci-dessous.

| | | |
|---|---|---|
| Matière première unique et indestructible | SOUFRE<br>principe fixe | Terre (visible, état solide)<br>Feu (occulte, état subtil) |
| | SEL | Quintessence, état comparable à l'éther des physiciens |
| | MERCURE<br>principe volatil | Eau (visible, état liquide)<br>Air (occulte, état gazeux) |

★

Il convient de rappeler ici les rapports que l'alchimie a toujours entretenus avec cette autre vieille science de l'Antiquité qu'est l'astrologie. Tous les auteurs n'en font pas mention et il semble bien que de grands Adeptes comme Nicolas Flamel ou Philalèthe considéraient l'astrologie comme tout à fait étrangère à l'œuvre hermétique. Par contre, des alchimistes d'époques aussi diverses que Zozime le Panapolitain (IVe siècle après J.-C.), Basile Valentin (XVe siècle), Paracelse

(XVI$^{e}$ siècle) lui ont toujours accordé une très grande importance.

Dans un manuscrit alchimique de Nicolas Valois, on peut lire: « Sachez donc, ô mon fils, et le plus cher de mes enfants, que le Soleil, la Lune et les étoiles jettent perpétuellement leurs influences dans le centre de la Terre. » Précisons enfin que, dès les débuts de l'art hermétique, une relation étroite avait lié métaux et planètes puisque le système de correspondances suivant avait été établi:

Soleil - or, Lune - argent
Vénus - cuivre, Mars - fer
Jupiter - étain, Saturne - plomb
Mercure - vif-argent (aujourd'hui appelé mercure).

★

Ce tour d'horizon des principales conceptions alchimiques nous amène tout naturellement à la Pierre philosophale, qui découle de l'ensemble de ces principes et en est la justification par excellence.

La voici décrite par l'Adepte contemporain Fulcanelli: « La Pierre philosophale s'offre à nous sous la forme d'un corps cristallin, diaphane, rouge en masse, jaune après pulvérisation, lequel est dense et très fusible, quoique fixe à toute température, et dont les qualités propres le rendent incisif, ardent, pénétrant, irréductible et incalcinable. »

Attention, cette Pierre n'a par elle-même *aucun pouvoir transmutatoire:* elle permet de préparer la *poudre de projection* qui, elle, sert à réaliser les fameuses transmutations. On faisait fermenter la Pierre, sous forme solide, avec de l'or ou de l'argent purifiés, par fusion directe. La poudre servant à réaliser la transmutation d'un métal en or — c'est-à-dire la *chrysopée* — était rouge, celle obtenue avec l'argent était blanche.

L'opération de la chrysopée a été plusieurs fois décrite; on prenait, par exemple (1), un gramme de poudre pour cent grammes de métal et on le jetait — enrobé de cire ou de papier (2) — sur la masse métallique portée à son point de fusion. Au bout d'un quart d'heure environ la totalité du métal était transmuée en or, sans aucune perte de poids.

Par ailleurs, la quasi totalité des études existant sur l'alchimie indique que la Pierre philosophale servait également à préparer l'or potable ou médecine universelle, et l'élixir de longue vie. Cette façon de formuler les choses est totalement erronée. Il est absurde de dire que la Pierre sert à transmuter les métaux *et* à préparer la médecine universelle *et* à faire l'élixir de longue vie: la Pierre philosophale sert *uniquement* à préparer la médecine universelle qui *est* l'élixir de longue vie.

Et la transmutation, qu'en faites-vous? me direz-vous. La réponse est simple, la chrysopée était simplement *un essai* pratiqué à la fin du magistère pour s'assurer que le corps obtenu était bien

(1) Le rapport existant entre le poids de la poudre à employer et celui du métal était très variable et dépendait de la puissance de la Pierre élaborée par l'alchimiste.

(2) Sinon les vapeurs du métal en fusion qui se dégageaient du creuset altéraient la poudre de projection et lui ôtaient tout pouvoir transmutatoire.

la Pierre philosophale. C'est là le point essentiel de l'art hermétique: les alchimistes ne cherchaient nullement à transmuter les métaux pour fabriquer de l'or comme le public le croyait, ils avaient seulement besoin de réaliser une transmutation pour s'assurer de la qualité de leur Pierre. C'est pourquoi on voyait fort rarement des Adeptes devenir fortunés; ils avaient pu faire une, deux ou trois projections tout au plus, à seule fin de renouveler leur provision d'élixir. Jamais la possession des biens de ce monde, et de l'or en particulier, n'a été le propos des véritables alchimistes.

Leur but, après avoir transmuté un métal, était de se transmuter eux-mêmes grâce à l'ingestion bisannuelle d'une dilution homéopathique de Pierre philosophale. Il existe assez peu de traités qui précisent les étapes de cette transformation physique et intellectuelle de l'Adepte, et les rares relations qui abordent le sujet restent à l'état de manuscrits au sein des grandes bibliothèques. C'est grâce à M. Bernard Husson, érudit et « amoureux de science », qui a passé plus de vingt ans à étudier les vieux textes hermétiques inédits, que je puis apporter les précisions suivantes.

La dilution de Pierre philosophale commence par éliminer toutes les toxines du corps ainsi que les microbes pathogènes. Tout d'un coup l'Adepte perd ses cheveux, ses ongles et ses dents, qui repoussent ensuite, ayant acquis vigueur et santé. Toutes les éliminations naturelles s'effectuent alors uniquement par la sudation, plus besoin d'uriner ou de déféquer, bientôt la nourriture devient superflue. On voit donc combien l'image de l'alchimiste mangeant juste assez pour vivre est fausse, bien au contraire, l'Adepte supérieur ne mange plus que pour son plaisir, puisqu'il n'est plus soumis aux besoins naturels des autres hommes! L'influence de la Pierre ne s'exerce pas seulement sur le corps, elle décuple également les facultés intellectuelles, spirituelles, et permet d'accéder à la Connaissance. C'est, arrivé à ce point, que tous les traités se taisent, au-delà l'homme normal ne pourrait plus suivre les rares élus dans leur nouvel univers.

Qu'on me permette de donner ici un exemple récent. Un alchimiste contemporain (j'en connais une dizaine en France) fut initié aux mystères de l'alchimie par un Adepte chargé de savoir et d'années qui, un jour, disparut. Récemment cet alchimiste rencontra son Maître; cela faisait près de quarante ans qu'ils ne s'étaient vus. Une différence: le Maître était désormais plus jeune que l'élève...

Légendes que tout cela, diront les esprits cartésiens (1), ces prétendues transformations n'ont existé que dans l'imagination déréglée de vos alchimistes et rien ne vient prouver leurs dires.

Eh bien, justement si, il existe une preuve de la réalité de ces transformations physiques et, par suite, de la puissance de l'élixir de longue vie. Bernard Husson a retrouvé dans une collection privée de manuscrits inédits la relation d'un événement extraordinaire qui survint, au début du XVII^e siècle, dans l'entourage du Conseiller d'Etat Saint-Clair Turgot. Il s'agit de simples mémoires, rédigés par un médecin, qui n'étaient pas destinés à

(1) Oubliant que Descartes s'intéressa à la Rose Croix, donc à l'alchimie.

la publication et ne font nulle part ailleurs allusion à l'alchimie, d'où leur intérêt pour nous.

Le Conseiller avait une liaison avec une demoiselle qu'il recevait tous les après-midi à son hôtel particulier. Celle-ci, soucieuse de sa respectabilité, se faisait accompagner par un vieil écuyer, Maître Arnaud, qui l'attendait chez l'apothicaire voisin avec lequel il avait fini par se lier d'amitié. Celui-ci, depuis plus de vingt ans, cherchait à réaliser la Pierre philosophale; or, un jour que Arnaud entrait dans son officine, il se précipita vers lui en criant:

— Ça y est, j'ai trouvé, j'ai trouvé!

— Tu as trouvé quoi?

— Mais... la Pierre, Arnaud, l'élixir. Regarde, dit-il en brandissant une fiole, voici la liqueur de vie. Buvons-en tout de suite, vieil ami, à nos âges on ne prend jamais assez de ces sortes de choses.

Ce disant, il remplit une cuillère de son élixir, l'avala et invita Maître Arnaud à en faire de même. Celui-ci, méfiant, mit seulement quelques gouttes du liquide sur sa langue; il fut alors tiré d'embarras par l'arrivée d'un de ses laquais qui venait l'avertir que leur maîtresse quittait déjà le conseiller et qu'il lui fallait venir. Arnaud rendit l'élixir à l'apothicaire et s'esquiva aussi vite que ses vieilles jambes le lui permettaient.

Pendant le trajet de retour, il fut brusquement pris de sueurs froides bientôt suivies d'une forte fièvre. La dame, inquiète pour la vie de son fidèle écuyer, envoya un de ses laquais quérir l'apothicaire qu'elle savait être lié avec Arnaud. Il revint seul: l'apothicaire venait de mourir brusquement!

L'écuyer se remit assez rapidement, non sans avoir perdu ses cheveux, ses ongles et même ses dents. Saint-Clair Turgot, mis au courant de ces faits singuliers, vint l'interroger personnellement. A la suite de cet entretien, il offrit d'acheter 100 000 livres la fiole contenant l'élixir, mais les héritiers de l'apothicaire ne purent la retrouver car la boutique recelait des centaines de flacons identiques dont presque aucun ne portait d'inscription.

Bien des années plus tard, un médecin, familier de l'Hôtel Saint-Clair Turgot, écrivit la relation de cette affaire extraordinaire. Il précisait, en outre, que les cheveux, les ongles et les dents de Arnaud avaient repoussé et, qu'au moment où il rédigeait son mémoire, l'écuyer était toujours très vert, malgré ses cent vingt-trois ans...

# 4

## LA CONDUITE DE L'ŒUVRE

Après avoir exposé les principaux points de la doctrine alchimique, je crois intéressant pour le lecteur de les voir mis en pratique dans un court traité, *Les Principes de Philalèthe,* qui explique brièvement mais *clairement* comment on réalisait le magistère.

Son auteur, Eyrénée Philalèthe, l'un des plus grands Adeptes, se définit ainsi au début de son ouvrage le plus connu, l'*Entrée ouverte au palais fermé du Roi:* « Je suis un Philosophe adepte, qui ne me nommerai point autrement que Philalèthe, nom anonyme qui signifie *Amateur de la Vérité.* » Plus loin, parlant de ses recherches de laboratoire, il ajoute: « Ce ne sont point des Fables, ce sont des Expériences réelles et effectives, que j'ai vues et que je sais certainement, comme tout homme qui sera Philosophe le pourra aisément reconnaître par cet écrit. »

Les *Principes de Philalèthe* furent composés vers la moitié du XVII^e^ siècle et traduits du latin en français par Salmon, en 1672, dans son recueil de traités d'alchimie, *Bibliothèque des Philosophes Chimiques.* Je me suis borné à moderniser l'orthographe, en particulier les terminaisons des verbes. A cela près, je n'ai apporté aucune modification au texte de l'Adepte qui, d'ailleurs, malgré l'éloignement du temps, reste parfaitement intelligible et, parfois, étonnamment moderne dans son expression.

★

## PRINCIPES DE PHILALÈTHE

*pour diriger les opérations dans l'Œuvre hermétique, par Eyrénée Philalèthe, Anglais de naissance, habitant de l'univers.*

*1° Ne vous livrez jamais à l'entreprise du grand Œuvre sur les règles que les ignorants, ou les Livres des Sophistes, pourraient vous suggérer, et ne vous écartez point de ce principe: le but où vous aspirez est l'Or ou l'Argent, l'Or et l'Argent doivent être les uniques objets sur lesquels vous avez à travailler par le moyen de notre Fontaine mercurielle préparée pour les baigner, et cela demande toute votre application.*

*2° Ne vous rendez pas aux propos qu'on pourrait vous tenir, en vous disant que notre Or n'est pas l'Or vulgaire, mais l'Or physique: l'Or vulgaire est mort il est vrai, mais de la façon dont nous le préparons, il se revivifie de même qu'un grain de blé mort se revivifie dans la terre. Après six semaines l'Or qui était mort, devient dans notre œuvre, vif, vivant et spermatique, parce qu'il est mis dans une terre qui lui est propre, je veux dire dans notre composé. Nous pouvons donc l'appeler notre Or à juste titre, parce que nous le joignons avec un agent, qui certainement lui rendra la vie; comme, par une dénomination contraire, un homme condamné au supplice de la mort, est appelé un homme mort, parce qu'il mourra bientôt, quoiqu'il soit encore en vie.*

*3° Outre l'Or, qui est le corps, et qui tient lieu de mâle dans notre Œuvre, vous aurez encore besoin d'un autre sperme, qui est l'esprit, l'âme ou la femelle; ce sperme est le Mercure fluide, semblable dans sa forme à l'Argent-vif commun, mais cependant plus net et plus pur. Plusieurs au lieu de Mercure se servent de toutes sortes d'eaux et de liqueurs, qu'ils appellent Mercure philosophique. Ne vous laissez pas séduire par leurs beaux discours, et n'entreprenez pas ce travail, car il est inutile; on ne saurait recueillir ce qu'on n'a pas semé; l'on moissonne le fruit du grain qu'on a semé; ainsi si vous semez votre corps, qui est l'Or, dans une terre, ou un Mercure, qui ne soit pas métallique et homogène aux métaux, au lieu d'un élixir métallique, vous ne retirerez de votre opération qu'une chaux inutile et sans vertu.*

*4° Notre Mercure n'est qu'une même chose en substance avec l'Argent-vif vulgaire; mais il diffère dans sa forme, ayant une forme céleste et ignée, et une excellente vertu; qualités qu'il reçoit de notre Art à sa préparation.*

*5° Le secret de cette préparation consiste à prendre un minéral qui approche du genre de l'Or et* du Mercure. Il faut l'imprégner avec l'Or volatil *qui se trouve sur les reins de Mars (1), et c'est avec cela qu'il faut purifier le Mercure au moins sept fois. Cela fait, ce Mercure est préparé pour le Bain du Roi, c'est-à-dire de l'Or.*

*6° Depuis sept fois jusqu'à dix le Mercure se purifie de plus en plus, et devient aussi plus actif, étant aqué dans chaque préparation par notre vrai soufre; mais s'il excédait ce nombre de prépara-*

(1) Mars est le symbole du fer.

*tions ou sublimations, il deviendrait trop igné: et loin de dissoudre le corps, il se coagulerait lui-même, et l'Or ne s'y fondrait ni dissoudrait point.*

*7° Ce Mercure ainsi aqué ou animé, doit être encore distillé dans une retorte de verre deux ou trois fois, parce qu'il peut lui être resté quelques atomes du corps, à l'instant de sa préparation: ensuite il faut le laver avec du vinaigre et du sel armoniac; alors il est préparé pour notre Œuvre, ce qui doit ici s'entendre métaphoriquement.*

*8° Choisissez toujours pour cet Œuvre un Or pur et sans mélange: s'il n'est pas tel, lorsque vous l'achetez, purifiez-le vous-même par les voies ordinaires. Après cette opération mettez-le en poudre subtile, en le limant ou autrement, ou réduisez-le en feuilles; ou si vous voulez en le calcinant avec des corrosifs: n'importe de quel moyen vous vous serviez, pourvu qu'il soit très subtil.*

*9° Maintenant venons au mélange: prenez une once ou deux de ce corps préparé et deux ou trois onces au plus de Mercure animé, comme je viens de vous le dire; mêlez-les dans un mortier de marbre chauffé, autant que l'eau bouillante le pourra faire; broyez et triturez-les jusqu'à ce qu'ils soient incorporés ensemble, puis mettez-y du vinaigre et du sel jusqu'à la parfaite pureté, ensuite vous le dulcifierez avec de l'eau chaude, et le sécherez exactement.*

*10° Je puis vous assurer que, quoique ce qui précède soit énigmatique, je vous parle avec candeur, et que la voie que je vous enseigne ici est celle-là même dont nous nous servons; et que tous les anciens philosophes se sont servis de ce moyen qui est l'unique. Notre Sophisme gît seulement dans les deux sortes de feux employés à notre ouvrage.*

*Le feu secret interne est l'instrument de Dieu, et ses qualités sont imperceptibles aux yeux des hommes. Nous parlerons souvent de ce feu, quoiqu'il paraisse que nous entendions la chaleur externe: c'est de là que naissent les erreurs où se plongent les faux Philosophes et les imprudents. Ce feu est notre feu gradué, car la chaleur externe est presque linéaire, c'est-à-dire égale et uniforme dans tout l'ouvrage, si ce n'est que dans l'Œuvre au blanc elle est une sans aucune altération, excepté dans les sept premiers jours, où nous la tenons plus faible pour la pureté de l'Œuvre; mais le Philosophe expérimenté n'a pas besoin de cet avis.*

*A l'égard de la conduite du feu externe, elle est insensiblement graduée d'heure en heure, et comme il est journellement réveillé par la suite de la cuisson, les couleurs en sont altérées, et le composé mûrit. Je viens de vous dénouer un nœud très difficile et embarrassé, conservez-en la mémoire, et gardez-vous de vous laisser surprendre dorénavant.*

*11° Vous devez être pourvu d'un vaisseau ou matras de verre, sans lequel vous ne pourriez achever votre ouvrage: qu'il soit de figure ovale ou sphérique, et de contenance convenable à votre composé, c'est-à-dire qu'il soit de capacité à renfermer deux fois autant de matière que vous y en mettez; nous l'appelons œuf philosophique; que le verre en soit épais, fort transparent, sans aucun défaut; son col doit être au plus d'un demi pied de longueur. Quand votre matière y sera mise, scellez le col de cet œuf hermétiquement, de sorte qu'il n'y ait aucune ouverture, car le plus petit évent laisserait évaporer l'esprit le plus subtil, et perdrait l'Ouvrage.*

*Pour vous rendre certain de l'exacte sigillation de votre vaisseau, faites l'épreuve suivante, elle est infaillible. Lorsqu'il sera froid, appliquez votre bouche à l'endroit du col où il est scellé, sucez avec force, et s'il y a la moindre ouverture, vous attirerez l'air qui est dans le matras, et lorsque vous retirerez de votre bouche le col du vaisseau, l'air rentrera par l'évent avec un sifflement dont l'oreille entendra le bruit aisément; jamais cette expérience ne s'est trouvée fausse.*

*12° Il faut aussi un fourneau, que les Sages appellent* athanor, *dans lequel vous puissiez accomplir tout votre ouvrage. Dans le premier travail, celui dont vous avez besoin doit être disposé de façon qu'il fournisse une chaleur d'un rouge obscur, ou moindre, à votre volonté, et qu'il puisse se tenir au moins douze heures dans son plus haut degré de chaleur avec égalité; si vous en avez un tel, observez cinq conditions.*

*La première, que la capacité de votre nid ne soit pas plus ample qu'il ne faut pour contenir votre bassin, avec environ un pouce de vide tout autour, afin que le feu qui vient du soupirail de la tour puisse circuler autour du vaisseau.*

*La seconde est que votre bassin doit contenir seulement un vaisseau, matras ou œuf, avec environ un pouce d'épaisseur de cendre entre le bassin, le fond et les côtés du matras; et souvenez-vous toujours des paroles du Philosophe:* un seul vaisseau, une seule matière, un seul fourneau.

*Ce bassin doit être placé de façon qu'il soit précisément sur l'ouverture du soupirail d'où vient le feu, et qui ne doit avoir qu'une seule ouverture d'environ deux pouces de diamètre, par où en biaisant et montant se conduira une langue de feu, qui frappera toujours le haut du vaisseau, environnera le fond et le maintiendra continuellement comme il est nécessaire qu'il le soit.*

*Le troisième est que, si votre bassin était trop grand, comme la cavité de votre fourneau doit être trois ou quatre fois plus spacieuse que son diamètre, le vaisseau ne pourrait jamais être échauffé exactement ni continuellement comme il est nécessaire qu'il le soit.*

*Le quatrième est que, si votre tour n'est de six pouces ou environ à l'endroit du feu, vous n'êtes pas dans la proportion, et ne viendrez jamais au point juste de chaleur; et si vous excédez cette mesure, et faites trop flamber votre feu, il sera trop faible.*

*Enfin, la cinquième est que le devant de votre fourneau doit se fermer exactement par un trou, qui ne doit être que de la grandeur nécessaire pour introduire le charbon philosophique, c'est-à-dire d'environ un pouce, afin qu'il puisse d'en bas répercuter la chaleur avec plus de force.*

*13° Les choses étant ainsi disposées, mettez l'œuf où est votre matière dans ce fourneau, et lui donnez la chaleur que demande la nature, c'est-à-dire faible et non trop violente, commençant où la nature a quitté.*

*Vous ne devez pas ignorer que la Nature a laissé votre matière dans le règne minéral, et quoique nous tirions nos comparaisons des végétaux et des animaux, il faut néanmoins que vous conceviez un rapport convenable au règne dans lequel est placée la matière que vous voulez travailler: si, par exemple, je fais comparaison entre la généra-*

*tion d'un homme et la végétation d'une plante, ne croyez pas que ma pensée soit telle que la chaleur, qui est propre pour l'un, le soit aussi pour l'autre; car nous sommes certains que dans la terre, où les végétaux croissent, il y a de la chaleur que les plantes sentent, et même dès le commencement du printemps; mais un œuf ne pourrait pas éclore à cette chaleur, et un homme, loin d'en recevoir du sentiment, n'en ressentirait qu'un froid engourdissement. Certain que votre ouvrage gît totalement dans le règne minéral, vous devez connaître la chaleur qui lui est nécessaire et distinguer avec précision la petite ou la violente.*

*Considérez actuellement que, non seulement la Nature vous a laissé dans le règne minéral, mais encore que vous devez travailler sur l'Or et le Mercure, qui tous deux sont incombustibles; que le Mercure est tendre et qu'il peut rompre les vaisseaux qui le contiennent si le feu est trop violent. Qu'il est incombustible et que le feu ne peut lui nuire; mais qu'il faut cependant le retenir avec le sperme masculin en un même vaisseau de verre, ce qui ne pourrait se faire si le feu était trop vif, et vous seriez par conséquent dans l'impossibilité d'accomplir l'œuvre.*

*Ainsi le degré de chaleur, qui pourra tenir du plomb et de l'étain en fusion, même un peu plus forte, pas cependant plus que les vaisseaux ne peuvent le souffrir sans se rompre, doit être estimé le degré requis, ou la chaleur tempérée. Vous voyez par là qu'il est nécessaire de commencer votre degré de chaleur par celui qui est propre au règne où la Nature vous a laissés.*

*14° Tout le progrès de cet ouvrage, qui est une cohobation de la Lune sur le sol, est de monter en nuées et de retomber en pluie; c'est pourquoi je vous conseille de sublimer en vapeurs continuelles, afin que la Pierre prenne air et puisse vivre.*

*15° Mais pour obtenir notre teinture permanente, ce n'est pas encore assez; il faut que l'eau de notre lac bouille avec les cendres de l'arbre d'Hermès. Je vous conseille de la faire bouillir jour et nuit continuellement, afin que dans les travaux de notre mer orageuse, la nature céleste puisse monter et la nature terrestre descendre. Il est certain que sans l'exactitude de cette opération, qui est de bouillir, nous ne pouvons jamais nommer notre ouvrage une cuisson, mais une digestion; parce que quand les esprits circulent seulement en silence et que le composé, qui est en bas, ne se meut point par ébullition, cela se nomme proprement digestion.*

*16° Ne précipitez rien dans l'espoir de recueillir avant la maturité de la moisson, je veux dire de l'Œuvre; mais au contraire travaillez avec confiance l'espace de cinquante jours au plus, et vous verrez le bec de corbeau de bonne augure.*

*Plusieurs, dit le Philosophe, s'imaginent que notre solution est fort aisée, mais ceux qui l'ont essayée, ou qui en ont fait l'expérience, savent combien elle est difficultueuse. Par exemple, si vous semez un grain de blé, trois jours après vous le trouverez enflé, mais si vous le retirez de la terre il se séchera et retournera dans son premier état. Cependant on l'a mis dans une matrice convenable, la terre est son propre élément; mais il a manqué du temps nécessaire pour la végétation. Les semences les plus dures demandent un plus long séjour dans la terre pour y germer, tels sont les noix et les noyaux des prunes et des fruits; chaque espèce a sa saison, et c'est une marque certaine d'une opération naturelle et fructueuse lorsqu'elle attend le temps prescrit pour son action, sans précipitation prématurée.*

*Croyez-vous donc que l'Or, qui est le corps le plus solide qui soit au monde, puisse changer de forme en si peu de temps? Il faut demeurer dans l'attente jusque vers le quarantième jour que le commencement de la noirceur se fait voir. Quand vous l'apercevrez, concluez que votre corps est détruit, c'est-à-dire qu'il est réduit en une âme vivante, et votre esprit est mort, c'est-à-dire coagulé avec le corps; mais, jusqu'à cette noirceur, l'Or et le Mercure conservent chacun leur forme et leur nature.*

*17° Prenez garde que votre feu ne s'éteigne, pas même un moment; car si une fois la matière refroidit, la perte de l'Ouvrage est certaine. .*

*Il résulte de tout ce que nous venons de dire, que tout notre Ouvrage consiste à faire bouillir notre composé au premier degré d'une liquéfiante chaleur, qui se trouve dans le règne métallique, où la vapeur interne circule autour de la matière, et dans cette fumée l'une et l'autre mourront et ressusciteront.*

*18° Continuez alors votre feu jusqu'à l'apparition des couleurs, et vous verrez enfin la blancheur. Lorsqu'elle paraîtra (ce qui arrivera vers la fin du cinquième mois) l'accomplissement de la Pierre blanche s'approche. Réjouissez-vous donc; car le Roi, vainqueur de la mort, paraît en Orient environné de gloire, annoncé par un cercle citrin, son avant-coureur ou ambassadeur.*

*19° Continuez avec courage votre feu jusqu'à ce que les couleurs paraissent de nouveau, et vous allez voir le beau vermillon et le pavot champêtre. Glorifiez-en Dieu, et soyez reconnaissant.*

*20° Enfin, quoique votre Pierre soit parfaite, il la faut faire bouillir, ou plutôt cuire derechef dans la même eau, avec la même proportion et le même régime; que votre feu soit seulement un peu plus faible; et par ce moyen vous l'augmenterez en quantité et en vertu, selon que vous le désirerez, ce que vous pouvez à cet effet réitérer autant de fois que bon vous semblera.*

Que Dieu, Père des lumières, Souverain Seigneur, Auteur de toute vie et de tout bien, vous fasse la grâce de vous montrer cette régénération de lumière, pour entrer en la terre de vie, terre promise à ses Fidèles, et participer un jour à la vie éternelle. Ainsi soit-il.

*Fin du traité.*

★

Ces *Principes de Philalèthe* peuvent être considérés comme un résumé du célèbre traité de l'Adepte, *L'Entrée ouverte au palais fermé du Roi.* J'ai tenu à les reproduire intégralement, de même que je l'avais fait précédemment pour la *Table d'Emeraude*, afin que le lecteur puisse se faire une idée des principales difficultés qui attendent l'étudiant en art hermétique.

Dans le texte d'Hermès Trismégiste, c'est l'obscurité qui est l'obstacle majeur; il faut bien reconnaître que la *Table* est à peu près incompréhensible (d'ailleurs, le célèbre commentaire qu'en fit l'Adepte Hortulain n'est guère moins compliqué). Dans le traité de Philalèthe, par contre, tout semble clair. Il indique quelle est la fameuse matière première, l'or (et il précise bien l'or vulgaire), et il suggère que le mercure philosophique pourrait bien n'être que le vif-argent du commerce, préparé d'une certaine manière. Quant à ses explications concernant la conduite de l'œuvre, elles paraissent fort convaincantes. Or, il n'est pas de texte plus trompeur!

Avant de l'examiner, il faut bien avoir en esprit la réflexion de Schroeder: « Quand les philosophes parlent sans détours, je me défie de leurs paroles. Quand ils s'expliquent par énigmes, je réfléchis. » Il faut aussi se souvenir de l'apostrophe que Artéphius adresse à son lecteur: « Pauvre idiot! Serais-tu assez simple pour croire que nous allons t'enseigner ouvertement et clairement le plus grand et le plus important des secrets, et prendre nos paroles à la lettre? Je t'assure que celui qui voudra expliquer ce que les philosophes ont écrit selon le sens ordinaire et littéral des paroles se trouvera engagé dans les détours d'un labyrinthe dont il ne se débarrassera jamais parce qu'il n'aura pas le fil d'Ariane pour se conduire et pour en sortir et, quelque dépense qu'il fasse à travailler, ce sera tout autant d'argent perdu. »

Enfin, et surtout, il faut se souvenir des paroles d'Eyrénée Philalèthe lui-même, qui reconnaît dans son propre traité *L'Entrée ouverte au palais fermé du Roi:* « J'avoue que c'est ainsi que j'ai tellement entremêlé les subtilités de la philosophie avec une ingénuité toute extraordinaire que, si l'on ne s'avise d'expliquer et d'entendre métaphoriquement plusieurs choses que j'ai dites dans les chapitres précédents, on n'en recueillera point d'autre fruit que de la perte et de la dépense inutile. »

Ceci établi, je puis assurer au lecteur qu'il faut entendre « métaphoriquement » l'identification de la matière première avec l'or vulgaire, comme nous le verrons dans la dernière partie de cet ouvrage. Quant au mercure philosophique, il n'est pas davantage question qu'il ait le moindre rapport avec le vif-argent du commerce. Ce qui n'entraîne nullement qu'il faille tenir le texte de Philalèthe pour dénué d'intérêt, loin de là; il est au contraire précieux sur certains points pratiques de la technique opératoire.

En fait, c'est seulement en collationnant les innombrables traités qui existent que l'on peut arriver à cerner la question: l'un évoque l'aspect de la matière première, l'autre sa couleur, un troisième son poids, un autre encore suggère quel pourrait être l'un des composants du feu secret, un dernier indique les degrés de température de l'athanor, c'est-à-dire du fourneau. Voilà la seule façon de procéder, qui n'est pas faite pour les gens pressés, mais pour les « amoureux de science ».

## 5

## L'ALCHIMIE ET LA SCIENCE MODERNE

Contrairement à l'astrologie qui a parfois été enseignée dans les universités, à côté de matières plus classiques, l'alchimie a toujours été considérée avec méfiance par les milieux scientifiques. C'est sans doute parce que cette science n'est pas susceptible d'être enseignée du haut d'une chaire, mais qu'il s'agit d'une discipline essentiellement secrète, traditionnelle et initiatique.

*Secrète,* parce que — pour des raisons d'obédience à d'antiques interdits — la nature réelle des corps appelés matière première, feu secret et mercure philosophique, n'est jamais divulguée, ce qui exclut tout enseignement public.

*Traditionnelle,* parce que l'alchimie repose, non sur des théories scientifiques toujours remises en question, mais sur quelques principes de base qui n'ont jamais varié et ne peuvent le faire.

*Initiatique*, parce que — exception faite pour de très rares élus — l'étude livresque du magistère est insuffisante pour en entreprendre la réalisation; il faut l'initiation directe, de Maître à élève, qui seule révèle le *modus operandi* véritable.

On comprend donc que l'alchimie n'ait jamais joui des faveurs de la science officielle, d'autant que, jusqu'à ces dernières années, l'idée même de transmutation était tenue pour absurde et impossible. Aujourd'hui, les choses se sont évidemment modifiées et, dans un récent article, l'écrivain scientifique Jacques Bergier pouvait écrire: « Tout a, une fois de plus, changé et la science a repris le chemin des alchimistes le jour où elle a admis que l'atome n'était pas la plus petite partie possible de la matière. Avec la découverte des particules élémentaires, la transmutation devenait possible. Elle est aujourd'hui un fait presque banal et l'on n'en donnera pour preuve que la fabrication annuelle dans le monde de centaines de kilos de plutonium, élément qui n'existe normalement pas dans la nature. »

De même, si nous ouvrons le volume *Le Mercure,* de la collection « Que sais-je? » son auteur — Clément Duval, directeur scientifique au C.N.R.S. — nous parle aussitôt de transmutations. L'isotope 189 du mercure, nous dit-il, se désintègre en or avec capture électronique; plus loin, il ajoute: « On peut aussi provoquer des transmutations. Ainsi, Sherr, Bainbridge et Anderson (1941) ont obtenu des isotopes de l'or radio-actif par bombardement du mercure avec les neutrons rapides. On sait aussi provoquer la transmutation du mercure en platine par réaction, en thallium par bombardement protonique ou deutonique. »

Un fait retient mon attention dans ce texte, c'est que le mercure — le fameux mercure cher aux alchimistes — donne de l'or, et nous verrons plus loin qu'il en est de même pour le plomb. N'est-il pas étrange que parmi les sept métaux connus à l'époque, et tous les autres corps chimiques dont ils disposaient, les philosophes hermétiques aient justement indiqué que le mercure et le plomb se transmutaient aisément en or, ce qui est vrai? Pur hasard, me répondrait sans doute la Faculté des Sciences, puisqu'il s'agit dans la réalité de transmutations d'isotopes radio-actifs. Le *hasard* est en effet une possibilité, mais bien improbable; le *savoir* me semble une réponse bien plus vraisemblable. Le savoir d'une méthode qui permet de transmuter les isotopes stables en d'autres isotopes stables, sans avoir recours à l'utilisation d'énergies fantastiques.

Nous allons y revenir. En attendant, puisque le fait de la transmutation est désormais prouvé, voyons si l'on a changé d'opinion sur l'alchimie: nullement. Ecoutons de nouveau Jacques Bergier: « Contre les alchimistes on a alors changé d'argument. D'accord, ils avaient, par hasard, pressenti la possibilité des transmutations mais ils se trompaient en cherchant à les obtenir par des moyens chimiques. On n'y peut parvenir qu'avec un appareillage compliqué dont ils ne pouvaient en aucun cas disposer. »

Aujourd'hui comme au siècle dernier, en effet, la position de la science officielle reste inchangée: l'art hermétique est dénué de toute réalité, seules les découvertes de chimie minérale ou organique faites par les Adeptes sont à prendre en considération dans leurs œuvres. Il y a là une attitude intellectuelle pour le moins surprenante; car cela revient à admettre que — dans un *même* traité — un alchimiste puisse décrire un corps nouveau, indiquer sa préparation et ses propriétés, donc faire un véritable travail scientifique, puis se mettre à mentir comme un vulgaire charlatan dès qu'il prétend avoir réalisé la Pierre philosophale! Cette attitude me semble absurde, voire malhonnête: ou bien Basile Valentin, Paracelse, et ceux de leurs confrères qui enrichirent la nomenclature chimique de nombreux corps, furent des fumistes qui ne peuvent avoir fait de telles découvertes, ou bien ils furent des savants et, dans ce cas, l'ensemble de leur œuvre doit être tenue en égale considération.

D'autant que les découvertes dont nous leur sommes redevables sont loin d'être mineures, bien qu'elles n'aient été qu'un à-côté de leurs travaux. Albert le Grand fut le premier à préparer la potasse caustique et il reconnut la composition du cinabre (sulfure de mercure), de la céruse et du minium. Basile Valentin découvrit, outre l'antimoine, l'acide chlorhydrique et l'acide sulfurique; Paracelse reconnut l'existence du zinc, Glauber du sulfate de soude et Brandt du phosphore, entre autres. Il est inutile de poursuivre cette liste dont l'importance n'échappera pas au lecteur. Les hommes qui ont isolé, reconnu, découvert ou préparé ces corps ne peuvent en aucun cas être tenus pour des charlatans.

Or, il faut bien se rendre compte que les philosophes hermétiques n'écrivaient pas deux sortes de traités: ceux où ils auraient exposé leurs découvertes purement chimiques, et ceux où ils parlaient de la Pierre philosophale; non, ils composaient uniquement des ouvrages sur le Grand Œuvre au cours desquels, au passage, ils mentionnaient leurs découvertes chimiques annexes. Une telle façon de faire n'est pas celle d'un fumiste ou d'un illuminé; c'est bien au contraire la démarche d'un homme de science qui ne veut pas laisser ignorer à ses contemporains une découverte, même mineure, et dont la totalité de l'œuvre doit être considérée comme véridique.

Par ailleurs, l'objection qui prétend que les transmutations sont uniquement possibles au moyen d'énergies nucléaires fantastiques, est aujourd'hui pratiquement tombée. Les découvertes du biologiste Kervran ont montré que le phénomène de transmutation spontanée était chose courante dans la matière organique; de plus, il est maintenant certain que les relations qui existent entre le noyau et les électrons planétaires sont tout à fait différentes en chimie organique et en chimie minérale. Ainsi, une expérience intéressante a été tentée sur un animal fort commun qui est la poule. Ces oiseaux ont besoin de calcaire pour fabriquer la coquille de leurs œufs, et des expérimentateurs privèrent volontairement quelques sujets de toute nourriture calcaire. Par contre, ils leur donnèrent, mélangé à leurs aliments, du mica, qui est un silico-aluminate de potassium. Or, on constata ensuite que les poules fabriquaient elles-mêmes le calcaire nécessaire à leurs œufs, ce qui montre qu'il y a eu transmutation du potassium (K = 19), avec capture d'un ion hydrogène (H = 1), pour donner du calcium (Ca = 20.)

Une conclusion s'impose, c'est qu'il existe des méthodes totalement différentes de transmutation, et que les alchimistes ont très bien pu en réaliser au niveau de l'atome et des électrons périphériques, sans avoir à bombarder les noyaux avec des énergies considérables.

Une nouvelle théorie, dite théorie des nombres magiques, qui a cours en Union soviétique, montre qu'il doit exister au-delà de l'uranium des éléments super-lourds — et cependant stables — alors qu'il était jusqu'à présent admis que tous ces éléments, au-dessus de l'uranium, étaient radio-actifs et de faible durée d'existence. Ainsi on commence à beaucoup parler de l'élément de poids 310 et de numéro atomique 135, qu'on appelle ekaplomb ou superplomb. Cet ekaplomb existerait dans la nature, sous forme de traces infinitésimales, dans le plomb courant. L'étude, théorique pour l'instant, de ses propriétés montre que, dans une transmutation provoquée, il serait susceptible de donner l'isotope stable de l'or.

Pour la seconde fois, nous nous trouverions en présence de cette prescience assez incroyable des alchimistes pour qui le plomb, tout comme précédemment le mercure, était l'un des métaux les plus aptes à se transmuter en or. Hasard de nouveau? Je n'y crois nullement, cette fois encore la réponse me semble être: le savoir.

★

Une autre objection paraît plus valable: comment les alchimistes pourraient-ils avoir acquis une connaissance prodigieuse de la structure même de la matière, alors qu'ils se fondaient sur une théorie absolument fausse, prétendant que les métaux étaient tous composés de trois substances en proportions variables? A ce propos, écoutons encore Jacques Bergier: « La théorie alchimique selon laquelle les métaux précieux pouvaient être obtenus à partir de trois éléments seulement nommés, ou surnommés, sel, soufre et mercure, n'a aucun sens en chimie. En physique, il n'en est pas de même, si l'on en croit la toute moderne théorie des quarks.

« Mais que sont les quarks? On sait que depuis une vingtaine d'années la structure de la matière nous apparaît de plus en plus fantastique. On connaît actuellement deux cents particules, les unes de longue durée, presque éternelles, les autres de vie très courte, éphémères. Comment les classer? Par un prodigieux effort de synthèse, on a découvert des arrangements symétriques appelés SU(3), SU(6), U(12). Nous n'entrerons pas ici dans le détail de ces structures, mais disons qu'elles reviennent à affirmer que toutes les particules, c'est-à-dire, toute la réalité, sont le fruit de la combinaison de trois choses, et de trois seulement.

« Nous voilà donc revenu à la trinité alchimique. Les trois objets constitutifs de toute la matière sont provisoirement appelés des quarks. » Et Bergier de conclure: « Mais, dira-t-on, que vaut la théorie des quarks? Est-ce le fruit de la pensée de quelque obscur chercheur, de quelque inventeur au petit pied, de quelque rêveur fumeux? Je signalerai simplement que nous devons cette idée au Chinois T.D. Lee, prix Nobel de physique 1957, qui fit une première révolution scientifique en prouvant la non-conservation de la parité. »

J'ai eu l'occasion de parler des quarks avec un jeune physicien et je lui ai demandé: « Pourquoi leur donner ces dénominations abstraites, SU (3), etc., alors qu'il est si simple de les appeler par leurs noms traditionnels, soit Soufre, Sel et Mercure des philosophes? » Contrairement à mon attente, il ne s'est pas indigné et a seulement répondu: « Après tout, ce n'est pas impossible. »

Il semble d'ailleurs que l'attitude des scientifiques vis-à-vis de l'alchimie est aujourd'hui beaucoup plus nuancée qu'elle ne l'était jadis. Par exemple, si nous lisons l'introduction de M. Duval à son ouvrage sur le mercure, déjà cité, nous pourrons y découvrir de petites allusions à l'art hermétique dénuées de toute appréciation méprisante. « Il (le mercure) a joué un grand rôle dans le développement de la physique, de l'alchimie, puis de la chimie. » Plus loin, l'auteur ajoute: « Si les alchimistes n'ont pu opérer sa transmutation, ils ont, du moins, fait connaître ses principaux composés et les chimistes l'ont utilisé pour isoler et manipuler les gaz. » L'affirmation de la non-transmutation ne nous surprendra pas, mais l'assimilation de l'alchimie aux sciences reconnues, telles que la physique ou la chimie, montre bien que le savant moderne n'éprouve plus le dédain d'un Buffon, par exemple, pour cette discipline en marge.

Qu'on me permette de citer une anecdote, racontée par Jacques Bergier. La scène se passe en 1949 à Marrakech. Sur la place Djema el-Fna, exposée à tous les vents. Un vieil Arabe qui porte sur la tête le turban vert de la secte des Fatjans, fait chauffer un ballon de verre hermétiquement clos au-dessus d'un fourneau de charbon de bois. A ses côtés se tient le Pr Holmyard, d'Oxford, qui suit l'expérience avec un respect apparent. Celle-ci terminée, le professeur dit au vieil Arabe: « Maître, je vous remercie de m'avoir laissé voir ce que l'on pouvait montrer à un profane de la très sainte alchimie. »

★

Voici achevé notre rapide tour d'horizon des théories alchimiques. Ce bref résumé, je l'espère, incitera le lecteur à étudier plus avant la question;

mais il était nécessaire pour pouvoir pleinement suivre l'histoire des principales transmutations métalliques, historiquement fondées, qui va suivre.

Peut-on, en effet, tirer une conclusion de cette étude liminaire? je ne le pense pas. En 1856, Louis Figuier disait: « L'état présent de la chimie empêche de considérer comme impossible le fait de la transmutation des métaux; il résulte des données scientifiques récemment acquises et de l'esprit actuel de la chimie, que la transformation d'un métal en un autre pourrait s'exécuter. Mais, d'un autre côté, l'Histoire nous montre que jusqu'à ce jour personne n'a réalisé le phénomène de la transmutation métallique. » Aujourd'hui, nous avons désormais la certitude que les transmutations sont possibles, une seule question reste donc posée: les alchimistes en ont-ils effectué jadis, par d'autres moyens que ceux employés à l'heure actuelle?

De la réponse à cette question dépend finalement toute notre conclusion sur l'art hermétique. Ou bien nous pouvons acquérir la certitude que le mercure et le plomb furent transformés en or par des Adeptes, auquel cas l'alchimie est entièrement validée et nous devons reconsidérer nos conceptions scientifiques. Ou bien une telle certitude ne peut être obtenue, et les théories hermétiques restent un exemple des superstitions du passé.

Mais comment obtenir une preuve déterminante, puisque à notre époque, les Adeptes restent cachés et ne font plus de démonstrations publiques comme aux siècles passés?

C'est pour répondre à cette question que je me suis mis à étudier les documents et les ouvrages qui relataient des cas précis de transmutations métalliques, afin de voir si l'on pouvait en tirer une conclusion positive, c'est-à-dire si les faits rapportés avaient eu suffisamment de témoins sûrs — par exemple, des savants de l'époque — pour que l'on puisse considérer les expériences décrites comme probantes.

C'est donc maintenant à une enquête à travers la vie des principaux Adeptes que je vais vous entraîner; une enquête essentiellement « matérialiste » puisque, cette fois, nous délaisserons toute préoccupation spirituelle pour nous intéresser uniquement à l'*Or*.

Chymie.

Paradigme du Grand Œuvre par Libavius

**Das Ergon und Parergon der Rosenkreutzer**
**Th. Schweighart aus Konstanz**

L'Ergon et le Parergon de la Rose-Croix

# LIVRE 2

# LES ALCHIMISTES

# 1

## TROIS DIPLÔMÉS DE L'UNIVERSITÉ DE MONTPELLIER AU XIII$^e$ SIÈCLE

Des transmutations métalliques sont attribuées aux grands Adeptes de l'Antiquité et des premiers siècles de l'ère chrétienne, mais l'éloignement dans le temps rend impossible toute vérification et ne permet pas de démêler ce qui appartient à la légende et à l'histoire. J'ai donc décidé de commencer mon étude par trois des plus grands alchimistes qui se succédèrent à l'université de Montpellier, créée vers 1181, et qui fut une pépinière de talents exceptionnels grâce à l'extraordinaire indépendance d'esprit qui y régnait et qu'on aimerait voir pratiquée de nos jours dans nos facultés.

Cette université eut pour élèves des hommes aussi éminents que Albert le Grand, Roger Bacon, Arnauld de Villeneuve, Raymond Lulle, au XIII$^e$ siècle, Michel de Nostre-Dame (plus connu sous le pseudonyme de Nostradamus), Rabelais et Erasme par la suite. Certes, l'alchimie ne figurait pas au programme officiel des études mais l'enseignement était fortement influencé par des médecins arabes et juifs, tout prétris de philosophie hermétique, ce qui permet de supposer que les perspectives alchimiques ne devaient pas être oubliées dans les cours. En tout cas, Maître Albert, Roger

Bacon, Lulle et Arnauld de Villeneuve devinrent tous des philosophes hermétiques parmi les plus grands. Ce que l'on sait moins, c'est qu'il en fut de même pour François Rabelais dont certains chapitres du *Pantagruel* sont des transpositions allégoriques du Grand Œuvre alchimique. Quant à Nostradamus, le plus célèbre devin de tous les temps, il ne cacha jamais son intérêt pour l'art d'Hermès. Il est donc évident qu'il y avait un ferment alchimique au sein de cette université et il va être intéressant d'étudier la vie de trois des principaux Adeptes qui s'y succédèrent.

## ALBERT LE GRAND

Maître Albert naquit en 1193, à Lauingen, au sein d'une famille riche. Ses premières études, assez médiocres, ne laissaient nullement prévoir qu'il allait devenir le plus grand savant de son temps. Un fait miraculeux, survenu après son entrée dans l'ordre des Dominicains, prétend expliquer cette anomalie. La Vierge Marie serait apparue au jeune Albert et lui aurait demandé en quelle science il désirait se singulariser. Le jeune homme choisit la philosophie et l'apparition promit d'exaucer ce vœu tout en ajoutant qu'elle était chagrinée qu'il n'eût pas choisi la théologie et que, par conséquent, à la fin de ses jours, il serait puni de ce choix impie en retournant à sa stupidité initiale.

Toujours est-il qu'Albert partit mener une vie d'étudiant riche à Pavie, jusqu'au jour où il rencontra un frère prêcheur qui l'exhorta à entrer dans l'ordre de Saint-Dominique, alors très puissant, ce qui lui permettrait de s'adonner aux études en toute tranquillité. En effet, au milieu des guerres incessantes du Moyen Age, les abbayes étaient les seuls asiles inviolés où la culture pouvait s'épanouir dans le calme. Maître Albert devint donc dominicain mais il obtint une dérogation importante aux règles de l'ordre. Afin de poursuivre ses recherches, on lui permit de continuer de jouir de sa fortune jusqu'à sa mort, ce qui était très exceptionnel pour l'époque.

Après un séjour à Cologne, Albert le Grand partit pour Paris, en 1245, afin de conquérir le titre envié de *magister* que conférait cette université. Pour y parvenir il fallait professer à la Sorbonne pendant trois ans avec succès. Les premières conférences furent un véritable triomphe; l'amphithéâtre où il parlait était pris d'assaut, au point qu'on dut envisager de lui donner une salle plus vaste. Comme aucune ne parut assez grande pour contenir son auditoire, Maître Albert en fut réduit à donner ses cours en plein air, sur une place publique, qui depuis a gardé son nom, puisqu'il s'agit de la place Maubert, c'est-à-dire la place de Maître Albert.

Albert le Grand ne s'intéressa pas seulement à la philosophie mais fut un savant complet. Il a laissé, entre autres, des travaux de chimie minérale extrêmement en avance sur son époque. Et, bien entendu, il s'intéressa à l'alchimie. Nous possédons encore cinq traités d'alchimie signés de lui, dont le plus connu est *De Alchimia*. Par ailleurs on lui attribue deux petits recueils de magie: *Les admirables secrets du Grand et du Petit Albert*. Son autorité scientifique fut telle que pendant très longtemps on ne mit jamais en doute sa paternité sur ces divers ouvrages. Ce n'est que plus tard, lorsqu'une critique plus assurée remarqua que Paracelse et Basile Valentin, par exemple, étaient cités dans *Le Petit Albert*, alors qu'ils vécurent près de deux siècles après notre Adepte, qu'on jugea apocryphes les deux recueils de pratiques magiques. Enfin, au début du XX^e^ siècle, lors de la canonisation de Maître Albert par l'Eglise, on prétendit que tous les traités hermétiques qu'on lui attribuait étaient des faux. Que Maître Albert ait été un alchimiste ne fait aujourd'hui aucun doute, mais en ce qui concerne la paternité des traités, la question est beaucoup plus complexe. Il semble que Maître Albert ait été l'auteur de *De Alchimia*, ou, à tout le moins, que l'ouvrage ait été réalisé sous sa direction. Il est pratiquement certain qu'il n'a jamais écrit aucun des autres traités qui lui sont attribués, mais, et ce n'est pas le moins étonnant, des recherches menées par les professeurs d'une grande université américaine ont prouvé de façon irréfutable qu'une partie au moins des *Admirables secrets du Grand Albert* étaient bien du dominicain! Ceci plongea d'ailleurs les universitaires d'outre-Atlantique dans la confusion la plus profonde, ils en conclurent que Albert était soit devenu fou, soit s'était volontairement moqué du monde. Leur effarement redoubla lorsque, poursuivant leurs recherches, ils s'aperçurent qu'une petite partie des œuvres manuscrites inédites d'Albert contenait des textes très comparables à ceux de l'ouvrage de magie populaire; or, le dominicain ne semblait pas avoir fait de différence entre eux et ses autres œuvres. La réalité, à la fois fantastique et simple, est celle-ci: les écrits magiques d'Albert le Grand sont des traités d'alchimie mais écrits sous une forme symbolique encore plus compliquée que tous les autres ouvrages du même genre.

En voici un exemple tiré du premier chapitre du second livre du *Grand Albert:* « La première herbe est de Saturne et s'appelle offodilius. Son suc est fort bon pour apaiser et guérir les douleurs de reins et les maux de jambes. On la donne aussi à ceux qui sont incommodés de la vessie. Que si on fait tant soit peu cuire sa racine, les démoniaques et les mélancoliques qui la porteront dans un linge blanc seront délivrés, enfin cette même racine chasse les malins esprits des maisons. » Ce texte, apparemment dénué de toute signification, en prend une dès l'instant où l'on s'aperçoit qu'il s'agit d'une recette alchimique où il est question de Saturne, c'est-à-dire du plomb, de cuire sa racine, c'est-à-dire d'extraire la racine métallique du métal par la coction, pour l'amener jusqu'au point de l'œuvre au blanc symbolisée ici par le linge de même couleur. En fait, cette prétendue recette magique décrit tout simplement un des points du magistère.

A partir de 1244, Thomas d'Aquin — un des futurs saints de l'Eglise catholique — devint l'élève particulier d'Albert le Grand, qui l'initia non seulement aux sciences qu'il enseignait ouvertement mais aussi à l'alchimie, car nous possédons plusieurs écrits hermétiques de la main de Thomas d'Aquin. Par ailleurs, dans une de ses œuvres(1), celui-ci se demande si l'utilisation de l'or alchimique est légitime et il conclut qu'il ne voit aucune raison de lui préférer l'or natif, ce qui tend à montrer qu'il a bien assisté à des transmu-

(1) La *Somme théologique.*

tations effectuées par Albert. Tous deux s'intéressèrent aussi à la construction des automates, fort à la mode à cette époque. On raconte qu'ils arrivèrent à créer une tête parlante qui répondait aux questions (1), que cette tête parlante se détraqua un jour et importuna tellement Thomas d'Aquin par ses babillages continuels que, dans un accès de fureur, il la brisa à grands coups de canne. Cette histoire, qui a même accès aux pages du grand Larousse, est totalement dénuée de fondement. C'est seulement au XVIIIe siècle qu'on la voit apparaître pour la première fois, soit qu'elle ait été pure invention, soit qu'elle ait résulté d'une mauvaise compréhension d'un texte alchimique d'Albert où il était question d'une tête coupée. Cette tête n'est en fait qu'un des états de la matière première au cours du magistère, le *caput mortuum*.

Par contre, un autre fait merveilleux de la vie d'Albert le Grand qu'on tient généralement pour une légende est, lui, très probablement authentique. Il s'agit d'un festin offert à l'empereur Guillaume, en 1249, par Albert dans son monastère de Cologne. Il existe plusieurs relations de cet événement, la plus ancienne datant de 1320 et faisant une recension de tous les événements locaux importants survenus dans la région entre 1248 et 1316. Une autre, écrite par Jean de Beka en 1346, couvre à peu près la même période et rapporte également les faits surnaturels survenus au cours de ce repas.

Voici la relation de Jean de Beka, traduite du latin par Bernard Husson et citée dans sa préface

(1) Cette histoire est parfois rapportée à l'alchimiste Gerbert, qui devint Pape sous le nom de Sylvestre II.

de la réédition du *Grand et du Petit Albert:*

« La fête de l'épiphanie du Seigneur approchait, le roi Guillaume vint à Cologne accomplir en ce lieu une dévotion solennelle en l'honneur des trois rois mages. A cette époque, maître Albert le Grand, de l'ordre des prêcheurs, y enseignait. Très versé dans la nigromantie, davantage encore en philosophie et par-dessus tout en théologie, il fut invité par le roi et mangea à sa table. Prenant congé, il pria instamment le roi de lui faire l'honneur de venir déjeuner dans son monastère le jour de l'Epiphanie. Le roi, avide de voir quelque merveille, y consentit volontiers. Au jour dit, après la messe solennelle, le roi entra avec sa suite dans le réfectoire des prêcheurs où Albert l'accueillit avec faste et le conduisit au-dehors, dans le jardin du monastère, où il vit arriver de très beaux serviteurs qui apportaient tout ce qui était nécessaire au repas, c'est-à-dire des tables et des chaises. Ils étaient silencieux et d'une diligence extrême. Or, à cette époque régnait un hiver fort rude, et toute la superficie du sol était couverte de neige, ce que voyant, les personnes de la suite royale murmurèrent de prime abord contre le maître, qui, par un froid si cruel, faisait déjeuner ses convives sans feu dans le jardin.

« Après qu'Albert se fut assis avec le roi à une table séparée située à l'écart, comme il convenait à sa dignité, l'assistance attendit avec indignation que l'on apportât les plats. Et voici que subitement, le tapis de neige disparut, qu'un soleil caniculaire suscita l'apparition d'une herbe verte, de très belles fleurs d'une merveilleuse fraîcheur, tandis que des fruits apparaissaient sur les arbres. Une multitude d'oiseaux de diverses espèces vint à tire d'ailes enchantant les convives par son ramage et son plumage varié; l'on se serait cru en juin. Bientôt en effet la froideur de l'hiver disparut entièrement et la chaleur fut telle que quelques convives furent obligés de se dépouiller d'une partie de leurs vêtements et de se mettre à l'ombre. Les serviteurs étaient des jeunes gens d'une beauté incroyable dont personne dans l'assistance ne pouvait mettre en doute la condition supra-humaine; ils apportèrent des mets, et des boissons variées, en grande abondance, avec une grâce, une décence et une gravité incroyables. Tous admiraient ceci avec quelque frayeur, mêlée cependant aux délices du spectacle et des mets dont personne ne savait d'où ils pouvaient bien provenir. Le festin dura plus d'une heure, après laquelle les serviteurs, ayant ôté les tables selon l'usage, leur troupe disparut subitement, le chant des oiseaux cessa, la verdeur des arbres et du gazon se dessécha, tandis que prenait fin la délectation des yeux et la joie de l'esprit. La couche de neige réapparut avec la morsure du froid ambiant, qui força tout le monde à revêtir en hâte les habits déposés et à regagner des salles chauffées. Le roi Guillaume reconnut ouvertement qu'Albert était le plus savant des mortels et lui accorda, pour son ordre, un terrain franc d'allégeance et d'impôt sur le territoire de la ville d'Utrecht. »

En 1260, Albert fut nommé évêque de Ratisbonne, fonction qu'il n'occupa que deux ans car il détestait les charges officielles. Il s'acquitte alors de diverses missions en Bavière, à Würzburg et à Cologne. Le 7 mars 1274 Thomas d'Aquin meurt dans un couvent italien, au même instant Albert le Grand, alors à Cologne, annonce cette mort aux autres moines et s'effondre en larmes. Le fait n'est en rien légendaire mais parfaitement attesté.

La même année il assiste au concile de Lyon puis en 1276, il est nommé nonce apostolique en Pologne. Un an plus tard, âgé de quatre-vingts ans, il n'hésite pas à se rendre à Paris pour défendre la mémoire de Thomas d'Aquin dont certaines œuvres avaient été attaquées par l'université de cette ville.

En 1279, Albert perd la mémoire et se retire alors dans sa cellule monacale qu'il ne devait plus quitter. A l'évêque de Cologne qui voulait lui rendre visite il répondit à travers sa porte: « Albert n'est plus ici. »

Le 15 novembre 1280 il mourait et toute la ville en deuil lui faisait des funérailles solennelles. Dès sa mort il fut honoré comme Bienheureux, ce qui n'empêcha pas certains ennemis de l'accuser de sorcellerie et de se gausser de sa déchéance intellectuelle finale en écrivant que: « M^e^ Albert qui fut d'abord métamorphosé d'âne en philosophe, avait été ensuite métamorphosé de philosophe en âne. » Sa réputation, par contre, ne fit que grandir auprès du public et des miracles s'accomplirent sur sa tombe. Il fut officiellement proclamé Bienheureux par Rome en 1637 et canonisé en 1931 par Pie XI. Enfin Pie XII, en 1941 l'institua patron des Sciences et des scientifiques chrétiens.

En dehors du témoignage de Thomas d'Aquin (1)

(1) Une autre preuve que Albert le Grand a bien réussi à persuader saint Thomas d'Aquin de la réalité de l'alchimie peut être trouvée dans le traité *Aurora Consurgens* de ce dernier, qui a été publié récemment. Une édition allemande et une anglaise, établies et commentées par Marie-Louise von Franz, parurent en effet en 1966. Dans cet ouvrage, Thomas d'Aquin étudie le problème des opposés en alchimie et surtout porte un jugement très pessimiste sur l'ensemble de

il n'existe aucune preuve évidente que Albert le Grand ait bien accompli la transmutation métallique, aussi dois-je compter comme négative cette première partie de mon enquête. Mais, avant d'entreprendre l'étude de la vie d'Arnauld de Villeneuve, je citerai ici les fameux conseils donnés aux alchimistes par Maître Albert dans *De Alchimia* et qui, hier comme aujourd'hui, restent parfaitement valables pour tous les philosophes hermétiques :

« 1. L'alchimiste sera discret et silencieux; il ne révélera à personne le résultat de ses opérations.

« 2. Il habitera, loin des hommes, une maison particulière dans laquelle il y aura deux ou trois pièces exclusivement destinées à ses opérations.

« 3. Il choisira soigneusement le temps et les heures de son travail.

« 4. Il sera patient, assidu et persévérant.

« 5. Il exécutera, d'après les règles de l'art, la trituration, la sublimation, la fixation, la calcination, la solution, la distillation et la coagulation.

« 6. Il ne se servira que de vaisseaux de verre ou de poteries vernissées afin d'éviter l'attaque des acides.

« 7. Il sera assez riche pour faire les dépenses qu'exigent ces opérations.

« 8. Il évitera surtout d'avoir aucun rapport avec les princes et les seigneurs. En effet, d'abord ceux-ci presseraient son œuvre, ensuite les pires tourments l'attendraient en cas d'insuccès et la prison le récompenserait en cas de succès. »

son œuvre théologique indiquant en bref qu'il a fait là fausse route et que l'Art alchimique était la voie véritable de la gloire de Dieu.

« Ici commence *Le Chemin du Chemin*, traité court, bref, succinct, utile à qui le comprendra. Les chercheurs habiles y trouveront une partie de la Pierre végétale que les autres philosophes ont cachée avec soin. » Ainsi s'exprime Maître Arnauld dans un petit traité qu'il remit au pape Benoît XI en l'an de grâce 1303.

Ce ne fut là qu'une des nombreuses œuvres alchimiques qu'il nous a laissées, et dont le célèbre *Grand Rosaire* reste le plus beau fleuron. Arnauld de Villeneuve naquit entre 1235 et 1245, la date de 1240 étant la plus probable. Il fit d'abord des études classiques à la faculté d'Aix-en-Provence puis alla étudier la médecine à Montpellier avant de terminer ses études à la Sorbonne. Il y est supposé avoir suivi les cours d'Albert le Grand, ce qui étonne quelque peu si l'on considère les dates! Il est en revanche probable qu'il y connut le moine britannique Roger Bacon, auteur du *Miroir d'Alquimie*, car leurs traités présentent nombre de points communs. C'est par l'intermédiaire de Bacon qu'il put faire la connaissance d'Albert le Grand puisque l'alchimiste anglais fut en relation avec lui. On raconte d'ailleurs qu'il l'enviait fort car, contrairement à celles de Maître Albert, les recherches de Bacon furent toujours entravées du point de vue financier par son ordre monastique.

Ses études terminées, Arnauld de Villeneuve se mit à pratiquer la médecine à travers toute l'Europe et devint bientôt un praticien à la mode et fort recherché. Ses façons de faire non orthodoxes et son franc-parler lui valurent souvent des difficultés avec les autorités religieuses locales. Comme nous le dit René Marquard: « Il est certain que l'accusation de commercer habituellement avec le diable reposait, non sans fondement, sur l'usage de mixtures bizarres, le port d'amulettes, l'emploi de pratiques hypnotiques et magiques. Le maître répondait à cela que l'ascendant du médecin sur son malade était une chose primordiale, qu'il était l'un des principaux facteurs de la guérison et qu'il ne fallait négliger aucun moyen de le rendre irrésistible. » C'est donc à une figure haute en couleur que nous avons affaire ici, bien éloignée de la vie réglée entièrement partagée entre la science et la religion, d'un Albert le Grand, d'un Roger Bacon ou d'un Thomas d'Aquin. Maître Arnauld annonçait déjà Paracelse et le charlatan Cagliostro.

Revenu à Paris pour y enseigner, Arnauld de Villeneuve se distingua par un éclat de langage tel que le tribunal de la sainte Inquisition fut saisi. Il déclara en effet publiquement que le mérite de la charité était supérieur à celui de la prière et que les bulles du pape n'étaient que des œuvres humaines, nullement infaillibles, ou à tout le moins « que leur infaillibilité était à peu près aussi assurée que celle de ses propres diagnostics »! On sait aujourd'hui les remous qui agitent l'Eglise catholique à propos de l'infaillibilité du pape, et l'on imagine sans peine la colère qui dut s'emparer des autorités ecclésiastiques du XIIIe siècle en entendant une telle profession de foi... Le médecin alchimiste dut donc quitter au plus vite la France et reprit ses voyages à travers l'Europe. Il semblait devoir rentrer en grâce auprès de l'autorité pontificale — le pape Clément V qui souffrait de la gravelle faisait appel à lui — lorsqu'il mourut subitement en mer, en vue des côtes de Gênes.

Sa mort ne calma pas le tribunal de l'Inquisition qui décida de lui faire un procès posthume et, en 1317, soit quatre ans après son décès, il fut condamné et la plupart de ses ouvrages saisis et détruits en autodafé. Ceci explique que, à côté de ses œuvres importantes, il existe un certain nombre de petits traités fort obscurs et signés de lui, dont on est loin d'être certain qu'ils soient de sa plume. Quelques souffleurs avaient probablement profité du fait qu'il régnait une certaine incertitude quant au nombre des œuvres subsistantes de Maître Arnauld pour signer leurs grimoires de son nom. Bien entendu les adversaires de l'alchimie en ont conclu que la totalité de ses traités étaient apocryphes.

Parmi ces opuscules, dont l'authenticité reste douteuse, je vais cependant en citer un qui ne manque pas de sel. Il s'agit d'un manuscrit, découvert au XVIe siècle par M. Poirier, et dont l'écriture semble justifier l'attribution à Arnauld de Villeneuve. Il traite des problèmes de rajeunissement qui se posent aux personnes qui vivent plusieurs siècles! Voici, en particulier, une recette donnée par le philosophe: « Celui qui désire prolonger sa vie doit se frotter deux ou trois fois par semaine avec de la moelle de la casse. Chaque nuit, avant de se coucher, il doit placer sur sa tête un emplâtre composé de safran oriental, de feuilles de roses rouges, d'essence de bois de santal, d'aloès et d'ambre, le tout liquéfié dans l'huile de rose à laquelle on a ajouté un peu de cire. Au matin, il faut enlever l'emplâtre et l'enfermer dans une boîte de plomb jusqu'à la nuit suivante où il sera à nouveau appliqué. »

Du point de vue strictement alchimique, Arnauld de Villeneuve passe pour un Adepte qui fut en possession de la Pierre philosophale. L'étude de son *Grand Rosaire* permet de le supposer mais aucun fait historique précis ne permet d'en être certain. Là encore, il n'existe que sa propre affirmation d'avoir réussi le magistère et d'avoir changé le plomb en or, affirmation qui ne saurait suffire à une enquête impartiale et exigeante. Je considérerai donc également ce second point comme négatif (1) et reporterai mes espoirs sur Raymond Lulle, le célèbre *docteur illuminé* de l'île de Majorque.

## RAYMOND LULLE

La tradition alchimique, je ne veux pas parler de la tradition écrite mais de celle — beaucoup plus assurée — qui s'est toujours transmise d'Adepte à « amoureux de science », tient Raymond Lulle pour un des plus grands alchimistes

(1) Depuis la parution de la première édition de ce livre j'ai cependant trouvé la mention d'une transmutation qu'aurait effectuée Arnauld de Villeneuve devant la Curie Romaine dans l'ouvrage *Symbola aureae mensae* de Michel Maier, dont le texte suivant est extrait: « C'est ainsi que le chanoine Jean Andréas, parlant d'Arnauld, déclare: « De notre vivant, nous avons reçu Maître Arnauld de Villeneuve à la Curie Romaine, médecin et théologien suprême, dont j'ai traité relativement aux observances du jeûne. C'était également un grand alchimiste, qui avait fait des baguettes d'or, lesquelles ne fit pas difficulté de laisser soumettre à toutes les épreuves. » D'autres ajoutent, en citant le même Andréas, que les lamelles d'or fondues par Arnauld ne le cédaient pas en qualité à l'or extrait des mines d'Aruzzio, ainsi qu'en témoigne d'ailleurs Jean-François Mirandole, au premier chapitre du livre 3 de son traité *De auro.* »

de tous les temps, comparable seulement à Basile Valentin ou Eyrénée Philalèthe. Cette tradition n'est pas fondée sur des documents plus ou moins apocryphes ou sur des données historiques discutables mais sur un savoir assuré, légué d'âge en âge. Il est donc particulièrement irritant d'entendre répéter et de lire dans tous les ouvrages modernes que le *docteur illuminé* n'écrivit jamais un seul traité d'alchimie et, qui plus est, ignora tout de cette science. Avant donc d'étudier sa vie, essayons de voir clair dans cette question.

Voici les raisons des historiens contemporains pour contester à Raymond Lulle la paternité de ses ouvrages d'alchimie. D'abord, en 1311, il publia une sorte d'autobiographie qui contient une liste exhaustive de ses œuvres éditées. Aucun titre d'alchimie n'y figure. Ce fait n'a rien de déterminant, comme je l'ai indiqué, Lulle ayant sans doute préféré, pour des raisons religieuses, que ses œuvres hermétiques paraissent après sa mort. Les manuscrits sont tous datés du vivant de Lulle et plusieurs contiennent des allusions historiques ou des dédicaces à des princes qui régnaient durant la vie de l'Adepte. Tout cela, aux yeux de nos historiens, n'a fait que renforcer leur opinion que les œuvres étaient apocryphes! Ils prétendent, en effet, que ces indications historiques ne sont là que pour justifier l'attribution des traités. Voici par exemple ce que dit W. Ganzenmuller dans son ouvrage déjà cité: « Ce qui distingue ces faux des autres, c'est le soin qu'on a apporté à leur composition. Si, en général, ils sont simplement signés du nom d'un auteur connu, on a pris cette fois la peine d'imiter le style de Lulle. L'*Ars Magna*, la plus importante de ses œuvres, introduit dans les sciences l'emploi des lettres, comme symbole d'une idée ou d'un corps... Tout cela se rencontre dans les œuvres nombreuses qui ont été, à tort, attribuées à Lulle, ainsi que les idées et les locutions qui lui sont propres. Cette impression d'homogénéité entre les faux est renforcée par le fait que les œuvres isolées se citent réciproquement et d'une façon continue, reproduisant même avec précision les premiers mots des chapitres cités. »

Pour résumer plaisamment la situation, je dirai que nos érudits estiment que les œuvres de Lulle sont si manifestement de lui qu'elles ont donc été écrites par quelqu'un d'autre! Pourtant Ganzenmuller, sans s'en rendre compte, donnait la réponse à ce faux problème: « C'est dans le milieu ecclésiastique que s'affirma ce doute: il était difficile, en effet, de concilier l'activité d'alchimiste de Lulle avec l'admiration qu'on devait avoir pour un martyr de la foi. » Jusqu'à plus ample informé, j'estimerai donc que le *docteur illuminé* est bien l'auteur des œuvres qui portent son nom.

Raymond Lulle naquit en 1233 ou 1235 à Palma, dans l'île de Majorque, au sein d'une noble et riche famille. Son père le destinait à la carrière militaire et sa jeunesse eut pour unique occupation les conquêtes féminines. Une fois marié et père de famille, il n'en continua pas moins de poursuivre les jolies filles de ses assiduités si bien que, vers la trentaine, il s'éprit réellement d'une Gênoise qui vivait à Palma, la Senora Ambrosia de Castello. Assez paradoxalement, c'est ce nouvel amour qui allait déterminer chez lui une des plus dramatiques conversions de l'histoire humaine qui ne le cède peut-être qu'à celle de saint Augustin.

Ambrosia était mariée, sage et fort contrariée de voir le beau Raymond l'importuner continuellement par les manifestations extravagantes de sa passion; ainsi, un jour, il entra à cheval dans la cathédrale pour déposer un madrigal à ses pieds et fut jeté dehors par les fidèles indignés. C'est alors qu'elle accepta d'avoir une entrevue avec lui et lui donna rendez-vous dans sa propre chambre. Lulle fut persuadé de l'avoir enfin séduite et se rendit à ce rendez-vous dans l'état d'esprit d'un jeune homme qui va consommer sa victoire. Ambrosia le reçut cependant assez froidement et lui demanda s'il désirait voir ses seins qu'il avait plusieurs fois célébrés dans ses poèmes. Lulle fut surpris par cette question, mais répondit qu'il n'avait pas de désir plus cher. La jeune femme dégrafa alors son corsage et révéla une poitrine partiellement consumée par le cancer tout en disant: « Regarde, Raymond, regarde la laideur de ce corps qui a conquis ton affection. N'aurais-tu pas mieux fait de mettre ton amour en Jésus-Christ dont tu peux recevoir un prix éternel? »

L'incident donna un véritable choc nerveux à Lulle qui se retira en proie à une grande agitation. Il resta plus ou moins cloîtré pendant quelques jours essayant d'écrire des poèmes d'amour lyriques et ce fut alors qu'il eut une vision du Christ sur la croix. Il la chassa d'abord et reprit la rédaction de ses vers mais la même vision reparut à quatre reprises. Après une nuit blanche, partagée entre la honte et le remords, il se précipita à confesse et jura au prêtre de consacrer désormais sa vie à la gloire de Dieu et à la conversion des infidèles.

Raymond Lulle raconte qu'il fit alors le pèlerinage de Saint-Jacques-de-Compostelle afin de demander confirmation de sa nouvelle vocation. S'agit-il d'un voyage réel ou d'un voyage initiatique? Nous laisserons pour l'instant la question en suspens puisque nous aurons l'occasion de l'examiner plus en détail avec Nicolas Flamel, au chapitre suivant. Toujours est-il que, de retour à Majorque, le *docteur illuminé* alla s'installer sur une des plus hautes montagnes de l'île, le mont Randa. C'est là que, après de nombreux jours de jeûne et de contemplation, une illumination soudaine, venue de Dieu, lui révéla son grand art — l'Ars Magna — qui devait lui permettre de confondre les infidèles et d'affirmer la vérité de la voie chrétienne. Une légende veut que des buissons d'une plante de la région, le lentisque, se couvrirent d'une multitude de lettres d'alphabets divers: c'étaient les langues dans lesquelles il allait falloir enseigner l'Ars Magna. Lulle se mit aussitôt à étudier ces divers idiomes, en particulier l'arabe puisqu'il comptait évangéliser des peuples d'Afrique du Nord. Il apprit aussi en peu de temps le français avant de se rendre à la Sorbonne pour y suivre des cours.

C'est ainsi, qu'en cette vénérable faculté, il se prit publiquement de querelle avec Duns Scott qui donnait une série de conférences, après les triomphes qu'il avait remportés à Oxford. Pendant que Duns Scott discourait, Raymond Lulle faisait à chaque phrase des signes de dénégation et de désapprobation, ce qui finit par irriter le conférencier britannique. Pour se moquer de son contradicteur, Scott s'interrompit alors pour lui poser une question de pure routine: « Quelle partie du discours est Dieu? » et Lulle de répondre: « Dieu n'est aucune partie, mais il est tout. » Il ne s'en tint pas là, et interrompant définitivement le malheureux Scott, il fit un discours interminable et, virulent, prônant la perfection de Dieu. Finalement, il eut l'insigne honneur d'enseigner à la Sorbonne, alors qu'il ne possédait aucun titre universitaire, et ses relations avec Duns Scott s'améliorèrent au point qu'ils se quittèrent excellents amis.

De là, Raymond Lulle partit pour Montpellier où il suivit l'enseignement d'Arnauld de Villeneuve qui, vers 1289, l'initia à l'alchimie. Mais il n'oubliait pas ses projets d'évangélisation du monde arabe, et il s'embarqua bientôt pour Tunis afin de les mettre en pratique, ce qui lui valut une condamnation à mort prononcée par le bey. Heureusement pour lui, un musulman lettré, ami du souverain, fit annuler cette sentence après avoir longuement conversé avec le *docteur illuminé* et jugé qu'il s'agissait là d'un homme d'une science exceptionnelle. Il fut expulsé, poursuivi par la foule en fureur qui voulait le lapider. Il regagna alors Naples où il retrouva Arnauld de Villeneuve et là se livra de nouveau à la pratique de l'alchimie en sa compagnie. Ensuite, il reprit ses voyages à travers l'Europe et on suit sa trace en Espagne, en Palestine, à Alger, à Vienne et enfin en Angleterre.

De nombreuses chroniques attestent que son séjour à Londres fut marqué par une transmutation métallique éclatante, il aurait en effet fabriqué dans la tour de Londres pour six millions d'or à la demande du roi Edouard III. Ce dernier point est faux puisque ce roi ne régna qu'à partir de 1327 et que Lulle mourut en 1315. Mais ses deux prédécesseurs furent Edouard Ier et

Edouard II, aussi n'est-il nullement impossible que le *docteur illuminé* ait pu faire quelque opération alchimique devant l'un d'eux. Ce fait est attesté par un écrit de Raymond Lulle qui, dans son traité *De transmutatione animae metallorum,* déclare expressément qu'il vint en Angleterre à la demande du roi. La date la plus plausible pour ce voyage étant 1312, il s'agirait donc d'Edouard II. Celui-ci avait en effet besoin d'argent pour ses croisades, mais des études récentes sur des documents historiques assurés de l'époque ont montré que Raymond Lulle n'avait pas fourni cet or au roi par un moyen hermétique, mais tout simplement en lui suggérant de prélever un nouvel impôt sur la laine!

Cela ne prouve d'ailleurs nullement que Lulle n'aurait pas été capable de transmuter un quelconque métal en or, mais il faut bien avoir présent à l'esprit qu'un alchimiste véritable n'accepte *jamais* d'avilir son art pour enrichir un prince. Je m'en tiendrai donc à la version de l'impôt, moins glorieuse peut-être, mais beaucoup plus probable. Après ce séjour à Londres, Lulle revint en Afrique où, après avoir été lapidé à Bougie, il mourut — âgé de quatre-vingts ans — sur un bateau gênois dont l'équipage l'avait recueilli.

Pour terminer cette étude et afin de permettre au lecteur de se faire une idée du style du *docteur illuminé,* je citerai le premier paragraphe de son traité la *Clavicule:* « Nous avons appelé cet ouvrage *Clavicule,* parce que sans lui, il est impossible de comprendre nos autres livres, dont l'ensemble embrasse l'art tout entier, car nos paroles sont obscures pour les ignorants. J'ai fait beaucoup de traités, très étendus, mais divisés et obscurs, comme on peut le voir par le *Testament*, où je parle des principes de la nature et de tout ce qui a trait à l'art, mais le texte a été soumis au marteau de la philosophie. »

C'est d'ailleurs dans ce *Testament,* dont Lulle parle ici, qu'il certifie avoir transmuté en or cinquante livres de mercure et de plomb. Mais, là non plus, aucun témoignage ne vient soutenir la réalité de cette assertion. La seule preuve de la réalité des transmutations effectuées par Raymond Lulle aurait été cet or fabriqué à la tour de Londres, et nous avons vu qu'il était désormais certain que les fonds obtenus par le roi ne devaient rien à l'art hermétique mais provenaient d'une méthode, hélas, beaucoup plus habituelle aux gouvernements de tous les temps. Là encore, il ne m'est pas possible de compter un point positif en faveur de la Pierre philosophale, mais voici que j'arrive à Nicolas Flamel qui, de notoriété publique, fut un grand faiseur d'or. Allons, tout espoir n'est pas perdu.

# 2

## NICOLAS FLAMEL, ÉCRIVAIN PUBLIC

La France a compté, et compte toujours, de nombreux alchimistes. Aucun cependant, même l'Adepte contemporain Fulcanelli, n'a égalé en réputation Nicolas Flamel. Le quartier populeux qui entoure l'église Saint-Jacques-la-Boucherie gardait encore au début du XIXe siècle le vif souvenir de ce petit artisan; jusqu'au nom de sa femme, Dame Perrenelle, qui a été conservé par la tradition. Il reste encore de nos jours, à Paris, gravées dans la pierre, des traces visibles de ses largesses et de sa prodigieuse fortune.

Qui était Flamel? On pense qu'il dut naître aux environs de 1330, près de Pontoise, au sein d'une famille assez pauvre, mais qu'il put cependant recevoir une éducation de lettré. Très jeune, il serait allé à Paris afin de s'y établir comme écrivain public. Il s'installa près du cimetière des Innocents et quelques années plus tard, avec tous les gens de sa profession, il se déplaça pour s'établir sous les piliers de l'église Saint-Jacques-la-Boucherie. Entre-temps, il s'était marié avec une femme d'âge mûr, déjà deux fois veuve lorsqu'elle l'épousa, et qui lui apporta une certaine aisance; ainsi Flamel put avoir deux échoppes, une pour lui-même et l'autre pour ses copieurs de livres et ses apprentis. Qu'on n'aille pas, pour autant, l'imaginer riche! Le local où il exerça, sa vie durant, était d'une exiguïté qu'on ne rencontre aujourd'hui que dans quelques minuscules boutiques du Quartier latin, plutôt couloirs que magasins. Au bout de quelques années, grâce au reste du pécule apporté par Dame Perrenelle et à son économie devenue proverbiale, l'écrivain public put se faire construire une maisonnette en face de son échoppe. Cette accession à la propriété ne signifie pas non plus la richesse, car il existe encore un acte, fait quelques années après leur mariage, par lequel les époux se font donation mutuelle de tous les biens; il est ainsi prouvé que leur avoir était encore extrêmement faible.

Voilà donc Flamel marié et, après avoir fait un mariage de raison, en bonne voie d'accéder à la petite-bourgeoisie. La philosophie hermétique ne le préoccupait nullement, bien plutôt c'est l'extension de son commerce à la librairie qui avait désormais tous ses soins. Cette nouvelle activité le mit en contact avec des ouvrages alchimiques qu'il eut l'occasion de vendre ou de faire recopier, et on peut découvrir là l'origine du rêve célèbre qui fut le point de départ de sa carrière d'Adepte. Ce rêve, il l'a raconté lui-même bien plus tard. Un ange lui apparut tenant à la main un gros livre à la couverture de cuivre dont il lui montra distinctement la page de garde en disant: « Flamel, regarde bien ce livre, tu n'y comprends rien, ni toi ni bien d'autres, mais tu y verras un jour ce que nul n'y saurait voir. » Puis la vision s'effaça, mais le souvenir de ce songe extraordinaire ne devait plus quitter l'écrivain public pendant des années.

Ce souvenir se concrétisa soudain lorsqu'il fut

mis, beaucoup plus tard, en présence de l'ouvrage; voici comment il raconte la chose dans son ouvrage *Explication des figures hiéroglyphiques*: « Donc moi, Nicolas Flamel, écrivain, ainsi qu'après le décès de mes parents, je gagnai ma vie en notre art d'écriture, faisant des inventaires, dressant des comptes et arrêtant les dépenses des tuteurs des mineurs, il me tomba entre les mains, pour la somme de deux florins, un livre doré fort vieux et beaucoup large; il n'était point en papier ou en parchemin, comme sont les autres, mais seulement il était fait de déliées et écorces (comme il me semblait) de tendre arbrisseaux. Sa couverture était de cuivre bien délié, toute gravée de lettres ou figures étranges et, quant à moi, je crois qu'elles pouvaient bien être des caractères grecs ou d'autre semblable langue ancienne. Tant y a que je ne savais pas les lire et que je sais bien qu'elles n'étaient point notes ou lettres latines ou gauloises car nous y entendons un peu. Quant au dedans, ses feuilles d'écorce étaient gravées et d'une très grande industrie, écrites avec une pointe de fer en belles et très nettes lettres latines colorées. Il contenait trois fois sept feuillets, car ceux-ci étaient ainsi comptés au haut du feuillet, le septième desquels était toujours sans écriture au lieu de laquelle il y avait peint une verge et des serpents s'engloutissant; au second septième une croix où un serpent était crucifié; au dernier septième étaient peints des déserts au milieu desquels coulaient plusieurs belles fontaines, dont sortaient plusieurs serpents qui couraient par-ci et par-là. Au premier des feuillets, il y avait écrit en lettres grosses capitales dorées: ABRAHAM LE JUIF, PRINCE, PRETRE, LEVITE, ASTROLOGUE

ET PHILOSOPHE A LA GENT DES JUIFS OU PAR L'IRE DE DIEU DISPERSEE AUX GAULES, SALUT D.I. Après cela, il était rempli de grandes exécrations et malédictions (avec ce mot MARANATHA qui était souvent répété), contre toute personne qui y jetterait les yeux sur icelui s'il n'était Sacrificateur ou Scribe. »

De son propre aveu, Nicolas Flamel n'y comprit pas grand-chose. Le premier feuillet contenait seulement le titre qui vient d'être cité, le second était occupé par une adresse aux Israélites, enfin le troisième avait trait à la transmutation métallique suggérée comme moyen de payer le tribut prélevé par les empereurs romains. Le texte relatif à la fabrication de la Pierre philosophale était relativement clair, mais ne faisait nulle mention de la matière première à employer comme il est de tradition dans toute œuvre hermétique. Cette matière première devait découler de la compréhension des quatrième et cinquième feuillets qui étaient uniquement occupés par de très belles figures enluminées sans aucun texte écrit. Flamel précise que ces figures montraient bien la matière à employer mais qu'il fallait déjà être expert en art alchimique pour parvenir à les comprendre et il reconnaît qu'il fut, lui-même, à l'époque, totalement incapable d'en tirer une indication quelconque.

J'ai soigneusement examiné ces emblèmes hiéroglyphiques et, tout comme dans le cas du *Mutus liber* et des autres ouvrages purement allégoriques, j'avoue n'avoir jamais très bien compris l'intention des auteurs. Même pour certaines figures où je *sais* ce qui est symbolisé, il me semble évident que d'autres symboles auraient pu être utilisés et que bien des significations différentes auraient pu être attribuées à ces mêmes symboles.

Quant au texte qui figurait dans le livre en dehors des planches, nous restons un peu sur notre faim car Flamel reste très discret (1) à cet égard et précise: « Je ne représenterai point ce qui était écrit en beau et très intelligible latin en tous les autres feuillets écrits, car Dieu me punirait; d'autant que je commettrais plus de méchanceté que celui (comme on dit) qui désirait que tous les hommes du monde n'eussent qu'une tête, et qu'il la pût couper d'un seul coup. »

Donc en possession de son ouvrage, et persuadé de sa prédestination du fait du rêve prémonitoire, Flamel se mit à étudier textes et figures d'Abraham le Juif. Et cela pendant des mois, et même des années. Sans progrès. Une différence cependant: Dame Perrenelle, qui avait compris que son mari cachait désormais une sorte de secret, avait été associée par son époux à sa recherche et l'y avait vivement encouragé tout en restant muette vis-à-vis du voisinage. Ainsi, aidé par sa femme, et croyait-il, inspiré par Dieu, Flamel cherchait, mais en vain.

On peut se demander pourquoi l'écrivain public, qui devait connaître beaucoup de lettrés, ne fit pas part autour de lui de sa découverte afin de chercher de l'aide. Il y a à cela au moins une excellente raison déjà signalée, c'est que l'alchimie

(1) Il laissa probablement des informations plus précises dans un court traité, *le Psautier chymique*, qu'il légua à son neveu Perrier. En effet, ce texte qu'il écrivit dans les marges de son propre missel, est en langage chiffré. Il est aujourd'hui conservé dans une bibliothèque parisienne.

n'était désormais plus en odeur de sainteté. En effet, en 1317, le pape Jean XXII avait fulminé la bulle *Spondent pariter*, dont voici le texte exact: « Les alchimistes nous trompent et promettent ce qu'ils n'ont pas. Quoi qu'ils se croient sages, ils tombent dans l'abîme qu'ils creusent pour les autres. Ils se donnent, d'une manière risible, comme les maîtres de l'alchimie, et prouvent leur ignorance, en citant toujours des écrivains plus anciens; et, bien qu'ils ne puissent découvrir ce que ceux-ci n'ont pas trouvé non plus, ils regardent encore comme possible de le trouver à l'avenir. S'ils donnent un métal trompeur pour de l'or et de l'argent véritables, ils le font avec une quantité de mots qui ne signifient rien. Leur audace a été trop loin; car, par ce moyen, ils frappent de la fausse monnaie, et trompent ainsi les peuples. Nous ordonnons que tous ces hommes quittent pour toujours le pays, ainsi que ceux qui se font faire de l'or et de l'argent, ou qui sont convenus avec les trompeurs de leur payer cet or, et nous que, pour les punir, on donne aux pauvres leur or véritable. Ceux qui produisent de faux or et argent sont sans honneur. Si les moyens de ceux qui ont enfreint à la loi ne leur permettent pas de payer cette amende, cette punition pourra être changée en une autre. Si des personnes du clergé sont comprises parmi les alchimistes, elles ne trouveront point grâce et seront privées de la dignité ecclésiastique. »

Précisons en passant qu'il était de notoriété publique à l'époque que le dit pape Jean XXII se livrait lui-même à l'alchimie et laissa à sa mort une masse telle de richesses que toute sa cour lui donna une origine hermétique sans la moindre hésitation. On lui attribue également un traité *Ars transmutatoria,* mais il n'est pas certain qu'il en soit l'auteur.

Revenons à Flamel qui, par son étude assidue du livre d'Abraham le Juif, avait compris toute la pratique du magistère à l'exception de ce point primordial et toujours dérobé à ses recherches: la matière première. Par ailleurs, l'ange ne se remanifestait pas et Flamel, estimant fort justement qu'il valait mieux s'adresser à Dieu qu'à ses saints, fit donc cette prière que nous trouvons citée par Manget dans sa *Bibliotheca Chemica Curiosa:* « Dieu tout-puissant, Eternel, père de la lumière, de qui viennent tous les biens et tous les dons parfaits, j'implore votre miséricorde infinie; laissez-moi connaître votre éternelle sagesse; c'est celle qui environne votre trône, qui a créé et fait, qui conduit et conserve tout. Daignez me l'envoyer du ciel votre sanctuaire, et du trône de votre gloire, afin qu'elle soit et qu'elle travaille en moi; c'est elle qui est maîtresse de tous les arts célestes et occultes, qui possède la science et l'intelligence de toutes choses. Faites qu'elle m'accompagne dans toutes mes œuvres, que, par son esprit, j'aie la véritable intelligence, que je procède infailliblement dans l'art noble auquel je me suis consacré, dans la recherche de la miraculeuse Pierre des sages que vous avez cachée au monde, mais que vous avez coutume au moins de découvrir à vos élus. Que ce Grand Œuvre que j'ai à faire ici-bas, je le commence, je le poursuive et l'achève heureusement; que, content, j'en jouisse à toujours. Je vous le demande par Jésus-Christ, la Pierre céleste, angulaire, miraculeuse et fondée de toute éternité, qui commande et règne avec vous. »

L'inspiration divine ne vint pas, tout au moins, sous une forme directe. Aussi, lassé, Nicolas Flamel montra certaines des figures recopiées par lui à un licencié en médecine, Maître Anseaulme. Celui-ci, passionné d'alchimie, voulut aussitôt voir le livre dont étaient tirées ces remarquables figures, et notre écrivain public dut commettre force mensonges, dont il eut ensuite assurément à se confesser, pour le persuader qu'il possédait seulement les dessins sans le moindre texte. Maître Anseaulme ne comprit pas davantage les symboles d'Abraham le Juif mais par contre il les expliqua! Et ses explications n'eurent pour effet que d'embrouiller davantage le malheureux Flamel qui nous dit: « Cela fut cause que durant le long espace de vingt et un ans je fis mille brûleries non toutefois avec le sang ce qui est méchant et vilain; car je trouvais dans mon livre que les philosophes appelaient sang l'esprit minéral qui est dans les métaux, principalement dans le soleil, la lune et mercure à l'assemblage desquels je tendais toujours. » Cette allusion au sang est due au fait que Maître Anseaulme, comme beaucoup de souffleurs, avait confondu alchimie et magie, et par suite avait suggéré de mélanger du vif-argent au sang très pur des jeunes enfants. Heureusement Flamel, qui était un homme sage et bon, ne le crut pas et ne tint aucun compte de la stupidité criminelle de ses avis.

Enfin, l'inspiration, peut-être d'origine divine, vint. Flamel se rendant compte qu'il n'arriverait jamais à rien par lui-même, résolut de partir, muni d'une copie du livre, pour un pays où il pourrait rencontrer de savants membres de la nation d'Abraham, c'est-à-dire quelque docteur juif. A l'époque il y avait plusieurs synagogues célèbres en Espagne, particulièrement dans la région de Saint-Jacques-de-Compostelle. Tout naturellement, Flamel annonça donc qu'il allait y faire un pèlerinage.

Nous revoici donc en présence du fameux pèlerinage à Saint-Jacques, déjà accompli par Raymond Lulle et que, plus tard, Basile Valentin prétendra également avoir effectué. Ecoutons ici l'opinion avertie d'un maître tel que Fulcanelli qui, au tome I de ses *Demeures philosophales*, écrit: « Ces suggestions aident à comprendre l'erreur dans laquelle quantité d'occultistes sont tombés, en prenant le sens littéral de récits purement allégoriques, écrits avec l'intention d'enseigner aux uns ce qu'il fallait cacher aux autres. Albert Poisson lui-même s'est laissé prendre au stratagème. Il a cru que Nicolas Flamel, quittant Dame Perrenelle sa femme, son école et ses enluminures, avait réellement accompli, à pied et par la route ibérique, le vœu formé devant l'autel de Saint-Jacques-la-Boucherie, sa paroisse. Or, nous certifions — si on peut avoir confiance en notre sincérité — que jamais Flamel ne sortit de la cave où ardaient ses fourneaux. Celui qui sait ce qu'est le bourdon, la calebasse et la mérelle du chapeau de saint Jacques, sait aussi que nous disons la vérité. En se substituant aux matériaux et en prenant modèle sur l'agent interne, le grand Adepte observait les règles de la discipline philosophique et suivait l'exemple de ses prédécesseurs. »

Fulcanelli veut dire qu'il faut considérer que, dans son propre récit, Flamel symbolisait la matière première de l'Œuvre et que tous les incidents du voyage sont en fait des allégories des diverses manipulations subies par cette matière au cours du magistère. Un point est particulièrement net, d'après la légende de ce voyage en Galice: c'est au retour de ses dévotions à Saint-Jacques-de-Compostelle que Nicolas Flamel, pris d'un malaise, se serait arrêté dans la ville de Leon. Là, sur les conseils d'un marchand de Bologne, il aurait consulté un médecin juif, Maître Canches. Celui-ci, au cours de la conversation, aurait manifesté des connaissances en cabale juive telles que Flamel lui aurait montré les figures de son livre. Le médecin se serait alors exclamé qu'il s'agissait de l'œuvre perdue du rabbin Abraham, *l'Asch Mesareph*, qu'on croyait définitivement détruite, et il aurait aussitôt proposé à Flamel de le raccompagner jusqu'à Paris. Mais en cours de route, arrivé à Orléans, il serait mort non sans avoir ouvert les portes du savoir à Flamel. Cette allégorie est le récit, à peine voilé, de la mort de la matière première qui est le point de départ indispensable du magistère philosophal.

Je ne serai cependant pas tout à fait aussi affirmatif que Fulcanelli, en prétendant que Flamel n'a jamais quitté ses fourneaux. Je pense qu'on peut également considérer cette mention du voyage à Saint-Jacques dans un sens initiatique: l'écrivain public, depuis de nombreuses années, était bloqué par sa méconnaissance de la matière première, il est donc probable qu'il fut mis sur la voie par un autre Adepte, dont nous ignorons aujourd'hui le nom, et qui est aussi symbolisé par Maître Canches. Le « voyage » serait donc un avertissement de la nécessité d'une initiation et, ensuite, un *modus operandi* allégorique.

Voici donc Nicolas Flamel enfin en possession

des connaissances qui lui manquaient, en particulier de l'identité réelle de la fameuse matière première. Il reprend alors son ouvrage, mais il mettra encore trois ans avant de pouvoir le terminer. Comme nous le verrons dans la dernière partie de cet ouvrage, trois ans est en effet la durée normale du magistère si l'on procède par la voie humide, le délai indiqué par Flamel après son retour de son « pèlerinage » me semble donc un signe certain de sa bonne foi. Mais, écoutons-le maintenant nous raconter comment et en quelles circonstances il obtint la Pierre philosophale: « Finalement je trouvai ce que je désirais, ce que je reconnus aussitôt par la senteur forte. Ayant cela, j'accomplis aisément le magistère; aussi, sachant la préparation des premiers agents, suivant après mon livre à la lettre, je n'eusse pu faillir, encore que je l'eusse voulu.

« Donc, la première fois que je fis la projection, ce fut sur du Mercure, dont j'en convertis une demi-livre environ en pur argent, meilleur que celui de la minière comme j'ai essayé et fait essayer par plusieurs fois. Ce fut le 17 janvier, un lundi, environ midi, ma maison, présente Perrenelle seule, l'an de la restitution de l'humain lignage 1382. Et puis après, suivant toujours de mot à mot mon livre, je la fis avec la Pierre rouge, sur semblable quantité de Mercure, en présence encore de Perrenelle, seule en la même maison, le vingt-cinquième jour d'avril suivant de la même année, sur les cinq heures du soir, que je transmuais véritablement en quasi autant de pur or, meilleur très certainement que l'or commun, plus doux et plus ployable. Je peux le dire avec vérité, je l'ai parfaite trois fois avec l'aide de Perrenelle, qui l'entendait aussi bien que moi, pour m'avoir aidé aux opérations, et sans doute, si elle eût voulu entreprendre de la parfaire seule, elle en serait venue à bout. »

Cette même année 1382 vit débuter la fortune matérielle de Flamel. En l'espace de quelques mois, il devint propriétaire, à Paris seulement, de plus de trente maisons ou domaines, puis il fit construire plusieurs chapelles et hôpitaux. Par ailleurs, il fit relever le portail de l'église de Sainte-Geneviève des Ardents et consentit une considérable dotation à l'établissement des Quinze-Vingts qui, jusqu'en 1789, organisa chaque année une procession à l'église Saint-Jacques-la-Boucherie afin de prier pour Nicolas Flamel. Dans sa propre paroisse, Saint-Jacques-la-Boucherie, on a retrouvé une quarantaine d'actes dûment établis et faisant état des dons considérables que le petit écrivain public lui avait faits. Enfin, il fit élever de nombreuses constructions au Charnier des Innocents qui était un cimetière alors fort à la mode puisqu'il était également un lieu de promenade très recherché où les rendez-vous galants se succédaient, l'énorme statue de la mort qui dominait l'ensemble du cimetière ne faisant plus peur à personne. Flamel fit peindre sur la quatrième arche du Charnier des Innocents les figures hiéroglyphiques qui ornaient son livre d'Abraham le Juif. Plusieurs de ces édifices portaient gravés dans la pierre un portrait de Flamel où on le voyait tenir en main une écritoire. Certains de ces portraits ont survécu jusqu'au XIXe siècle.

Le subit accroissement des richesses de Nicolas Flamel ne passa évidemment pas inaperçu, quelque précaution qu'il ait pu prendre pour les cacher aux yeux de ses voisins. Bien qu'il fût seulement un petit artisan sans importance et sans relations dans le grand monde, la connaissance de sa fortune subite parvint ainsi jusqu'aux oreilles du roi Charles VI, ce qui montre bien qu'elle dut paraître fabuleuse à ses contemporains. Une première enquête ayant indiqué aux services royaux qu'il y avait effectivement là un cas extraordinaire, le roi envoya chez Flamel son maître des requêtes, le sire de Cramoisy. Je citerai ici une étude que fit Pierre Borel, conseiller et médecin ordinaire du roi en 1655 dans *Trésor de Recherches et Antiquités Gauloises et Françoises:* « Aussi la richesse de Flamel vint-elle aux oreilles du roi, qui envoya chez lui M. de Cramoisy, maître des requêtes, pour savoir si ce qu'on lui en avait raconté était véritable, mais il le trouva dans l'humilité se servant même de vaisselle de terre. Mais pourtant on sait par tradition que Flamel se déclara à lui l'ayant trouvé honnête homme, et lui donna un matras plein de sa poudre, qu'on dit avoir été conservée longtemps dans cette famille, qui l'obligea à garantir Flamel des recherches du roi. »

Le sire de Cramoisy acheté, il faut bien employer le mot, Flamel put poursuivre ses occupations en toute quiétude. Cependant sa vie ne se modifia guère. Il continua sa petite existence presque bourgeoise avec Perrenelle jusqu'à la mort de celle-ci qui advint probablement en 1397 ou en 1404, et qui fut inhumée au cimetière des Innocents. L'écrivain public, lui, poursuivit calmement son existence jusqu'à l'âge de quatre-vingts ans. Cédons ici la parole à l'excellent historien du siècle dernier, Vallet de Viriville, bien connu pour ses remarquables travaux sur Jeanne d'Arc et son édition de la *Chronique de la Pucelle*. Vallet de Viriville s'est aussi intéressé au cas de Flamel et il nous dit: « Sa maison du *Grand-Pignon* a perdu son pignon, la plupart de ses sculptures et de ses antiques ornements. Mais elle subsiste encore, rue de Montmorency, numéro 51, et présente aux regards de tous l'inscription primitive ainsi connue: *Nous hommes et femmes laboureurs, demeurant au porche de cette maison, qui fut faite en l'an de grâce 1407, sommes tenus, chacun en droit soy, dire tous les jours une patenôtre et un ave maria en priant Dieu que sa grâce fasse pardon aux pauvres pêcheurs trépassés. Amen.*

« Nicolas Flamel mourut en 1418, sans avoir cessé d'accroître sa renommée et sa fortune. Il acheta le lieu de sa sépulture dans l'intérieur même de l'église de Saint-Jacques-la-Boucherie. C'est ce que nous apprend l'une des nombreuses clauses de son remarquable testament, par lequel il léguait à Saint-Jacques-la-Boucherie la généralité de ses biens (n'ayant point d'enfant). Indépendamment de cette disposition principale, ce testament contient un grand nombre d'actes éclatants de sa libéralité. »

Plusieurs auteurs qui ne pouvaient accepter le fait alchimique ont essayé de montrer que la fortune de Flamel était une légende, malheureusement les actes notariés de ses diverses possessions restent et apportent la preuve absolue de sa fortune colossale. D'autres ont prétendu que son métier, dans lequel il excellait, avait suffi à lui procurer les richesses nécessaires à toutes ses acquisitions: ceci est une absurdité pour qui connaît un peu le niveau de vie des petits artisans du Moyen Age. D'autres, enfin, le traitèrent d'usurier ou prétendirent qu'il s'était attribué des dépôts hypothétiques d'or juif. Louis Figuier répond parfaitement à de telles assertions en disant: « Non seulement ces imputations sont entièrement dénuées de preuves, mais encore tout ce que l'on connaît historiquement du caractère et des actes de Flamel concourt à laver sa mémoire d'une telle accusation. »

Nous avons donc ici le cas d'un homme qui, de son propre aveu, s'est adonné à l'alchimie et en a retiré de très grandes richesses. Cela correspond-il à l'image que nous nous sommes faite de l'alchimiste pour qui la transmutation métallique n'est qu'un stade dans l'accession à une semi-immortalité? La réponse serait non si l'histoire de Flamel s'arrêtait là, je veux dire à sa mort. Mais, justement, comme pour Saint-Germain et quelques autres grands Adeptes, l'histoire de Flamel continue.

Un voyageur du XVII$^{e}$ siècle, Paul Lucas, a rapporté une relation d'un voyage en Asie mineure dont nous extrayons le passage suivant: « A Bournous-Bachi, ayant eu un entretien avec le *dervis* des Usbecs sur la philosophie hermétique, ce Levantin me dit que les vrais philosophes possédaient le secret de prolonger jusqu'à mille ans le terme de leur existence et de se préserver de toutes les maladies. Enfin je lui parlai de l'illustre Flamel et je lui dis que, malgré la Pierre philosophale, il était mort dans toutes les formes. A ce nom il se mit à rire de ma simplicité. Comme j'avais presque commencé à le croire sur le reste, j'étais extrêmement étonné de le voir douter de ce que j'avançais. S'étant aperçu de ma surprise, il me demanda sur le même ton si j'étais assez bon pour croire que Flamel fût mort. « Non, non, me dit-il, vous vous trompez. Flamel est vivant; ni lui ni sa femme ne savent encore ce que c'est que la mort. Il n'y a pas trois ans que je les ai laissés l'un et l'autre aux Indes, et c'est un de mes plus fidèles amis. » Plus tard le derviche donna de nouvelles précisions à Paul Lucas: « La renommée est souvent chose fort incommode, mais un sage sait par prudence se tirer de tous les embarras. Flamel vit bien qu'on finirait par l'arrêter, dès qu'il serait soupçonné d'avoir la Pierre philosophale, et il y avait peu d'apparences qu'on fût encore longtemps sans lui attribuer cette science, après l'éclat qu'avaient produit ses largesses. Il trouva le moyen de fuir la persécution en faisant publier sa mort et celle de sa femme. Par ses conseils, elle feignit une maladie qui eut son cours, et lorsqu'on la dit morte, elle était en Suisse où elle avait l'ordre de l'attendre. On enterra en sa place un morceau de bois et ses habits, et, pour ne point manquer au cérémonial, ce fut dans l'une des chapelles qu'elle avait fait bâtir. Ensuite, il eut recours au même stratagème et, comme tout se fait pour de l'argent, il n'eut point de peine à gagner les médecins et les gens d'Eglise. Il laissa un testament dans lequel il recommanda qu'on l'enterrât avec sa femme et qu'on élevât une pyramide sur leur sépulture; et pendant que ce vrai sage était en chemin pour aller rejoindre sa femme, un second morceau de bois fut enterré à sa place. Depuis ce temps, l'un et l'autre ont mené une vie très philosophique, tantôt dans un pays, tantôt dans l'autre. Telle est la véritable histoire de Nicolas Flamel et non pas ce que vous en croyez, ni ce qu'on en pense sottement à Paris où très peu de gens ont connaissance de la vraie sagesse... »

Il existe de nombreux autres témoignages ou récits faisant état de la survie de Flamel. Assez curieusement tous concordent sur un point, le philosophe et sa femme se seraient retirés aux Indes, après qu'il eut rejoint Perenelle en Suisse — où elle l'avait précédé lors de sa « mort » pour préparer leur grand voyage.

Sur la question de la survie, je ne saurais bien entendu conclure. Par contre, du point de vue de la simple transmutation, j'estime avoir rencontré ici le premier point positif de mon enquête. Dans le cas d'Albert le Grand, d'Arnauld de Villeneuve ou Raymond Lulle, rien ne venait appuyer leur prétention d'avoir fait de l'or. Pour Flamel la situation est toute différente car ses soudaines richesses ne peuvent avoir eu d'autre origine que l'art d'Hermès.

Aussi, ma réponse sera: oui, très probablement, Nicolas Flamel a trouvé la Pierre philosophale.

Mais ce « très probablement » ne suffit pas à mon exigence, ce que je veux — pour m'avouer convaincu — c'est une certitude absolue. C'est pourquoi je vous invite à suivre le cours du temps en ma compagnie, et d'abord jusqu'à Basile Valentin, le moine bénédictin allemand.

## 3

## LE MOINE D'ERFURT ET LE BON TRÉVISAN

Le célèbre bénédictin du monastère d'Erfurt, en Allemagne, est assurément l'un des alchimistes les plus connus à l'heure actuelle. C'est en tout cas un de ceux dont les traités sont le plus souvent traduits et réédités. Par ailleurs, le nom de Basile Valentin est fréquemment cité dans les ouvrages scientifiques et dans les dictionnaires à propos des nombreuses découvertes chimiques qu'il a faites.

Pourtant il s'agit là d'un des Adeptes les plus mystérieux qui aient laissé une trace historique. Ses ouvrages ne parurent pas de son temps et ne furent même pas connus à l'époque, c'est-à-dire, vers 1413. Une légende affirme que, plusieurs dizaines d'années après sa mort, une colonne de la cathédrale d'Erfurt se fendit brusquement. On y trouva alors les traités d'alchimie du bénédictin dont seule une vague tradition orale subsistait. Les écrivains détracteurs habituels de l'alchimie eurent beau jeu de prétendre que Basile Valentin, non seulement n'avait jamais écrit les traités qu'on lui attribuait, mais n'avait même jamais existé: je m'étonne seulement qu'ils n'aient pas également prétendu que les traités eux-mêmes n'existaient pas!

Dans son introduction à la réédition des *Douze*

*Clefs de la Philosophie*, une des œuvres principales de l'Adepte, Eugène Canseliet nous dit: « Après tant d'autres chercheurs, infiniment mieux placés et documentés, nous n'avons certes pas la vaine intention d'éclaircir cette énigme historique qui ne l'a pas été et ne le sera sans doute jamais, comme pour tous les cas similaires d'Adeptes demeurant non identifiés, c'est-à-dire non étiquetés ni référencés socialement. Il ne nous apparaît pas indispensable de savoir précisément que l'auteur des *Douze Clefs de la Philosophie* ait été celui-ci ou celui-là, que, sous l'anonymat inéluctablement imposé par la loi traditionnelle, il se soit trouvé solitaire ou collectif, quand l'œuvre seule compte à nos yeux, quand nous estimons, de surcroît, profondément puéril et illusoire ce souci primaire agitant ceux-là, toujours trop nombreux, qui veulent à toute force épingler un état civil sur la personnalité sociale, volontairement abolie, de quelque philosophe désormais libéré des vanités du monde. »

L'existence d'un monastère de bénédictins à Erfurt fut même niée, pourtant on peut lire de la plume du célèbre philosophe Leibniz une lettre où il parle justement de Basile Valentin et où il précise: « Je sais ceci, que Jean Philippe, Electeur de Mayence, a ordonné qu'il soit recherché à Erfurt en son pouvoir, chez les bénédictins de cette ville, mais en vain. » Par ailleurs, Eugène Canseliet a consulté l'œuvre de Jean-Marie Guden. Comte Palatin, *Historia Erfurtensis*, où ce professeur de droit, qui fut bourgmestre de la ville et recteur de son université, écrivait en 1675: « Basile Valentin (en l'année 1413) vécut dans le monastère de Saint-Pierre, admirable par son application à l'art de la médecine et des choses naturelles... En outre, il aurait atteint à l'espoir fallacieux de fabriquer de l'or, selon l'inopportune folie, dont il se montre moins coupable, parce que, depuis des siècles, non seulement elle trompe les amateurs de cette science, mais encore elle les dépouille de leurs facultés intellectuelles. »

On peut donc considérer qu'il exista réellement un moine bénédictin, de nom inconnu, qui prit le pseudonyme de Basile Valentin et écrivit au XIVe siècle les traités que nous connaissons aujourd'hui. Un ou deux détails biographiques ont cependant pu être extraits de la lecture des œuvres de l'Adepte puisqu'il fait mention, une fois, de voyages en Belgique et en Angleterre au temps de sa jeunesse. Par contre, il ne faut certainement pas considérer comme réel son « voyage » à Saint-Jacques-de-Compostelle dont il parle dans le *Char de triomphe de l'antimoine*: « Car lorsque, pèlerin, j'accomplis autrefois, à la suite d'un vœu, le difficile voyage jusqu'à Maître Jacques de Compostelle, revenu dans mon monastère (ce pourquoi encore je remercie Dieu) je crus que beaucoup se trouveraient remplis de joie, avec moi et par la grâce de Dieu, devant les saintes reliques que j'apportai pour le secours et la consolation de notre monastère et de tous les pauvres. Mais au contraire, peu corrigèrent leur vie, peu se montrèrent reconnaissants pour tant de bienfaisance divine, tous, bien plus, en augmentèrent ensuite leur moquerie, leurs outrages et leurs blasphèmes; mais le juge équitable, au dernier jugement, saura terriblement les punir. »

Une légende tenace s'attache à la découverte par Basile Valentin de l'antimoine, qui est réelle, mais dont il aurait reconnu les propriétés nocives en faisant absorber cette substance à ses collègues bénédictins qui en seraient morts, d'où l'antimoine. Outre l'évidente absurdité du comportement ainsi prêté à l'Adepte, il convient de remarquer que tous ses traités furent rédigés en allemand et que le grossier jeu de mots invoqué pour justifier cette histoire est intraduisible dans cette langue.

Le grand mérite de Basile Valentin du point de vue de la philosophie alchimique est d'avoir nommément mis en lumière le troisième principe, à savoir le sel. Eugène Canseliet cite à ce propos un extrait de *L'aurore de la Médecine* de Jean-Baptiste Van Helmont, le médecin du Prince d'Orange, qui écrivait, en 1652: « Basile Valentin, moine bénédictin, décrivit ensuite plus clairement l'âme du métal, qu'il nomma soufre ou teinture; le corps, donc le sel; et enfin l'esprit qu'il appela mercure. Lesquels principes, de la sorte empruntés à Basile, Théophraste Paracelse, plus d'un siècle plus jeune que lui, par une application admirable, transporta ensuite à l'ensemble des corps. »

Il nous reste à terminer cette décevante quête à travers la vie bien cachée de l'Adepte inconnu en citant sa maxime célèbre: « Visitez les entrailles de la terre, en rectifiant, vous trouverez la pierre cachée, véritable médecine. » Qui se dit en latin:

VISITETIS INTERIORA TERRAE RECTIFICANDO
INVENIETIS OCCULTUM LAPIDEM VERAM
MEDICINAM

formule dont les premières lettres de chaque mot forment le vocable V.I.T.R.I.O.L.U.M., le vitriol, nom que l'Adepte donnait au sel secret et dissolvant du magistère.

## BERNARD LE TREVISAN

Bernard, comte de la Marche Trévisane, petit comté des Etats vénitiens, est encore appelé le Bon Trévisan et mérite assurément une mention spéciale parmi tous les Adeptes: un prix d'assiduité. Bernard commença ses travaux à l'âge de quatorze ans et il semble avoir trouvé la Pierre philosophale à quatre-vingt-deux ans passés, après une vie entière faite d'échecs répétés. On pourrait presque lui appliquer la maxime que Jules Verne met dans la bouche de l'ingénieur Cyrus Smith au début de l'*Ile mystérieuse*: « Il n'est pas nécessaire d'espérer pour entreprendre ni de réussir pour persévérer », et qu'il attribue à Guillaume d'Orange alors qu'il en était apparemment l'auteur.

Le comte Bernard naquit donc en 1406 dans la ville de Padoue. Son père, dès sa quatorzième année, l'initia à l'étude des maîtres alchimistes du passé, en particulier Geber et Rhasès. Pendant ses quatre premières années de recherches, il suivit scrupuleusement la méthode indiquée par Rhasès, mais en vain; tout ce que ce labeur acharné lui rapporta fut la perte de trois mille écus. Il passa alors à Geber, ayant perdu confiance dans le premier philosophe et se remit à l'étude. Deux nouvelles années se passèrent sans autre résultat que la perte de six mille nouveaux écus. Il faut dire que tout ce que la ville contenait de souffleurs et faux alchimistes était venu « aider » le Bon Trévisan à dépenser son argent.

Un moine de ses amis lui montra alors des petits

traités d'obscurs souffleurs dénommés Archélaus et Rubicesca sur lesquels il se mit à travailler sans plus de succès. Un autre de ces séides prétendit qu'il fallait travailler à partir de l'alcool rectifié un nombre incalculable de fois, ce que fit le Trévisan. Tous ces premiers travaux lui prirent quinze ans de sa vie et une grande partie de ses richesses sans pour autant l'avoir avancé d'un pas dans la direction du Grand Œuvre.

Un bailli du pays vint alors lui dire que la matière première de l'œuvre était le sel marin: ce procédé ayant également échoué, le même bailli lui indiqua une autre recette qui consistait à faire dissoudre de l'argent et du mercure dans de l'eau froide. Ensuite, on abandonnait à elles-mêmes pendant un an ces dissolutions faites séparément, puis on les mélangeait et on les concentrait sur de la cendre brûlante. Le résidu, placé dans une cornue, était exposé aux rayons solaires qui devaient les faire cristalliser, ces cristaux n'étant autres que la Pierre philosophale. Le Trévisan attendit patiemment cinq ans la formation des cristaux mais rien ne se produisit.

Bernard continua avec d'autres procédés, d'autres souffleurs, d'autres faux traités sans autre résultat que d'atteindre l'âge de quarante-six ans, virtuellement ruiné. Les huit années suivantes se passèrent en compagnie d'un moine, Geofroi de Leuvrier, qui lui avait suggéré une nouvelle méthode à partir des œufs de poule. On calcinait les coquilles. Ensuite on séparait les blancs et les jaunes qu'on mettait à pourrir, entourés de fumier, dans deux tas distincts. Il fallait distiller le produit un très grand nombre de fois afin d'en retirer une eau blanche d'un côté et une eau rouge de l'autre, puis répéter l'opération de façon continuelle afin d'arriver à la matière première de l'Œuvre. C'est ainsi que le bon Trévisan perdit à nouveau ces huit années-là. Ensuite, en compagnie d'un théologien, il chercha à retirer la Pierre du sulfate de fer. Ce sulfate était placé dans du vinaigre huit fois distillé, puis le mélange était introduit dans un alambic où l'on procédait à quinze nouvelles distillations journalières, ceci pendant un an. Bernard n'en retira pas la Pierre, par contre ce travail épuisant lui fit attraper une fièvre quarte qui dura plus d'un an et dont il faillit mourir.

Toujours pas découragé, le Bon Trévisan partit pour l'Allemagne où le confesseur de l'empereur était réputé en possession du secret. Celui-ci se vantait de connaître un procédé à base de mercure, d'argent, de soufre et d'huile d'olive qu'il disait infaillible. Il fallait faire fondre au bain-marie tous ces ingrédients en remuant sans cesse, puis on laissait sécher dans un verre et le matras était enfin posé sur des cendres chaudes pendant près d'un mois. On ajoutait du plomb à la mixture et l'on fondait le tout au creuset. D'après Maître Henri, le confesseur de l'empereur, l'argent placé initialement dans le mélange — dix marcs fournis par le Bon Trévisan — aurait dû considérablement augmenter: en fait, il se trouva réduit à quatre marcs!

Le comte Bernard fut alors quelque peu découragé, on le serait à moins! Pendant deux mois il arrêta ses recherches alchimiques à la grande satisfaction de sa famille, mais bientôt cette misérable soif de la Pierre philosophale, qui le tenait depuis sa plus tendre enfance, le reprit et il se mit à parcourir plusieurs pays d'Europe afin de chercher un véritable Adepte qui puisse l'initier: Angleterre et Ecosse, Hollande et Allemagne, enfin France puis Espagne. De là, il passa en Orient et voyagea plusieurs années en Perse, en Palestine et en Egypte. Au retour, il resta assez longtemps en Grèce où il travailla à la recherche du secret hermétique dans plusieurs monastères. Tous ses efforts restèrent vains et, à l'âge de soixante-deux ans, il se retrouva à Rhodes sans argent, tous ses biens ayant été dissipés dans cette folle recherche, sans amis, mais toujours persuadé qu'il découvrirait le fabuleux secret.

Il apprit bientôt que résidait justement à Rhodes un religieux qui, de notoriété publique, possédait la Pierre. Mais pour se mettre en rapport avec un homme aussi éminent, il ne fallait pas arriver les mains vides; le comte Bernard eut alors la chance de rencontrer un riche marchand ami de sa famille qui lui prêta 8 000 florins. Muni de ce viatique, il fut introduit auprès du savant religieux qui lui indiqua sa propre méthode et le fit travailler sous sa direction pendant trois années. Son procédé était à base d'or et d'argent mélangés à du mercure et il se révéla bien entendu totalement improductif. Bernard retourna alors dans sa Marche Trévisane complètement ruiné et ignoré par tous les membres de sa famille qui le tenaient pour un dément et refusèrent même de le recevoir. Enfin, à l'âge de quatre-vingts ans, il décida de tout reprendre au début et de réétudier Geber qu'il supposait avoir mal compris. Il retourna alors une dernière fois à Rhodes qu'il ne devait plus quitter jusqu'à sa mort en 1490. Selon la tradition alchimique, c'est là, à quatre-vingt-deux ans, que le Bon Trévisan réussit enfin la Pierre philosophale. Il vécut ainsi les trois dernières années de sa vie en possession du merveilleux secret. Par ailleurs, il avait acquis une sereine philosophie dont il nous fit part dans ses écrits: sa conclusion était que l'homme doit savoir se contenter de ce qu'il a.

Des ouvrages alchimiques qu'il rédigea, les plus connus sont le *Traité de la philosophie naturelle des métaux* et *La Parole délaissée*. Ce dernier est d'accès particulièrement aisé pour nous puisque Claude d'Ygé eut l'excellente idée de le reproduire dans son ouvrage *Nouvelle assemblée des Philosophes Chymiques*. Dans le premier traité cité, la *Philosophie naturelle des métaux*, se trouve un texte connu sous le nom de l'*Allégorie de la Fontaine*, où Bernard le Trévisan expose de façon symbolique les opérations relatives à une des trois parties du magistère. Il vaut la peine d'être cité:

« Je m'en allais, pensant, par les champs.

« Une nuit advint que je devais étudier pour le lendemain disputer; je trouvai une petite fontenelle, belle et claire, tout environnée d'une belle pierre, et cette pierre était au-dessus d'un vieux creux de chêne, et tout à l'environ elle était bornée de murailles, de peur que les vaches ni autres bêtes brutes ni volatiles ne s'y baignassent. Adonc, j'avais grand appétit de dormir, je m'assis au-dessus de la dite fontaine, et je vis qu'elle était couverte par-dessus et qu'elle était fermée.

« Et il passa par-là un prêtre ancien et de vieil âge; je lui demandai pourquoi est ainsi fermée cette fontaine, dessus, dessous et de tous côtés; et il me fut gracieux et bon et me commença tout ainsi à dire: " Seigneur, il est vrai que cette fontaine est de terrible vertu, plus que nulle autre qui soit au monde. Elle est seulement pour le roi du pays, qu'elle connaît bien et lui elle, car jamais ce roi ne passe par ici qu'elle ne le tire à soi; et il est avec elle dedans icelle fontaine à se baigner deux cent quatre-vingt-deux jours; et elle rajeunit tellement le roi, qu'il n'y a homme qui ne le puisse vaincre. ”

« Adonc je lui demandai s'il avait vu le roi, et il me répondit qu'il l'avait vu entrer; mais depuis qu'il est entré et que sa garde l'a enfermé, jamais on ne le voit jusqu'à cent trente jours; alors il commence à paraître et à resplendir. Le portier qui le garde lui chauffe son bain continuellement pour lui garder sa chaleur naturelle.

« Adonc je demandai de quelle couleur le roi était? Et il me répondit qu'il était vêtu de *drap d'or au premier*, et puis avait un pourpoint de velours noir, la chemise blanche comme neige et la chair aussi sanguine comme sang.

« Après, je lui demandai, quand le roi venait à la fontaine, s'il amenait grande compagnie de gens étrangers et de menu peuple avec lui. Il me répondit amiablement en soi souriant: Ce roi n'amène que lui et laisse tous ces gens et étrangers; n'approche nul que lui de cette fontaine, sinon le garde, qui est un simple homme... Mais, toutefois, quand le roi y est entré, premièrement il se dépouille de sa robe de drap de fin or, battu en feuilles très déliées, et la baille à son premier homme qui s'appelle Saturne. Adonc Saturne la prend et la garde quarante jours ou quarante-deux, ou plus, quand une fois il l'a eue. Après, le roi revêt son pourpoint de fin velours noir et le donne au second homme, qui est Jupiter, qui le garde vingt jours bons. Adonc, Jupiter, par commandement du roi, le baille à la Lune qui est la tierce personne, belle et resplendissante, et la garde vingt jours. Et ainsi le roi est en sa pure chemise blanche comme neige, aux fines fleurs du sel fleuri. Alors il se dévêt de cette chemise blanche et fine et la baille à Mars, lequel pareillement la garde quarante et quelquefois quarante-deux jours. Et après cela Mars, par la volonté de Dieu, la baille au Soleil jaune et non pas clair, qui la garde quarante jours, et après vient le soleil très beau et très clair, qui la prend bientôt; adonc celui-là la garde...

« Et je lui dis: N'y vient-il jamais à cette fontaine ni médecin ni rien? Non, dit-il, personne n'y vient autre que le gardien qui, au-dessous, fait chaleur continuelle, environnée et vaporeuse.

« Ce gardien-là a-t-il beaucoup de peine? Il a plus de peine à la fin qu'au commencement, car la fontaine s'enflambe.

« Et je lui dis: L'ont vu beaucoup de gens? Tout le monde l'a devant les yeux mais ils n'y connaissent rien.

« Et je lui dis: Que font-ils encore après? S'ils veulent, ils peuvent purger le roi en la fontaine, circulant et contenant le lieu au contenu de la contenance contenue, en lui baillant le premier jour son pourpoint, le jour après sa chemise, et le jour après sa chair sanguine.

« Et je lui dis: De quoi c'est ceci? Et il me dit: Dieu cite un, dix, cent, mille et cent mille, et puis onze fois le multiplia.

« Je lui dis: Je ne l'entends point. Et il me dit: Je ne t'en dirai plus, car je suis ennuyé. Et je vis qu'il fut ennuyé, et moi aussi j'étais ennuyé qui avais appétit de dormir, car le jour précédent j'avais étudié. »

Auriez-vous lu, lecteur, ce texte sans avoir pris

connaissance des pages qui précèdent que vous l'auriez très certainement jugé dénué de tout sens commun. Pourtant, pour le philosophe il est clair, et pour l'étudiant que je m'efforce d'être il présente certaines possibilités de compréhension. Au premier coup d'œil on se rend compte qu'il s'agit d'une description allégorique des opérations d'une partie du magistère. Il s'agit en fait de la dernière partie, celle où la matière arrivée au stade du *rebis* est soumise à la coction dans l'œuf philosophique. L'eau contenue dans la fontenelle symbolise le mercure philosophique et l'eau des sages, ou *lait de vierge*, qui vont servir à imbiber la matière pendant tout le troisième Œuvre. Les murailles qui entourent la fontaine représentent les interdits qui empêchent la divulgation des secrets alchimiques. Les divers vêtements que revêt le roi — c'est-à-dire le rebis — correspondent aux sept stades de la cuisson qui sont généralement connus sous le nom de *régimes de Philalèthe*. Ainsi lorsque le Bon Trévisan dit que le roi donne sa robe d'or fin à son premier homme qui s'appelle Saturne, cela ne veut pas dire que le plomb joue un rôle quelconque mais que, au cours du régime de Saturne, le rebis perd ses couleurs initiales pour acquérir la très sombre noirceur de l'Œuvre au noir. Les indications de durée signifient, en clair, la longueur de chaque régime: par exemple le Trévisan précise que le régime de Jupiter dure vingt jours.

Le dialogue final est à la fois particulièrement important et révélateur puisqu'il précise d'abord qu'aucune matière étrangère à l'Œuvre ne doit lui être ajoutée en dehors du gardien qui fait chaleur continuelle, c'est-à-dire du feu secret. Suit une indication sur la nature commune de cette substance. Enfin, l'avant-dernière réponse fait allusion à la multiplication, c'est-à-dire à la propriété que possède la Pierre philosophale de voir ses pouvoirs augmenter presque à l'infini si elle est soumise à une nouvelle coction. En fait, on recommence tout le magistère, mais en prenant cette fois la Pierre terminée pour matière première qui subit ainsi à nouveau le cycle des opérations alchimiques. Je n'insiste pas davantage pour l'instant car nous aurons l'occasion, dans la dernière partie de cet ouvrage, d'étudier en détail les régimes de Philalèthe dont l'*Allégorie de la fontaine* n'est qu'un bref résumé.

Nous comprenons maintenant pourquoi les scientifiques qui étudièrent l'alchimie de façon livresque, et en ignorant tout de sa pratique, tinrent des textes tels que celui de Bernard le Trévisan pour pur délire. En fait, pour qui sait l'interpréter, cette allégorie est un *modus operandi* parfaitement valable destiné à servir de fil d'Ariane aux étudiants « amoureux de science », ou à d'éventuels lecteurs initiables, qui utiliseront les indications de l'alchimiste comme base de travail pour leurs futures recherches.

Bernard le Trévisan cite d'ailleurs une autre allégorie appelée *le Songe-verd*, dont il est peut-être même l'auteur, et qui décrit une autre phase du magistère de la même manière imagée. Je ne la reproduirai pas en entier car elle est très longue, mais j'en donnerai de courts extraits qui permettent de mieux comprendre la démarche symbolique de certains écrits alchimiques.

Le Bon Trévisan, donc, était profondément endormi lorsqu'il vit une statue aux lèvres d'or apparaître devant lui. Elle lui déclara qu'elle était le génie des sages et le pria de la suivre; l'un précédant l'autre, ils traversèrent les jardins fantastiques dont l'alchimiste décrit complaisamment la faune extraordinaire. Soudain, Bernard le Trévisan se plaignit de devenir aveugle et on lui frotta les yeux d'une herbe magique qui lui permit de recouvrer la vue: symbole transparent de l'Adepte qui s'éveille à la compréhension réelle des choses. Il aperçut alors devant lui une extraordinaire maison qu'il décrivit en ces termes: « Dans le premier appartement paraissait une salle, ornée d'une tenture de damas tout chamarré de galon d'or, bordée d'une crépine de même. La couleur du fond de cette étoffe était changeante de rouge et de vert, rehaussée d'argent très fin, le tout couvert d'une gaze blanche; ensuite étaient quelques cabinets garnis de bijoux de couleurs différentes; puis on découvrait une chambre toute meublée d'un beau velours noir, chamarré de plusieurs bandes de satin très noir et très luisant, le tout relevé d'un travail de jais, dont la noirceur brillait et éclatait fort. » Je passe le second appartement pour arriver au troisième: « Dans le troisième appartement était une chambre parée d'une étoffe très éclatante, de pourpre à fond d'or, plus belle et plus riche, sans comparaison, que toutes les autres étoffes que je venais de voir. »

Plus loin, le philosophe parle des coutumes en vigueur pour les mariages dans cette étrange contrée, il faut bien entendu comprendre le mariage du soufre et du mercure des philosophes. « Le Hagacestaur met une jeune fille pure et nette avec un bon vieillard sain et vigoureux; puis il purge et purifie la fille, il lave et nettoie le vieillard, qui présente sa main à la fille, et la fille prend la main du vieillard; puis on les conduit dans un de ces logis, dont on scelle la porte avec les mêmes matériaux dont le logis a été fait; et il faut qu'ils restent ainsi enfermés ensemble neuf mois entiers, pendant lequel temps ils font tous ces beaux meubles qu'on m'a fait voir. Au bout de ce terme, ils sortent tous deux unis en un même corps; et, n'ayant plus qu'une âme, ils ne sont plus qu'un, dont la puissance est fort grande sur la terre. Le Hagacestaur s'en sert alors pour convertir tous les méchants qui sont dans ses sept royaumes. »

On comprend aisément qu'il s'agit là encore d'une allégorie de la Pierre. On notera au passage la mention de la fermeture hermétique, et l'indication qu'aucun corps étranger à l'Œuvre ne doit y être ajouté. Quant à la dernière phrase, il s'agit de transmuter les métaux et non de convertir les méchants.

Bien entendu, ces textes ne peuvent être considérés comme une preuve que le Bon Trévisan ait découvert le secret de la Pierre philosophale, mais seulement qu'il avait acquis une parfaite connaissance du magistère du point de vue théorique. J'espère cependant, et je veux croire, que son labeur de plus de soixante années aura été réellement récompensé par la découverte du secret hermétique.

Si je ne puis compter Bernard le Trévisan comme un acquis positif dans ma recherche de la réalité de la transmutation, je dois cependant noter que cet obstiné chercheur mérite une place à part dans notre estime.

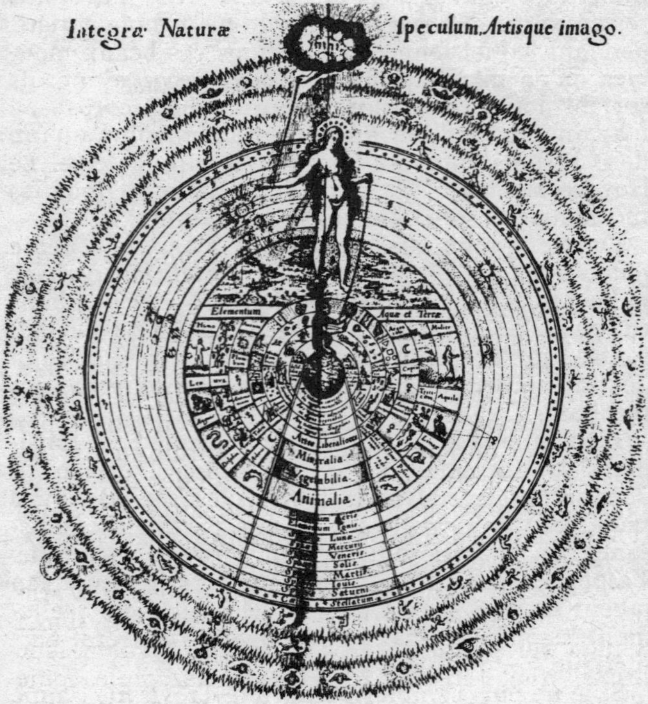


Le Microcosme et le Macrocosme

4

## LE MÉDECIN ET LE GENTILHOMME

### PARACELSE

L'abbé Lenglet du Fresnoy commence ainsi l'article consacré à Paracelse dans son *Histoire de la Philosophie hermétique:*

« Cet homme célèbre était né en 1493 à Einsiedeln, près de Zurich, en Suisse, et se nommait Auréole-Philippe Théophraste Bombast ab Hoheneim Paracelse. On a bien fait de le désigner par le seul mot de Paracelse. Eh qui aurait eu le courage de retenir cette longue litanie de noms. Jamais homme n'eut tant d'adversaires et ne fut si vivement censuré; jamais homme n'eut tant de sectateurs et ne fut tant admiré. »

Le père du jeune Paracelse était médecin et pratiquait l'occultisme. Il initia très tôt son fils à l'étude des plantes et des herbes de la montagne suisse, tout en lui enseignant la philosophie d'Aristote. Un peu plus tard, le docteur vint s'établir à Villach en Carinthie, où il professa à l'école de chimie. C'est là que le jeune homme fut mis pour la première fois en contact avec des minerais métallifères. Il compléta son éducation à l'université de Bâle mais supporta difficilement l'enseignement scolastique qui y était donné.

Aussi, il alla bientôt suivre les cours de l'abbé Trithème, cabaliste très renommé tout comme le moine Roger Bacon que nous avons déjà rencontré. Trithème étudiait entre autres l'hypnose et la télépathie, sciences qui restent, encore de nos jours, fort mystérieuses.

Paracelse partit ensuite faire son tour des universités européennes, Padoue, Montpellier, Bologne, et il poussa probablement jusqu'aux Pays-Bas et en Angleterre. La tradition veut qu'il soit allé également en Orient et en Turquie, mais rien ne vient prouver une telle assertion. Ayant terminé ce voyage, probablement initiatique, le jeune médecin revint s'établir en Suisse. Cédons à nouveau la parole à l'abbé Lenglet du Fresnoy:

« Paracelse, après ses voyages, commença la pratique de la médecine à Zurich, d'où sa réputation le fit appeler à Bâle; mais une aventure singulière l'en fit sortir avec désagrément. Un chanoine de la cathédrale était à l'extrémité; toute la médecine l'avait abandonné; Paracelse le vit et lui promit de lui faire recouvrer la santé. Il n'y eut sorte de promesse que ne lui fît le malade; c'est l'usage ordinaire quand on en est à l'extrémité: ils convinrent de prix. Paracelse ne se servit que de deux pilules pour guérir le chanoine; ce dernier est à peine guéri qu'il commence à contester sur l'honoraire du médecin; la dispute dégénéra en une instance entre le médecin et le convalescent, ce dernier trouvait qu'on l'avait guéri trop tôt. Le procès est porté devant les magistrats de la ville, qui, voyant que le médecin n'avait pas eu la précaution de faire languir le chanoine, et qu'il l'avait guéri presque en un instant, ne lui adjugèrent qu'un honoraire très modique. Paracelse s'en plaignit publiquement, mais il ignorait deux choses également importantes, l'une que pour satisfaire les malades il ne faut leur procurer la santé que par degrés: ils ne sont pas contents d'une guérison subite; l'autre que les juges, quelque subalternes qu'ils soient, veulent quelquefois se donner le plaisir de commettre des injustices sans qu'on ait le droit de s'en plaindre. »

Paracelse, donc, fut obligé de quitter précipitamment la ville afin de ne pas encourir les foudres des magistrats que ses violences de langage avaient irrités contre lui. Il se retira à Strasbourg puis passa à Salzbourg. C'est là qu'il mourut prématurément le 24 septembre 1541, âgé de quarante-huit ans.

On ignore les causes réelles de cette mort. Ses laudateurs prétendent qu'il a été empoisonné. Quant à ses détracteurs, ils assurent que c'est sa vie de débauches continuelles et son ivrognerie qui hâtèrent sa fin.

Il est indéniable qu'en dehors de ses travaux de médecine, de magie et d'occultisme, Paracelse s'occupa d'alchimie, mais il est peu probable qu'il fut jamais un Adepte. Les divers aspects souvent contradictoires de la personnalité de ce fougueux personnage expliquent les jugements si divers qu'on a portés sur lui à l'époque et le fait que, aujourd'hui, adversaires et partisans de l'alchimie se réclament de lui. Son apport du point de vue médical est certain. Ainsi René Marquart nous dit: « Il n'en reste pas moins que Paracelse contribua puissamment à imposer l'usage exclusif de l'expérimentation raisonnée et bientôt raisonnable dans la médecine et aussi dans les sciences, ne serait-ce que pour avoir affirmé hautement que

« le malade doit être le seul livre du médecin », et introduit des méthodes précises dans la corporation des apothicaires, habitués jusque-là à « préparer trop souvent des médicaments en ignorant tout de l'art ».

En fait, Paracelse fut l'inventeur de la spagirie dont nous avons déjà parlé et ne doit pas être considéré comme un pur alchimiste. Sans doute commença-t-il la réalisation de la Pierre philosophale mais il abandonna en cours de route le but hermétique pour se consacrer aux applications médicales pratiques de certains procédés particuliers de l'œuvre alchimique.

Fut-il seulement l'initiateur de la médecine moderne? Cela n'est pas certain. A propos de ses voyages, j'ai prononcé le mot d'initiation. C'est bien à cette conclusion que mon ami Serge Hutin arrive dans son étude sur Paracelse puisqu'il conclut: « Initié rosicrucien, Paracelse le fut assurément, et sans doute même nous faudrait-il voir en lui l'un des très hauts missionnés qui, pour répandre la lumière divine parmi les hommes (dont beaucoup sont hélas, si peu réceptifs à la comprendre), accepte — douloureuse et suprême épreuve — d'assumer ici-bas les tribulations et les incompréhensions de toutes sortes, la sotte jalousie, la haine, l'envie mesquine, la misère. Paracelse affronta tout cela et peut-être jusqu'au martyre y compris (songeons à la mort mystérieuse et solitaire du grand médecin, apparemment abandonné de tous). »

On peut donc conclure que Théophraste Paracelse fut probablement un initié de la Rose-Croix, assurément un médecin de génie, sans aucun doute un ivrogne, et un hâbleur un peu charlatan lorsqu'il parlait d'occultisme, mais aussi un excellent chimiste puisqu'il fut le premier à reconnaître l'existence du zinc comme métal séparé et à définir la toxicité de l'arsenic, puis à indiquer l'efficacité thérapeutique du précipité rouge de mercure contre la syphilis. Mais, du point de vue alchimique, s'il est bien évident que Paracelse ne fut pas un souffleur, il est néanmoins vraisemblable *qu'il ne fut jamais un Adepte.*

## DENIS ZACHAIRE

Tout comme dans le cas de Basile Valentin, puis plus tard de Philalèthe ou de Fulcanelli, le véritable nom de l'Adepte connu sous le pseudonyme de Denis Zachaire nous reste ignoré. Tout ce que l'on sait c'est qu'il est né en 1510 au sein d'une noble famille de la Guyenne. Après avoir été tout d'abord instruit dans le château paternel, il partit à Bordeaux pour y étudier la philosophie au collège des Arts. Là, il fut confié à un précepteur qui se trouvait justement être un étudiant en science hermétique. C'est ainsi que le jeune Denis fut immédiatement initié aux recherches alchimiques. Au lieu d'étudier les matières inscrites au programme il passa toute son année à Bordeaux en quête de recettes de transmutations. Il en remplit un énorme cahier qu'il emporta en quittant la ville universitaire. Ces recettes étaient attribuées à des personnages célèbres, ainsi il disposait de l'*Œuvre de la Reine de Navarre,* de l'*Œuvre du cardinal de Tournon* et de l'*Œuvre du cardinal de Lorraine,* titres qui l'incitaient à penser que les procédés devaient être tout à fait véridiques.

Ensuite le jeune Zachaire vint à Toulouse, toujours accompagné de son précepteur bordelais, et cette fois afin d'y étudier le droit (1). Mais en réalité le jeune homme, et également son précepteur, avaient pour seul désir de mettre en pratique les recettes qu'ils avaient ramenées de la capitale bordelaise. Aussi, dès leur arrivée, ils achetèrent des fourneaux, des vaisseaux de verre, des matras, des cornues et tout ce qui était nécessaire aux distillations, aux calcinations et autres opérations alchimiques. Bien entendu, tous les procédés employés se révélèrent trompeurs et les deux cents écus que la famille de Zachaire lui avait versés pour vivre une année scolaire à Toulouse en compagnie du précepteur, s'évanouirent vite dans la fumée que dégageaient les creusets.

D'excellents récits des pérégrinations qui attendaient le futur Adepte ont été faits par plusieurs historiens; il me semble plus intéressant de citer ici le texte même de Denis Zachaire qui a rédigé son autobiographie dans son traité intitulé *Opuscule de la philosophie naturelle des métaux*.

« Avant la fin de l'année mes deux cents écus s'en allèrent en fumée et mon maître mourut d'une fièvre continue, qui lui prit l'été à force de souffler et de boire chaud parce qu'il sortait rarement de sa chambre où il ne faisait guère moins chaud que dans l'arsenal de Venise. Sa mort me fâcha d'autant plus que mes parents ne voulaient m'envoyer que l'argent nécessaire pour mon entre-

(1) Ce fait me donne à penser que Zachaire devait être de la région d'Agen, car c'est toujours une coutume des étudiants de cette ville d'aller fréquenter alternativement les facultés de Bordeaux et Toulouse.

tien au lieu que je désirais en avoir suffisamment pour continuer mon travail.

« Pour parer à ces difficultés, je m'en allai chez moi en 1535, afin de me mettre hors de tutelle et j'affermai tout mon bien pour trois ans, à raison de quatre cents écus. Ce fonds m'était nécessaire pour exécuter une opération qui m'avait été donnée à Toulouse par un Italien qui en avait vu, disait-il, l'expérience. Je le retins avec moi pour voir la fin de son procédé; alors, je fis des calcinations d'or et d'argent par des eaux fortes, mais ce fut en vain, car de tout l'or et l'argent que j'avais mis, je n'en retirai pas la moitié et mes quatre cents écus se trouvèrent bientôt réduits à deux cent trente. J'en donnai vingt à mon Italien pour aller s'éclaircir avec l'auteur de cette recette qui était, disait-il, à Milan. Je restai donc tout l'hiver à Toulouse dans l'espérance de son retour; mais j'y serais encore si je l'eusse voulu attendre, car je ne l'ai pas vu depuis.

« L'été qui vint ensuite, accompagné de la peste, me fit abandonner la ville; mais je ne perdis pas de vue mon travail: je fus à Cahors, où je restai six mois. J'y fis connaissance avec un vieillard qu'on appelait communément le Philosophe, nom qui se donne aisément dans les provinces à ceux qui sont moins ignorants que les autres; je lui communiquai le recueil de mes procédés en lui demandant ses avis. Il m'en indiqua seulement dix ou douze qu'il trouva meilleurs que les autres. La peste cessa, je retournai à Toulouse, j'y repris mon travail et je fis si bien que mes quatre cents écus se trouvèrent réduits à cent soixante-dix.

« Pour continuer plus sûrement mes opérations, je fis connaissance, en 1537, avec un abbé qui demeurait dans le voisinage de cette ville. Il était épris de la même passion et me marqua qu'un de ses amis, qui avait suivi le cardinal d'Armagnac, lui avait envoyé de Rome un procédé qu'il croyait sûr, mais qui devait coûter deux cents écus. J'en fournis la moitié, il fit le reste et nous commençâmes à travailler à frais communs. Comme il nous fallait de l'esprit de vin j'achetai une pièce d'excellent vin de Gaillac; j'en tirai l'esprit que je rectifiai plusieurs fois; nous en prîmes quatre marcs, dans lesquelles nous mîmes un marc d'or, que nous avions calciné pendant un mois; le tout fut artistement accommodé dans une cornue, avec une autre qui lui servait de rencontre, et placée sur un fourneau pour en faire la congélation. Ce travail dura un an, mais pour ne pas rester oisifs nous faisions pour nous amuser quelques autres opérations moins importantes desquelles nous retirâmes autant de profit que de notre Grand Œuvre.

« Toute l'année 1537 se passa donc sans trouver aucun changement dans notre travail, et nous aurions attendu toute la vie la congélation de notre esprit de vin, parce que ce n'est point là l'eau qui dissout l'or; mais nous le retrouvâmes tout, avec cette différence que la poudre en était un peu plus déliée que quand nous l'y avions mise. Nous en fîmes projection sur de l'argent vif échauffé, mais ce fut en vain. Jugez si nous fûmes fâchés, surtout monsieur l'abbé qui avait déjà publié à tous ses moines qu'il n'y avait qu'à faire fondre une belle fontaine de plomb qui était dans leur cloître, pour la convertir en or dès que notre opération serait achevée. Le mauvais succès ne nous empêcha pas de continuer. J'affermai encore mon bien et j'en tirai quatre cents écus; l'abbé en mit autant et je me rendis à Paris, ville la plus fertile qu'il y ait au monde en artistes de cette science. Avec ces huit cents écus, j'y arrivai bien résolu de n'en point sortir que je n'eusse dépensé tout mon argent ou que je n'eusse trouvé quelque chose de bon. Ce voyage ne se fit pas sans m'attirer l'indignation de mes parents et les reproches de mes amis, qui voulaient que j'achetasse une charge de conseiller, s'imaginant que j'étais un grand légiste. Je leur fis accroire que je ne faisais ce voyage que pour en acheter une.

« Après quinze jours de voyage j'arrivai à Paris le 9 janvier 1539. Je restai un mois presque inconnu, mais à peine eus-je commencé à fréquenter les amateurs et même les faiseurs de fourneaux, que j'eus la connaissance de plus de cent artistes opérateurs qui tous avaient des manières différentes de travailler, les uns par la cimentation, d'autres par la dissolution, quelques autres par l'essence d'émeri. Il y en avait qui travaillaient à extraire le mercure des métaux pour le fixer ensuite, de manière que pour nous communiquer les progrès de nos opérations, il ne se passait pas de jour que nous ne tinssions quelque assemblée au logis de quelques-uns d'entre nous, et même les dimanches et les fêtes à Notre-Dame, qui est l'église la plus fréquentée de Paris. Là les uns disaient: si nous avions le moyen pour recommencer, nous ferions quelque chose de bon; les autres: si notre vaisseau eût pu résister, nous étions dedans; quelques-uns: si j'avais eu un vaisseau de cuivre bien rond et bien fermé, j'aurais fixé le mercure avec l'argent. Il n'y en avait pas un qui n'eût une excuse raisonnable; mais j'étais sourd à tous ces discours, sachant déjà par ma propre expérience combien j'avais été la dupe de ces sortes de promesses.

« Un Grec se présenta et je travaillai inutilement avec lui sur les clous faits avec le cinabre. Je connus presque en même temps un gentilhomme étranger, nouvellement arrivé, qui vendait souvent aux orfèvres où je l'accompagnai le fruit de ses opérations. Je restai longtemps avec lui, sans qu'il voulût me découvrir son secret; il le fit cependant mais ce n'était qu'une tromperie plus ingénieuse que celles des autres. Je ne manquai pas de donner avis de tout à l'abbé de Toulouse, je lui envoyai même une copie du procédé de ce gentilhomme et s'imaginant que j'arriverais enfin à quelque connaissance utile, il m'exhorta à demeurer encore un an à Paris, puisque j'avais trouvé un si bon commencement. Malgré tous mes soins je ne prospérai pas plus dans les trois ans que j'y restai que j'avais fait auparavant.

« J'avais dépensé presque tout mon argent lorsque l'abbé me manda de tout quitter pour l'aller joindre incessamment. M'étant rendu auprès de lui, j'y trouvai des lettres du roi de Navarre (c'était Henri, père de Jeanne d'Albret, et aïeul d'Henri IV). Ce prince, qui était curieux et grand amateur de la philosophie, lui avait écrit de me déterminer à l'aller trouver à Pau en Béarn, pour lui apprendre le secret que j'avais su du gentilhomme étranger et qu'il me récompenserait de trois ou quatre mille écus. Ce mot de quatre mille écus chatouilla tellement les oreilles de l'abbé que, croyant déjà les avoir en sa bourse, il ne me donna aucun repos que je ne fusse parti pour me rendre auprès de ce prince. J'arrivai donc à Pau au mois de mai 1542. Je travaillai et je réussis, conformément au procédé que je savais. Quand j'eus fini au désir du roi, j'obtins la récompense que je m'attendais d'avoir. Quoique le roi eût bonne volonté de me faire du bien, il en fut néanmoins détourné par les seigneurs de sa cour, même par ceux qui l'avaient engagé à me faire venir. Il me renvoya donc avec un grand merci, me disant que je cherchasse s'il n'y avait rien dans ses Etats dont il pût me gratifier, comme confiscations ou autres choses semblables, qu'il me les donnerait volontiers. Cette réponse, qui ne contenait que de vaines espérances, me donna lieu de retourner vers l'abbé toulousain.

« Cependant j'avais appris que sur ma route se trouvait un religieux très habile dans la philosophie naturelle; je l'allai visiter, il ne put s'empêcher de me plaindre, et me dit avec zèle et avec bonté qu'il me conseillait de ne plus m'amuser à toutes ces opérations particulières, qui toutes étaient fausses et sophistiques, mais que je devais lire les bons livres des anciens Philosophes, tant pour connaître la vraie matière que pour savoir exactement l'ordre qu'on doit tenir dans la pratique de cette science.

« Je goûtai fort ce sage conseil, mais avant de le mettre à exécution j'allai trouver mon abbé de Toulouse pour lui rendre compte des huit cents écus que nous avions mis en commun et lui donner en même temps la moitié de la récompense que j'avais reçue du roi de Navarre. S'il ne fut pas content de tout ce que je lui racontai, il le parut encore moins de la résolution que j'avais prise de ne plus continuer nos travaux parce qu'il me croyait bon Artiste. De nos huit cents écus, il ne nous en restait plus chacun que quatre-vingt-dix. Je le quittai et je me retirai chez moi dans la pensée de m'en aller à Paris le plus tôt que je pourrais et d'y rester tant que je ne serais pas fixé par la lecture des Philosophes. J'y arrivai donc le lendemain de la Toussaint de l'an 1546 avec un fonds suffisant. Là je fus un an à étudier assidûment les grands auteurs; à savoir, *la Tourbe des Philosophes, le Bon Trévisan, la Remontrance de Nature* et quelques autres meilleurs livres. Comme je n'avais pas de principes je ne savais à quoi me déterminer.

« Enfin je sortis de ma solitude, non pour voir mes opérateurs que j'avais tous quittés, mais pour fréquenter les véritables Philosophes. Cependant je tombai encore en de plus grandes incertitudes, par la variété de leur travail et de leurs différentes opérations. Excité néanmoins par une sorte d'inspiration, je me jetai dans la lecture de Raymond Lulle et du *Grand Rosaire* d'Arnauld de Villeneuve; mes réflexions et mes lectures durèrent encore un an et je pris un parti; mais j'attendais, pour le pouvoir exécuter chez moi, la fin des baux que j'avais faits de mon bien. J'y arrivai donc au commencement du Carême de 1549, déterminé de mettre en pratique tout ce que j'avais résolu. Alors, après quelques préparatifs, je fis provision de tout ce qui m'était nécessaire et je me mis à travailler le lendemain de Pâques; ce ne fut pas néanmoins sans inquiétude et sans traverses. Tantôt l'on me disait: Mais qu'allez-vous faire? N'avez-vous point assez dépensé de biens à toutes ces folies? Un autre m'assurait que si je continuais d'acheter tant de charbon on me soupçonnerait de fausse monnaie, comme il en avait ouï murmurer. L'on voulait, puisque j'étais licencié en droit, que j'achetasse une charge de Judicature: mais je fus encore plus tourmenté par mes parents, qui me reprenaient aigrement de la conduite que je tenais, jusqu'à me menacer de faire venir la justice dans ma maison pour faire rompre tous mes fourneaux.

« Je vous laisse à penser si je me trouvai excédé et ennuyé par ces sortes de propos et de contretemps; je ne trouvai de consolation que dans mon travail et dans mon opération que je voyais prospérer de jour en jour et à laquelle j'étais fort attentif. L'interruption de tout commerce qui fut occasionnée par la peste me jeta dans une plus grande solitude et me donna lieu de remarquer avec satisfaction le progrès et la succession des trois couleurs, que les Philosophes demandent avant que d'arriver à la perfection de l'Œuvre. Je les vis l'une après l'autre et j'en fis l'essai l'année d'après, le propre jour de Pâques 1550. De l'argent-vif commun, que je mis dans un creuset sur le feu, fut en moins d'une heure converti en très bon or. Vous pouvez juger quelle fut ma joie mais je n'eus garde de m'en vanter. Je remerciai Dieu de la grâce qu'il m'avait faite et je le priai de ne pas permettre que je m'en servisse autrement que pour sa gloire.

« Le lendemain je partis pour aller trouver mon abbé, suivant la promesse mutuelle que nous nous étions faite, de nous communiquer réciproquement nos découvertes; je passai même chez le sage religieux qui m'avait aidé de ses conseils; mais j'eus le chagrin d'apprendre qu'ils étaient morts l'un et l'autre depuis environ six mois. Cependant je ne retournai pas dans ma maison, je me retirai d'abord en un autre lieu pour attendre un de mes parents que j'avais laissé sur mon bien; je lui envoyai une procuration pour vendre tout ce que je pouvais posséder, tant en meubles, qu'en immeubles; il en paya mes dettes et distribua le reste à ceux qui en avaient besoin, surtout à mes parents, afin qu'au moins ils eussent quelque part aux grands biens que Dieu m'avait faits. Tout le monde raisonna sur ma retraite précipitée; les plus sages s'imaginèrent que, désespéré de mes folles dépenses, je vendais mon bien pour aller cacher ma honte en quelque autre endroit. Mon parent me rejoignit le 1er juillet et nous partîmes pour chercher un pays de liberté: d'abord nous nous retirâmes à Lausanne, en Suisse, résolus d'aller passer tranquillement le reste de nos jours dans quelqu'une des plus célèbres villes de l'Allemagne pour y vivre néanmoins sans faste et sans bruit. »

Ainsi s'achève la relation par Denis Zachaire de sa quête du Grand Œuvre. A Lausanne, notre nouvel Adepte s'éprit d'une jeune fille de la ville (1) et l'épousa avant de partir avec elle en Allemagne, toujours accompagné de son parent. C'est à Cologne, en 1556, qu'il trouva une fin misérable, assassiné par ce cousin en qui il avait placé sa confiance. Celui-ci l'étrangla pendant son sommeil et s'enfuit avec la jeune femme, peut-être complice. L'affaire fit grand bruit à l'époque, en

(1) Nous avons parlé de l'effet de la Pierre sur le corps et l'esprit de celui qui l'ingère; il est certain qu'au début les possibilités sexuelles de l'individu doivent être exaltées, ce qui explique le brusque mariage du nouvel Adepte. De même, le Cosmopolite, au siècle suivant, enlèvera et épousera une jeune Munichoise, ce qui causera également sa perte.

Allemagne, mais il fut impossible de retrouver les coupables.

Rien, dans la vie de ce philosophe guyennois, ne nous permet de conclure à une réalité de la transmutation métallique; certes, l'affirmation de Denis Zachaire, venue après le récit de ses divers échecs, prend l'accent de la vérité et un certain poids à mes yeux. Toutefois, la vente de ses biens avait très bien pu lui procurer suffisamment de richesses pour qu'il pût mener « petit train », comme il le dit, à Lausanne. Quant à son assassinat, il ne fut pas forcément provoqué par le désir de son cousin de s'approprier sa provision de Pierre philosophale; un crime passionnel est tout aussi vraisemblable puisque Zachaire devait bien avoir le double de l'âge de la jeune épousée.

En dehors du cas peu douteux de Nicolas Flamel, mon enquête resterait donc négative s'il n'apparaissait à l'horizon, non pas un alchimiste, mais un souffleur, personnage extraordinaire de sac et de corde qui va, lui, nous ouvrir des horizons insoupçonnés.

## 5

## LE ROMAN D'UN SOUFFLEUR

Edward Kelly, de son vrai nom Talbot, vit le jour en 1555 à Worcester, en Angleterre. Ses parents, qui voulaient en faire un notaire, lui firent étudier le droit et l'ancien anglais, ainsi il devint bientôt expert dans le déchiffrement des vieilles écritures et des actes notariés de jadis. A ces dons naturels s'ajoutèrent par la suite ceux de copiste, puis de faussaire: Kelly forgeait de toutes pièces de vieux actes de propriété qu'il vendait fort cher à des gens sans scrupules. Il fut rapidement confondu et passa en jugement pour faux et usage de faux: outre le bannissement, les magistrats de la ville le condamnèrent à avoir les oreilles coupées! Le jeune homme s'exila donc, après avoir changé son nom de Talbot en Kelly, non cette fois pour des raisons hermétiques mais pour la triste notoriété qui s'attachait à son véritable patronyme, et il cacha l'amputation de ses oreilles en portant jour et nuit une sorte de bonnet à mentonnière qui lui donnait, assurent ses contemporains, un aspect solennel, voire hiératique.

De Worcester, Edward Kelly gagna le pays de Galles où, à son insu, la chance l'attendait dans une auberge isolée. Il s'y était arrêté par hasard et, au cours de la conversation, avait déclaré au patron être expert dans la lecture des langues anciennes, en particulier du gaélique; celui-ci alla chercher aussitôt un vieux manuscrit que nul dans le pays n'avait pu déchiffrer. Kelly vit qu'il y était question d'or et de transmutation métallique. Son intérêt en éveil, il s'enquit discrètement de l'origine de l'ouvrage. L'aubergiste lui raconta alors que, quelques années auparavant, il y avait eu tout près de là un évêque catholique qui passait pour extrêmement riche; il avait été enterré près de son église, dans les environs. L'aubergiste, dont la foi était protestante, n'avait vu aucun péché à violer la tombe du prélat dans l'espoir d'y retrouver de l'or ou d'autres richesses. Son espoir fut déçu, il n'y découvrit que le manuscrit en question accompagné de deux petites boules dont l'une se brisa malencontreusement, laissant échapper une poudre rouge très lourde, l'autre contenant une poudre blanche. L'aubergiste emporta la boule blanche, le manuscrit et les quelques pincées de poudre qu'il put recueillir de la boule rouge dans l'intention de les montrer à sa clientèle afin de l'intéresser. Il n'avait jamais pensé un seul instant que sa trouvaille pût avoir un intérêt quelconque.

Edward Kelly, supposant qu'il s'agissait là de poudre de projection, se hâta d'offrir une livre sterling, somme dérisoire d'ailleurs, pour le manuscrit, la boule blanche et le reste de poudre rouge qui, s'empressa-t-il de préciser, l'intéressaient par simple curiosité. L'aubergiste, trop heureux de se débarrasser pour quelque argent de ces objets qui ne lui avaient rien coûté, accepta le marché. Kelly se mit alors à étudier le manuscrit de l'évêque et s'aperçut bientôt, ses connaissances en chimie et en art hermétique étant presque nulles, qu'il était incapable de comprendre les termes employés. Il lui fallait un conseiller. Il retourna alors à Londres en secret et écrivit à son ancien voisin, que Lenglet du Fresnoy puis Louis Figuier appellent le *docteur Jean Dee* sans s'apercevoir qu'il s'agit en fait du fameux nécromancien, John Dee, qui défraya la chronique britannique et qui est encore célèbre de nos jours dans les cercles voués aux sciences occultes. Dans cette lettre, il demanda à John Dee de venir le rejoindre discrètement pour une affaire de la plus haute importance.

★

Ouvrons ici une parenthèse pour préciser un peu qui était John Dee. Ce personnage naquit à Londres en 1527 et s'adonna aux études avec acharnement dès sa plus tendre enfance. A quinze ans, à l'université de Cambridge, il travaillait régulièrement dix-huit heures par jour consacrant seulement quatre heures au sommeil, les deux restantes étant réservées au divertissement. Une santé de fer lui permit de résister à un tel horaire, et il serait devenu assurément un des premiers savants de son temps dans les disciplines traditionnelles s'il n'avait préféré s'en détourner pour étudier l'astrologie, l'alchimie et la magie. Sa notoriété, malgré son jeune âge, dans les sciences occultes, vint aux oreilles des autorités de Cambridge qui lui firent savoir que sa présence n'était plus souhaitée dans leur établissement. Il fut alors obligé de se retirer à l'université de Louvain. Il y rencontra un certain nombre de personnes qui avaient connu le fameux occultiste Henri Cornelius Agrippa dont le *Rituel de Haute Magie* est toujours en vente courante dans les librairies spécialisées à l'heure actuelle; Cornelius Agrippa, outre la magie, avait également travaillé au Grand Œuvre alchimique et si je n'en parle point dans ces pages c'est parce que, de son propre aveu, il échoua et ne put jamais parvenir à élaborer la Pierre philosophale. Il exposa ceci clairement dans un de ses ouvrages; par contre, il prétendit avoir réussi à évoquer des démons et avoir mis en pratique nombre de recettes magiques. Le jeune John Dee fut absolument enthousiasmé par ces révélations et se mit à étudier avec encore plus d'ardeur la science hermétique et les rituels de magie.

En 1551, âgé de vingt-quatre ans, il retourna en Angleterre où il fut reçu à la cour du roi Edouard VI à qui il rendit un important service, ce qui lui valut de recevoir une pension de cent couronnes. De nombreuses légendes courent sur la nature du service occulte qu'il rendit au roi, mais aucune ne repose sur une base assurée. On peut cependant penser qu'il s'agit d'un acte magique puisque les raisons de l'attribution de sa pension ne furent pas rendues publiques. Sa bonne fortune prit fin avec le règne de la reine Mary. On l'accusa d'avoir attenté à la vie de la reine en lui jetant des sorts, et devant l'impossibilité de prouver ces assertions, on l'emprisonna sous le chef d'hérésie. Il échappa au bûcher en réussissant à persuader le sinistre bigot qu'était l'archevêque Bonneur de sa parfaite orthodoxie religieuse, et il fut remis en liberté en 1555. Ses contemporains en conçurent un nouveau respect pour ses connaissances magiques, car nulle autre puissance n'aurait pu persuader un personnage aussi borné que l'archevêque. Cette mauvaise fortune prit fin avec l'accession au trône de la reine Elizabeth; il rentra alors dans les faveurs de la cour et fut à plusieurs reprises consulté par la souveraine. Elizabeth condescendit même à aller lui rendre visite dans sa maison de Mortlake pour admirer son musée de curiosités et d'objets étranges.

C'est dans ce musée que John Dee, un soir de novembre 1582, fut témoin de l'apparition d'un ange qui déclara se nommer Uriel. Comme le docteur restait muet et terrifié devant l'apparition, l'ange lui sourit aimablement et lui fit cadeau d'une pierre noire de forme convexe, remarquablement bien polie; il lui déclara que cette pierre permettait de converser avec des êtres se trouvant dans un autre plan d'existence à condition de la fixer intensément; alors ces êtres apparaissaient à la surface de la roche et dévoilaient tous les secrets de l'avenir. Dee reconnut plus tard en avoir fait l'expérience avec succès; l'existence de cette pierre noire n'a d'ailleurs rien de légendaire puisque, après la mort du nécromancien, elle fut recueillie par le comte de Peterborough et finit par aboutir entre les mains d'Horace Walpole.

★

Tel était donc l'homme à qui Edward Kelly remit le manuscrit alchimique trouvé dans la tombe de l'évêque. Après un bref examen du texte, John Dee estima qu'il fallait avant tout s'assurer de la qualité de la poudre transmutatoire et, pour cela, il conduisit Kelly chez un orfèvre de ses amis. Là, ils firent sur du plomb un essai de projection qui réussit au-delà de toute espérance: sous l'œil exorbité de l'orfèvre une livre de métal vil se transmuta en un poids égal de l'or le plus fin!

Le Dr Dee décida alors de s'associer avec Edward Kelly et l'invita à venir habiter chez lui. Il lui révéla l'apparition de l'ange Uriel et lui promit de le faire participer à une séance où il évoquerait grâce à sa pierre noire, les êtres de l'au-delà. Cette séance eut lieu le 2 décembre suivant et montra que Kelly était un médium meilleur encore que John Dee, car les esprits conversèrent uniquement avec lui, tandis que le docteur prenait en note tout ce que lui répétait son nouvel ami. La relation de cette étrange conversation existe encore dans un manuscrit du British Museum, malheureusement le sens du texte est totalement inintelligible. Néanmoins, ce fait renforça les liens qui unissaient désormais les deux hommes car Edward Kelly devient bientôt indispensable au Dr Dee comme trait d'union entre lui et les puissances de l'au-delà.

A quelque temps de là, un noble Polonais, Albert Laski, comte palatin de Siradz, vint rendre visite à la cour de la reine Elizabeth. Celle-ci ordonna à son favori, le comte de Leicester, de promener le riche étranger dans le Tout-Londres du moment. Le comte Laski avait entendu parler de la réputation alchimique du Dr Dee et le croyait en possession du secret de la transmutation. En effet, depuis sa rencontre avec Kelly, John Dee se disait en possession de l'élixir de longue vie, qu'il prétendait avoir découvert dans la tombe d'un évêque. Or, le train de vie fastueux du comte Laski était tel que sa fortune — pourtant prodigieuse — ne parvenait plus à suffire à ses extravagances. Il demanda donc à Leicester de lui organiser une rencontre avec le célèbre occultiste: elle eut lieu plus tôt que prévu, les trois hommes se retrouvant bientôt dans l'antichambre de la reine au palais royal. Dee invita aussitôt le noble étranger à lui rendre visite dans sa résidence de Mortlake. En fait, il n'avait pas un sou vaillant devant lui pour recevoir dignement son hôte et dut faire appel à la générosité d'Elizabeth qui lui fit envoyer vingt livres par l'intermédiaire de Leicester.

Il semble bien ici que John Dee, habituellement honnête homme, se soit laissé entraîner par son acolyte Edward Kelly à duper Albert Laski afin qu'il leur servît de mécène pour leurs recherches alchimiques, qui n'étaient toujours pas plus avancées. Ils commencèrent à raconter leurs entretiens avec l'ange Uriel au Polonais, tout en refusant de le faire assister à une évocation, sous prétexte qu'un étranger empêcherait la manifestation angélique. Ils le firent patienter ainsi plusieurs semaines, excitant son désir de pénétrer dans le monde occulte et l'asservissant de plus en plus. Enfin, le 25 mai 1583, une séance eut lieu dont la relation nous est parvenue sans qu'il soit possible de démêler si une apparition magique eut réellement lieu, ou si Dee et Kelly utilisèrent quelque artifice optique ou hypnotique. Toujours est-il que Laski se déclara stupéfait et enchanté de sa vision et plaça désormais une foi indéfectible dans les pouvoirs magiques du Dr Dee. Entre autres prophéties obtenues par cette méthode, le Polonais apprit qu'il deviendrait l'heureux possesseur de la

Pierre philosophale, qu'il ceindrait la couronne de Pologne et enfin qu'il accéderait à l'immortalité! Un détail cependant était nécessaire pour que ces prophéties se réalisent, c'est qu'il emmène les deux Anglais chez lui afin qu'ils puissent travailler à leurs recherches hermétiques. Bien entendu, Laski, enthousiaste, accepta cette minime condition, et le trio partit bientôt pour la Pologne.

C'est ainsi qu'après quatre mois de voyage, ils arrivèrent au château d'Albert Laski aux environs de Cracovie. Dee et Kelly avaient amené leurs épouses et leurs enfants avec eux en hommes bien décidés à ne pas rentrer en Grande-Bretagne de sitôt. Une fois sur place, Laski leur monta un laboratoire parfaitement équipé et ils se mirent au travail. Bien évidemment, aucun résultat tangible ne fut obtenu, sinon que de précipiter la ruine du noble Polonais qui dut s'endetter de plus en plus pour satisfaire aux besoins de ses deux souffleurs. Finalement, Laski s'aperçut de son erreur et, ne voulant pas se disputer avec ses hôtes et ainsi reconnaître sa folie, il leur conseilla d'aller continuer leurs travaux à Prague auprès de l'empereur Rodolphe pour qui il leur fournit des lettres d'introduction.

Voyant qu'il n'y avait plus rien à tirer du Polonais, les deux amis acceptèrent immédiatement la suggestion et se retrouvèrent en 1585 à Prague, capitale de la Bohême. Jusqu'alors le Dr Dee n'avait jamais voulu utiliser les restes de la poudre de projection trouvée dans la tombe de l'évêque puisqu'il se savait incapable d'en renouveler la provision. Mais à Prague il ne pouvait compter sur la libéralité d'un prince comme cela avait été le cas à Londres ou à Cracovie, et il lui fallait bien justifier de sa réputation; de plus, Dee était peu à peu tombé sous l'emprise de Kelly. Celui-ci était désormais seul honoré des visites d'Uriel; à la « demande de l'ange » — via Kelly — le docteur dut même accepter d'échanger sa femme avec celle de son associé, qui était, est-il besoin de le préciser, beaucoup moins belle...

C'est alors qu'Edward Kelly se livra publiquement à une série de transmutations qui stupéfièrent la ville entière. Il fut aussitôt la coqueluche de la haute société qui l'invitait à des réceptions organisées en son honneur où il faisait des projections au vu et au su de toute l'assemblée, distribuant ensuite aux personnes présentes l'or ou l'argent ainsi obtenus. Il alla même jusqu'à effectuer une transmutation dans la maison du médecin impérial Thadée de Hayek. Là, avec un seul grain de sa poudre transmutatoire, il changea une livre de mercure en or pur. Je citerai ici Louis Figuier qui dit: « On ne peut guère mettre en doute cette histoire, rapportée par des écrivains sérieux et corroborée par d'importants témoignages, celui du médecin Nicolas Barnaud qui vivait alors dans la maison de Hayek et qui a fait lui-même de l'or avec l'aide de Kelly. Un morceau du métal provenant de cet essai fut conservé par les héritiers du médecin Hayek qui le montraient à qui voulait le voir. »

Edward Kelly fut alors invité à la cour de l'empereur Maximilien II d'Allemagne qui goûtait fort lui aussi les prouesses hermétiques tout au moins celles qui pouvaient lui rapporter de l'or. Kelly fit une projection publique qui se révéla un grand succès au point que l'empereur lui conféra le titre de maréchal de Bohême. Cette soudaine fortune tourna la tête du souffleur et il oublia les sages conseils de John Dee, qui lui avait toujours bien recommandé de ne jamais prétendre être un Adepte puisqu'il était incapable de refaire la poudre transmutatoire. Kelly agit au contraire tout comme si sa réserve de poudre était inépuisable, prodiguant les transmutations publiques et affirmant à qui voulait l'entendre qu'il était parfaitement capable de renouveler sa provision de poudre puisqu'il était un des grands maîtres de l'Art hermétique.

Cette forfanterie allait précipiter sa perte. Jaloux de la fortune trop rapide de ce roturier, les courtisans n'eurent de cesse que l'empereur l'ait obligé à révéler son secret pour renflouer le trésor public. Maximilien II fit bientôt arrêter le souffleur et lui intima l'ordre de fabriquer plusieurs livres de poudre. Le malheureux Kelly ne put évidemment que refuser et il fut aussitôt enfermé dans le château de Zobeslau.

Un recours restait à Kelly; le Dr Dee promit à l'empereur de travailler avec Kelly à la fabrication de la poudre qu'il avait demandée. On ramena les deux amis à Prague où ils furent emprisonnés dans un laboratoire. Hélas, ils se révélèrent incapables d'élaborer la moindre Pierre philosophale. On raconte qu'ils évoquèrent d'abord l'ange Uriel, puis des démons, dont ils demandèrent l'aide. Mais pas plus l'ange que les créatures infernales ne semblaient être au courant de l'art d'Hermès. Aussi leur situation s'aggrava-t-elle de jour en jour. Kelly, qui devenait fou de rage, finit par tuer un des gardiens chargés de le surveiller, ce qui provoqua son internement au château de Zerner.

Les premiers temps, Kelly occupa ses loisirs forcés à écrire un traité d'alchimie, *La Pierre des sages*, qu'il envoya à l'empereur en lui promettant de dévoiler enfin son secret si on lui rendait la liberté. Cette promesse ne fit aucun effet sur Maximilien II, déjà instruit par l'exemple. Kelly suggéra alors au Dr Dee de retourner en Angleterre pour essayer d'intéresser la reine Elizabeth à son sort, ce que fit son ami. Il semble que la reine intercéda en faveur de son sujet, mais qu'il lui fut répondu qu'il était retenu pour un crime de droit commun et ne pouvait donc lui être restitué. Encore cela n'est-il pas certain.

Il ne restait donc plus qu'une solution à Kelly, la fuite. Il la tenta en déchirant les couvertures de son lit et en essayant de se laisser glisser le long du donjon du château. C'était un homme assez corpulent et les draps se rompirent, de sorte qu'il fut précipité au sol où il se brisa deux côtes et les deux jambes. Il devait mourir des suites de ses blessures en 1597. Le Dr Dee fut bien reçu par la reine Elizabeth mais une surprise moins agréable l'attendait chez lui. La foule qui le tenait pour un sorcier et un nécromancien avait mis le feu à sa librairie, brûlant quatre mille volumes rares et détruisant tout son laboratoire. Il obtint une maigre pension et passa assez misérablement la fin de son existence dans sa maison de Mortlake, où il mourut à l'âge de quatre-vingt un ans, en 1608.

★

Nous voici donc en présence d'un cas particulièrement intéressant: celui d'un homme, qui, n'étant pas lui-même Adepte, a été capable de réaliser des transmutations métalliques nombreuses et en public à partir de ce qui semble bien être une provision de poudre de projection. Que pouvait bien être en effet cette substance découverte dans la tombe de l'évêque catholique? Bien sûr, appliquant strictement les préceptes du rationalisme du XIXe siècle, Louis Figuier n'admet pas qu'il puisse s'agir de la Pierre des Sages. Il nous dit: « C'était, bel et bien, une riche provision de Pierre philosophale ou, pour parler d'une manière plus conforme aux faits, un composé aurifère dans lequel l'or, dissimulé par une combinaison chimique, permettait de reproduire tous les prodiges attribués à cet arcane fameux. » Cela est bien entendu une absurdité. Un composé aurifère aurait certes pu être caché au sein de cette poudre, mais dans ce cas il n'aurait pu donner plus d'or qu'il n'en contenait initialement. Autrement dit, il n'aurait pu être utilisé pour transmuter une quantité importante d'un autre métal en or. Cette observation est essentielle, car toutes les objections de Louis Figuier tendant à démontrer que les expériences de transmutation n'ont été possibles que grâce à la présence d'une certaine quantité d'or dans les poudres de projection, sont des impossibilités du point de vue chimique. Si l'on ajoute à une livre de mercure un grain de Pierre philosophale contenant par exemple un gramme d'or, on retrouvera à la fin de l'expérience, en tout et pour tout, un gramme d'or dans la livre de mercure et en aucun cas une quantité supérieure. Or, dans le cas de Kelly comme dans plusieurs autres que nous allons rapporter, c'est la totalité de la substance qui s'était transmutée en or, par conséquent l'explication « scientifique » du siècle dernier est irrecevable.

Par ailleurs, les récits des transmutations effectuées par Kelly sont réellement très nombreux et l'on trouve dans le livre de Figuier toute une liste d'ouvrages en latin, dont je n'ai pas cru indispensable d'alourdir ce texte, qui relatent ces mêmes expériences publiques. Tout particulièrement, celle qui eut lieu au domicile du médecin impérial me semble assez probante. Cependant, nous ne devons pas oublier qu'Edward Kelly était un faussaire et, pour tout dire, un gredin. Par suite, il n'est pas absolument impossible que, par quelque tour de passe-passe, il ait pu faire croire qu'il avait effectivement transmuté des métaux alors qu'il n'en avait rien été. Je vois deux possibilités: le souffleur avait pu fabriquer des bronzes dorés qui pouvaient passer à l'époque pour de l'or, puisque les méthodes d'analyse étaient beaucoup moins précises qu'aujourd'hui; ou bien il pouvait s'agir simplement de tours d'escamotage, comme en font les prestidigitateurs, ce dernier procédé revenant évidemment assez cher (1). Je ne m'estimerai donc pas pleinement convaincu par les activités de ce souffleur, néanmoins après l'étude des richesses de Nicolas Flamel, c'est là un second point positif dans mon enquête, quoique non déterminant.

(1) Il faut, au moment de l'introduction du plomb dans le creuset, le remplacer par de l'or véritable. Un tel tour est concevable mais ruineux, dès l'instant qu'on reproduit souvent l'expérience puisque l'or « obtenu » était distribué à l'assistance.

**Comment & par quelles figures ilz signifioient laage & les ans du temps.**

*Orus Apollo* (Paris, 1543.)

On reconnaît le dragon-serpent Ouroboros, symbole du Grand-Œuvre, sur lequel brillent le Soleil et la Lune des Philosophes.

# 6

# LE COSMOPOLITE

On croyait encore au début de ce siècle que l'Adepte connu sous le surnom du Cosmopolite, et auteur du remarquable traité *La Nouvelle Lumière Chymique,* était Michel Sendivogius. Pourtant, depuis l'étude que l'abbé Lenglet du Fresnoy lui consacra en 1742, on aurait dû savoir qu'il s'agissait d'un Ecossais, probablement appelé Alexandre Sethon qui, à sa mort, légua un peu de sa poudre de projection à ce même Sendivogius. Celui-ci accapara le surnom célèbre du Cosmopolite, et passa pour Adepte alors qu'il n'était qu'un souffleur heureux. Mais nous étudierons dans la deuxième partie de ce chapitre tout ce qui concerne ce second personnage. Voyons maintenant qui était Sethon.

En fait, on n'en sait pas grand-chose, on ignore même sa date et son lieu de naissance. Seule sa nationalité est connue. Voici ce qu'en dit Lenglet du Fresnoy: « Jacques Hauffen, pilote hollandais, ayant fait naufrage dans la mer d'Allemagne, fut jeté sur la côte d'Ecosse: il y fut recueilli avec humanité par Alexandre Sethon qui avait une maison et quelques terres sur ce rivage; il fit du bien à Hauffen et le mit en état de regagner sa patrie. Peu de temps après, c'est-à-dire en 1602,

Sethon eut envie de voyager et passa en Hollande; il arriva à Enkhuysen où Jacques Hauffen le reçut avec autant d'amitié que de reconnaissance. Les vrais Hollandais sont très susceptibles de ces deux vertus. Le philosophe écossais avait envie, pour son malheur, de passer en Allemagne. Avant que de s'y rendre il voulut démontrer à Jacques Hauffen ses connaissances en science hermétique; il fit donc devant lui la transmutation d'un métal imparfait en or. Ce prodige frappa Hauffen qui ne put s'empêcher d'en faire part au médecin de cette ville; c'était Van der Linden, aïeul de Jean-Antoine Van der Linden, de qui nous avons la *Bibliothèque des écrivains de médecine.* Georges Morhoff avoue qu'il a vu lui-même une portion d'or entre les mains de Jean-Antoine Van der Linden, petit-fils du médecin d'Enkhuysen, qui avait eu soin de marquer sur ce même or que la transmutation s'en était faite le 13 mars 1602 à quatre heures de l'après-midi. »

Précisons que Georges Morhof fut un médecin extrêmement célèbre et qu'il fit lui-même une étude sur les transmutations métalliques, étude utilisée par tous les historiens de l'alchimie depuis lors: *Epistola ad Lengelottum de metallorum transmutatione.*

Les propres recherches de Figuier ne lui permirent pas de pousser plus avant la connaissance historique du personnage. Voici ce qu'il nous en dit: « Quoi qu'il en soit, cet homme, dont la vie antérieure est demeurée inconnue, et dont l'histoire commence avec le XVII$^{e}$ siècle, est un alchimiste qui nous apparaît tout formé et, comme on le verra bientôt, passé maître dans son art, de quelque manière qu'il l'ait appris. Une autre qualité que l'on peut admirer en lui, c'est son désintéressement. Si, dans tous les lieux où l'appellent les besoins de sa propagande hermétique, il justifie sa mission par des succès qui pourraient, à bon droit, passer pour des miracles; s'il fait de l'or et de l'argent à toute réquisition, ce n'est pas pour ajouter à ses richesses, mais pour en offrir à ceux qui doutent et convaincre ainsi l'incrédulité. Tel est d'ailleurs le caractère singulier que nous présentent la plupart des Adeptes à cette époque. L'alchimie paraît à leurs yeux une science désormais constituée, qu'il ne s'agit plus que de recommander, non à la cupidité du vulgaire, mais à l'admiration éclairée des hommes d'élite et des savants. Ils vont de ville en ville, prêchant cette science comme on prêche une religion, c'est-à-dire que, tout en ne négligeant rien pour en démontrer la vérité, ils s'abstiennent d'en profaner les mystères. C'est, en un mot, une sorte d'apostolat que ces Adeptes accomplissent au milieu d'un siècle de critiques et de lumières, apostolat toujours difficile, souvent périlleux, et dans lequel Alexandre Sethon devait trouver le martyre. »

J'ai cité cet assez long extrait car il contient quelques idées importantes sur l'alchimie au XVIIe siècle. Elle se présente en effet sous un jour totalement nouveau par rapport à ce que nous avons vu dans les périodes précédentes. L'Adepte, maintenant, qu'il s'agisse du Cosmopolite, de Philalèthe ou de Lascaris, cesse de devenir un chercheur isolé et appliqué à la seule réalisation de l'Œuvre pour lui seul, il se transforme en une sorte de représentant en Art hermétique pour le bénéfice des savants de l'époque. Pourquoi les Adeptes du XVIIe siècle et du début du XVIIIe agirent-ils ainsi, je ne sais. En tout cas ils se livrèrent à une sorte de prosélytisme constant qui, souvent, se retourna contre eux et causa leur perte.

Mais revenons à Sethon qui, après avoir quitté son ami Hauffen, se rendit à Amsterdam, et de là gagna l'Allemagne par la Suisse où il fit la connaissance d'un professeur de Fribourg, Wolfgang Dienheim, adversaire acharné de l'alchimie. Ce dernier nous a laissé un étonnant compte rendu d'une projection que le Cosmopolite fit à Bâle devant lui et de nombreux notables de la ville: « En 1602, lorsqu'au milieu de l'été je revins de Rome en Allemagne, je me trouvai à côté d'un homme singulièrement spirituel, petit de taille, mais assez gros, d'un visage coloré, d'un tempérament sanguin, portant une barbe brune taillée à la mode de France. Il était vêtu d'un habit de satin noir et avait pour toute suite un seul domestique que l'on pouvait distinguer entre tous par ses cheveux rouges et sa barbe de même couleur. Cet homme s'appelait Alexandre Sethonius. Il était natif de Molia, dans une île de l'océan. A Zurich, où le prêtre Tghlin lui donna une lettre pour le Dr Zwinger, nous louâmes un bateau et nous rendîmes par eau à Bâle. Quand nous fûmes arrivés dans cette ville, mon compagnon me dit: « Vous vous rappelez que, dans tout le voyage et sur le bateau, vous avez attaqué l'alchimie et les alchimistes. Vous vous souvenez aussi que je vous avais promis de vous répondre, non par des démonstrations, mais par une action philosophique. J'attends encore quelqu'un que je veux convaincre en même temps que vous afin que les adversaires de l'alchimie cessent leurs doutes sur cet Art. »

« On alla alors chercher le personnage en question, que je connaissais seulement de vue et qui ne demeurait pas loin de notre hôtel. J'appris plus tard que c'était le Dr Jacob Zwinger, dont la famille compte tant de naturalistes célèbres. Nous nous rendîmes tous les trois chez un ouvrier des mines d'or, avec plusieurs plaques de plomb que Zwinger avait emportées de sa maison, un creuset que nous prîmes chez un orfèvre et du soufre ordinaire que nous achetâmes en chemin. Sethon ne toucha à rien. Il fit faire du feu, ordonna de mettre le plomb et le soufre dans le creuset, de placer le couvercle et d'agiter la masse avec des baguettes. Pendant ce temps, il causait avec nous. Au bout d'un quart d'heure il nous dit: « Jetez ce petit papier dans le plomb fondu, mais bien au milieu et tâchez que rien ne tombe dans le feu... » Dans ce papier était une poudre assez lourde, d'une couleur qui paraissait jaune citron; du reste il fallait avoir de bons yeux pour la distinguer. Quoique aussi incrédule que saint Thomas lui-même, nous fîmes tout ce qui nous était commandé. Après que la masse eut été chauffée un quart d'heure encore et continuellement agitée avec des baguettes de fer, l'orfèvre reçut l'ordre d'éteindre le creuset en répandant de l'eau dessus; mais il n'y avait plus le moindre vestige de plomb; nous trouvâmes de l'or le plus pur et qui, d'après l'opinion de l'orfèvre, surpassait même en qualité le bel or de la Hongrie et de l'Arabie. Il pesait tout autant que le plomb dont il avait pris la place. Nous restâmes stupéfaits d'étonnement; c'était à peine si nous osions en croire nos yeux. Mais Sethonius, se moquant de nous: « Maintenant, dit-il, où en êtes-vous avec vos pédanteries? Vous voyez la vérité du fait et elle est plus puissante que tout, même que vos sophismes. » Alors il fit couper un morceau de l'or et le donna en souvenir à Zwinger. J'en gardai aussi un morceau qui pesait à peu près quatre ducats et que je conservai en mémoire de cette journée.

« Quant à vous, incrédules, vous vous moquerez peut-être de ce que j'écris. Mais je vis encore, et je suis un témoin toujours prêt à dire ce que j'ai vu. Et Zwinger vit également, il ne se taira pas et rendra témoignage de ce que j'affirme. Sethonius et son domestique vivent encore, ce dernier en Angleterre et le premier en Allemagne (1), comme on le sait. Je pourrais même dire l'endroit précis où ils demeurent, s'il n'y avait pas trop d'indiscrétion dans les recherches auxquelles il faudrait se livrer pour savoir ce qui est arrivé à ce grand homme, à ce saint, à ce demi-dieu. » (*De Minerali medicina,* 1610, cité par Figuier, page 258).

Précisons ici qui était ce Jacob Zwinger, second témoin de cette étonnante démonstration. Il s'agissait d'un médecin et professeur de Bâle qui laissa un nom fort célèbre dans l'histoire de la médecine allemande. C'était là vraiment le type même du témoin irréprochable et tout à fait digne de confiance; notons d'ailleurs qu'il a confirmé totalement et sans la moindre réticence le récit de Wolfgang Dienheim dans une lettre qu'un professeur de Bâle, Emmanuel Konig, fit imprimer dans des *Ephémérides.* Cette lettre précise également que le Cosmopolite, avant de quitter

(1) Ce texte fut écrit en 1610, soit après le décès de Sethon, mais on sait que Sendivogius prit alors son surnom de Cosmopolite ce qui explique la méprise du Pr Dienheim.

la ville, fit une autre projection dans la maison de l'orfèvre André Bletz où il transmuta devant témoins quelques onces de plomb en or. Ici, d'autre part, aucune supercherie n'était à craindre comme dans le cas d'Edward Kelly. En effet, le plomb avait été apporté par l'un des participants, le creuset fourni par l'orfèvre et Sethon ne toucha personnellement à rien. Il est évident que dans ces conditions d'expérience aucun escamotage n'est possible. Force donc m'est d'admettre que nous sommes là en présence du premier cas de transmutation métallique historiquement prouvé. Bien entendu, un seul cas n'est pas suffisant pour démontrer la réalité générale du phénomène de transmutation.

C'est l'érudit allemand Karl Christoph Schmieder qui, dans le chapitre consacré au Cosmopolite de son ouvrage *Geschichte der Alchemie*, va maintenant nous permettre de suivre l'Adepte jusqu'à Strasbourg, dans l'échoppe de l'orfèvre allemand Gustenhover. Le Cosmopolite se présenta donc chez ce dernier dans le cours de l'été 1603. Il désirait utiliser les fourneaux et creuset de l'artisan pour un certain travail; Gustenhover y consentit et reçut, au départ de l'Adepte, un peu de poudre rouge en remerciement.

L'orfèvre réunit immédiatement quelques voisins et amis pour faire l'essai de la poudre de projection qui lui avait été remise. L'effet fut tout à fait concluant et une livre de plomb se transmuta en or. C'est alors que le malheureux Gustenhover eut la vanité de se faire passer pour un Adepte, et prétendit avoir lui-même élaboré la Pierre philosophale: après tout, n'était-on pas entre amis? Mais, comme le dit Schmieder, chaque ami a un voisin et chaque voisin a un ami. Bientôt toute la ville fut au courant: « L'orfèvre Gustenhover fait de l'or! »

Le Conseil de Strasbourg, mis au courant, envoya trois députés pour demander à l'orfèvre des explications sur les faits remarquables qu'on lui avait rapportés. Celui-ci leur donna à chacun un peu de poudre rouge et leur fit faire une projection sur-le-champ. L'un d'eux, Glaser, Conseiller de Strasbourg, vint ensuite à Paris et montra un morceau de cet or hermétique au Dr Jacob Heilman qui laissa une relation de l'événement.

La renommée de Gustenhover grandit incomparablement après cette triple projection couronnée de succès et elle parvint même jusqu'à Prague, aux oreilles de l'empereur Rodolphe II, qui — nous le savons — s'intéressait à l'Art hermétique. Ce prince expédia aussitôt quelques commissaires au prétendu Adepte en ordonnant qu'on s'assurât de sa personne. Devant l'empereur, le malheureux Gustenhover s'effondra et dut avouer qu'il n'avait pas préparé lui-même la poudre miraculeuse et qu'il ignorait tout à fait comment y parvenir. Mais Rodolphe II ne vit là qu'un refus déguisé et ordonna qu'on le mît en prison jusqu'à ce qu'il fût revenu à un état d'esprit plus compréhensif. Dans l'espoir de se sauver, Gustenhover offrit le reste de sa poudre à l'empereur qui fit une projection avec succès mais, loin de le satisfaire, cet essai réussi ne fit qu'aviver sa cupidité et il somma l'orfèvre d'avoir à renouveler cette provision sur-le-champ. Complètement affolé, Gustenhover prit la fuite mais fut bientôt rattrapé par la police impériale et enfermé dans la Tour Blanche, à Prague, où il resta prisonnier jusqu'à la fin de ses jours.

Cependant, le Cosmopolite était entré en Allemagne où il eut soin de conserver l'anonymat en utilisant divers noms d'emprunt. Il resta quelques jours à Francfort-sur-le-Main où il se lia avec un marchand, dénommé Coch, qui écrivit ensuite à l'historien Théobald de Hogelande comment il eut l'occasion d'assister à une projection du Cosmopolite et d'en garder une trace effective.

« A Offenbach (faubourg de Francfort), demeurait depuis quelque temps un Adepte qui, sous le nom d'un comte français, acheta chez moi beaucoup de choses. Avant son départ de Francfort, il voulut m'enseigner l'art de la transmutation des métaux; il ne mit pas la main à l'Œuvre et me laissa tout faire. Il me donna une poudre d'un gris rougeâtre, qui pesait à peu près trois grains. Je la jetai sur deux demi-onces de vif-argent placées dans un creuset. Je remplis ensuite le creuset de potasse à peu près jusqu'à la moitié, et nous chauffâmes lentement. Après quoi je remplis le fourneau de charbon jusqu'au haut du creuset, en sorte qu'il était tout entier dans un feu très fort, ce qui dura à peu près une demi-heure. Quand le creuset fut tout rouge, il m'ordonna d'y jeter un peu de cire jaune. Après quelques instants, je pris le creuset et le cassai; je trouvai au fond un petit morceau d'or qui pesait cinquante-quatre onces trois grains. Il fut fondu en ma présence et soumis à la coupellation et on en retira vingt-trois carats, quinze grains d'or et six d'argent, tous deux d'une couleur très brillante. Avec une partie du morceau d'or, je me suis fait faire un bouton de chemise. Il me semble que le mercure n'est pas nécessaire pour l'opération. » (Th. de Hogelande, *Historiae aliquot transmutationis metallicae.*)

Après Francfort, le Cosmopolite partit pour Cologne où il s'établit quelque temps. Cette ville était assez célèbre du point de vue alchimique par les souvenirs d'Albert le Grand puis de Denis Zachaire qui y avaient jadis vécu. Il s'enquit discrètement de personnes de qualité s'intéressant à l'alchimie afin de trouver un toit où s'abriter et aussi pour glaner des renseignements sur les esprits dignes de bénéficier d'une démonstration de l'Art hermétique. Finalement il s'installa chez un distillateur, Anton Bordemann, qui s'intéressait à l'alchimie. Mais Alexandre Sethon allait bientôt s'apercevoir que son art d'élection était peu considéré dans la vieille ville de Cologne. Aussi bien les savants que les médecins et même le bas peuple tenaient la science hermétique pour dénuée de valeur et tout au plus digne de la risée générale. Le Cosmopolite s'était rendu compte que la plus haute autorité scientifique de la ville était le chirurgien Meister George, adversaire déclaré de l'alchimie. L'aborder de front eut été sans effet car la réputation de Sethon n'était pas parvenue jusqu'à lui, et le chirurgien n'aurait certainement pas accepté de tenter une projection avec la poudre du Cosmopolite. Celui-ci décida donc d'utiliser un moyen détourné afin de faire, en quelque sorte, sa propre publicité. Le 5 août 1603, il se présenta chez un apothicaire en demandant à acheter des lapis-lazuli. Il feignit de ne pas trouver les pierres à son goût et le marchand lui promit de lui en présenter de plus belles le lendemain. En attendant il avait engagé une conversation sur l'Art hermétique avec un ecclésiastique et un autre apothicaire qui étaient présents dans la boutique. Tous se riaient de l'alchimie et de la folie de ses Adeptes. Lorsque le Cosmopolite, sans dévoiler sa propre qualité, eut affirmé qu'à sa connaissance de vraies transmutations avaient été effectuées et qu'il ne fallait pas les mettre en doute, il dut partir sous les risées.

Revenu à la boutique le lendemain, il acheta quelques-uns des lapis-lazuli qu'on lui présenta, puis demanda du verre d'antimoine. Il feignit alors avoir quelque doute sur la qualité de ce qu'on lui proposait et exigea de soumettre l'antimoine à l'essai d'un feu violent. L'apothicaire y consentit volontiers et fit conduire le Cosmopolite par son jeune fils chez un orfèvre voisin, Jean Lohndorf. L'orfèvre plaça alors le verre d'antimoine dans un creuset sous lequel il alluma du feu; cependant, le Cosmopolite avait sorti d'une de ses poches une petite boîte contenant une poudre rougeâtre dont il préleva un grain qu'il donna à l'orfèvre en lui demandant de le jeter sur le verre d'antimoine fondu, après avoir enveloppé cette poudre dans un peu de papier. L'orfèvre parut surpris de l'étrangeté de la demande mais, haussant les épaules, il y consentit. Quelle ne fut pas sa stupéfaction de retirer une petite masse d'or du fond du creuset à la place de l'antimoine. Outre l'orfèvre, le fils de l'apothicaire, deux ouvriers de l'atelier et un voisin qui était là par hasard avaient assisté à l'opération: tous restèrent éberlués d'autant plus que le visiteur n'avait lui-même touché à rien. Cependant la réputation de l'alchimie était si mauvaise dans cette ville que l'orfèvre Jean Lohndorf refusa d'admettre le témoignage de ses sens et, pour se déclarer convaincu, exigea que son hôte fît une nouvelle transmutation sur-le-champ. Le Cosmopolite y consentit volontiers aux conditions que poserait l'orfèvre. Celui-ci choisit cette fois d'employer le plomb plutôt que le verre d'antimoine. Qui plus est, sans se faire voir de l'Adepte, il introduisit un morceau de zinc dans le creuset au-dessous du plomb, car il croyait savoir que les alchimistes ne pouvaient transmuter que le mercure, le plomb et l'antimoine, et que le zinc ferait échouer toute l'opération. Le mélange plomb-zinc fut donc fondu, puis le Cosmopolite donna à l'orfèvre une nouvelle petite partie de poudre qui fut à nouveau enveloppée dans un bout de papier avant d'être jetée dans le métal en fusion. Une fois le creuset refroidi, Jean Lohndorf fut obligé de constater que toute la masse métallique était parfaitement transmutée en or.

Ce fait merveilleux fut bientôt connu de toute la ville et Anton Bordemann, chez qui logeait l'Adepte, devint célèbre du jour au lendemain. Mais cela ne suffit pas au chirurgien Meister George pour qu'il acceptât d'assister à une démonstration d'Alexandre Sethon. Celui-ci demanda donc à le rencontrer pour lui parler de chirurgie et d'anatomie. Au cours de l'entretien, où d'ailleurs il fit preuve de beaucoup de science médicale, le Cosmopolite se vanta de connaître un moyen de mortifier la viande sauvage sans déranger les nerfs. Le chirurgien, surpris, demanda à assister à une telle opération. « Rien de plus simple, répondit l'Adepte. Procurez-moi seulement du plomb, du soufre et un creuset. » Il demanda également un fourneau muni d'un soufflet; les serviteurs du chirurgien trouvèrent rapidement les objets demandés sauf le fourneau. On décida donc d'aller opérer chez un orfèvre voisin, Maître Hans de Kempen.

En l'absence de l'orfèvre, ce fut son fils qui reçut dans le laboratoire paternel le petit groupe composé de Meister George et de ses serviteurs portant les divers ingrédients, et qu'accompagnait l'étranger. Pendant que l'un des serviteurs du chirurgien plaçait soufre et plomb dans un creuset, le Cosmopolite liait conversation avec quatre ouvriers de l'orfèvre qui travaillaient, eux, sur du fer. Il leur proposa alors de changer ce fer en acier. Les ouvriers, surpris, lui confièrent un autre creuset mais l'Adepte refusa d'opérer lui-même et leur indiqua seulement comment procéder. On eut à ce moment-là une double opération en train, l'une menée par les serviteurs de Meister George sous sa direction, et l'autre par les ouvriers de l'orfèvre sous la surveillance du fils de celui-ci. Le Cosmopolite, lui, restait à l'écart, sans toucher à rien. Lorsque les substances contenues dans les deux creusets arrivèrent à leur point de fusion, le Cosmopolite prit un peu de poudre rouge dans sa boîte et, après l'avoir enrobée de cire, en fit deux boulettes, l'une qu'il donna au chirurgien, l'autre au fils de l'orfèvre, leur demandant de les jeter dans les creusets. Presque aussitôt, un serviteur de Meister George se mit à hurler: « Le plomb est changé en or! » et en même temps un ouvrier: « Ce n'est pas de l'acier; c'est de l'or! » Les deux masses d'or furent aussitôt coupées pour voir si les métaux vils employés au départ avaient bien été totalement transmutés: c'était le cas. La femme de l'orfèvre, appelée par son fils, et qui aidait son mari à faire les essais de métaux précieux, vint soumettre les deux lingots d'or aux épreuves habituelles. Elle constata qu'il était d'un très haut titre et offrit de l'acheter pour huit thalers. Le Cosmopolite, voyant qu'un attroupement se formait, fit signe à Meister George qu'il valait mieux se retirer. Celui-ci, tout décontenancé, suivit l'Adepte dans la rue en lui disant:

— Ainsi, c'était donc cela ce que vous vouliez me montrer?

— Sans doute, dit le Cosmopolite. J'avais appris par mon hôte que vous étiez un ennemi déclaré de l'alchimie, et j'ai voulu vous convaincre par une preuve sans réplique. C'est ainsi que j'ai procédé à Rotterdam, à Amsterdam, à Francfort, à Strasbourg et à Bâle.

— Mais, cher gentilhomme, je vous trouve bien imprudent d'agir d'une manière si ouverte. Si jamais des princes entendent parler de vos opérations, ils vous feront rechercher et vous retiendront captif pour s'emparer de votre secret.

— Je ne l'ignore point, dit Sethon; mais Cologne, où nous sommes, est une ville libre où je n'ai rien à redouter des souverains. D'ailleurs, s'il arrivait jamais qu'un prince se saisît de ma personne, je souffrirais mille morts plutôt que de lui rien révéler.

Le Cosmopolite resta alors un instant silencieux avant de reprendre:

— Que l'on me demande des preuves de mon art, j'en donne à qui les désire. Et, si l'on veut que je fabrique des masses d'or, j'y consens encore; j'en ferai volontiers pour cinquante ou soixante mille ducats.

A compter de ce jour, Meister George fut tout

à fait convaincu de la réalité des transmutations métalliques et, certains de ses amis lui ayant affirmé qu'il avait dû être trompé par un charlatan habile, il fit cette déclaration: « Ce que j'ai vu, je l'ai bien vu. Ce que les ouvriers de Maître de Kempen ont fait eux-mêmes en présence de témoins n'est point un rêve. L'or, dont ils peuvent encore montrer une partie, n'est pas une chimère. J'en croirai toujours mes yeux plutôt que vos bavardages. »

Avant de quitter Cologne, le Cosmopolite fit encore une projection publique en présence de son ami Anton Bordemann. Celui-ci, constatant qu'il utilisait tantôt du soufre, tantôt du mercure, lui demanda pourquoi. Le philosophe répondit: « J'en use ainsi pour montrer aux profanes que tous les métaux, quels qu'ils soient, peuvent être ennoblis. Mais n'oubliez point, mon ami, qu'il m'est interdit de révéler les choses importantes du travail, » (Th. de Hogelande, *Historiae aliquot transmutationis metallicae,* traduit par L. Figuier).

Alexandre Sethon se rendit ensuite à Hambourg où il fit également plusieurs projections réussies ainsi que nous le raconte l'érudit George Morhoff que nous avons déjà cité. De là, il gagna Munich où, fait inhabituel, il ne se livra à aucune activité alchimique. En effet, il rencontra dans cette ville une jeune fille dont il s'éprit (1). Son père, gros bourgeois du pays, lui en refusant la main, il décida de l'enlever, ce qu'il fit. Une fois hors d'atteinte des poursuites de la famille de la demoiselle, qui était, dit-on, très jolie, il l'épousa puis reprit ses pérégrinations en sa compagnie. On le

(1) Voir la note de la page 138.

retrouve pendant l'automne de l'année 1603 à Crossen, où vivait alors le duc de Saxe. Celui-ci, ayant entendu parler des prouesses du Cosmopolite, l'invita à venir faire une projection à sa cour. Sethon — apparemment préoccupé uniquement par sa jeune épouse — envoya son domestique faire la projection chez le duc. La transmutation eut lieu devant toute la cour et fut un plein succès, l'historien Guldenfalk rapporte que l'or obtenu résista parfaitement à toutes les épreuves et se montra d'un très haut titre. Le serviteur du Cosmopolite, Hamilton, qui l'avait accompagné dans tous ses déplacements européens, décida alors de se séparer de lui et de retourner en Angleterre. Peut-être ne s'entendait-il pas avec la jeune femme d'Alexandre Sethon ou, plutôt, sentait-il que la position de son maître allait devenir dangereuse puisque, tout absorbé par son amour, il oubliait de se protéger efficacement de la cupidité des princes.

C'est bien ce qui arriva au malheureux Adepte. L'électeur de Saxe, Christian II, était un jeune homme cruel et avide. Il avait considéré jusqu'alors que les recherches des alchimistes étaient pure folie et qu'il ne convenait même pas de leur prêter attention; mais la projection effectuée sous ses yeux par le serviteur du Cosmopolite avait complètement changé son sentiment. Il invita donc Sethon à la cour et affecta de lui être favorable; le philosophe lui remit une petite quantité de Pierre philosophale, pensant ainsi satisfaire le prince. Mais ce n'était pas un peu de poudre philosophale que voulait Christian II mais bien le secret de sa préparation, et il était tout à fait décidé à l'obtenir par tous les moyens.

J'interromps ici le récit des aventures du Cosmopolite, car nous allons en découvrir la triste fin dans le document que je vais citer à propos des débuts de Michel Sendivogius et qui, dans sa sécheresse, est plus impressionnant que n'importe quel récit rapporté.

## MICHEL SENDIVOGIUS

Avec ce personnage nous nous trouvons devant le cas inhabituel d'un souffleur qui passa, non seulement aux yeux de ses contemporains mais aussi à ceux de la postérité, pour un des plus grands Adeptes de l'art hermétique. Aujourd'hui encore il n'est pas possible de distinguer exactement ce qui lui revient dans les traités attribués au Cosmopolite, dont il usurpa le nom.

Un document datant de cinq ans seulement après sa mort, qui eut lieu en 1646, va nous permettre de comprendre comment a pu se produire cette situation paradoxale.

Voici donc, extraite de *Trésor de recherches et antiquités gauloises et françoises* de Pierre Borel (1655), une lettre envoyée par M. Desnoyers, secrétaire de la princesse Marie de Gonzague, reine de Pologne, épouse du roi Vladislas.

« De Varsovie, le 12 juin 1651.

Monsieur,

Vous ayant promis à mon départ de Paris de faire toutes les diligences possibles pour recouvrer les œuvres entières du Cosmopolite, j'en ai fait une telle perquisition que j'ai appris qu'il n'avait fait que le *Livre des Douze Traités*, intitulé *Cosmopolite*. Vous verrez, par la suite de ce discours, que j'ai su beaucoup de ses nouvelles, dont je vous fais part.

« L'auteur du livre intitulé *Le Cosmopolite* était anglais, lequel, étant dans les Etats du duc de Saxe, fit projection d'une poudre, qu'il avait, sur des métaux qu'il convertit en pur or. Un de ceux devant lesquels il avait fait cette projection le fit dire au duc de Saxe, qui, craignant qu'un tel homme lui échappât, envoya aussitôt des gardes au logis où il était logé avec sa femme pour l'arrêter et le lui amener. Etant en sa présence, il lui demanda s'il était celui qui avait changé ces métaux en or, il avoua que oui, ne le pouvant nier à cause des témoins qui les lui avaient vu transmuter. Il tâcha de s'excuser et de trouver des défaites que l'électeur ne voulut point recevoir; et, après des promesses, il lui fit des menaces, et des menaces il vint ensuite aux effets. Le Cosmopolite (que je nommerai ainsi pour n'avoir pas pu apprendre son vrai nom), lequel était catholique, se voyant assez misérablement attrapé par sa propre faute, se résolut de souffrir toutes sortes de tortures, plutôt que de donner à un hérétique un si grand moyen de faire la guerre à l'Eglise, et pour cela pria Dieu de lui donner assez de force pour conserver cette résolution. Ce prince voyant qu'il n'en pouvait rien tirer par la douceur le fit appliquer à la torture, à laquelle il tint bon, sans jamais vouloir seulement donner espérance de rien découvrir. Etant guéri, on la lui recommence et cela tant de fois que son corps étant déchiré en plusieurs lieux, le feu même y ayant été appliqué et ses membres disloqués, il ne dit jamais rien de ce que le duc voulait savoir.

« Michel Sendivogius, qu'un auteur polonais a mis dans le catalogue de la noblesse polonaise par erreur, étant morave et né en Moravie mais demeurant à Cracovie, se trouva en ce temps-là où cet Anglais était prisonnier; et comme il était très curieux et savant dans la chimie, il avait une très grande envie de voir cet homme; pour cela il prit habitude chez l'électeur et fit amitié avec beaucoup de ceux de la cour, ensuite par leurs moyens il entra dans la prison et vit le Cosmopolite; il lui parla de chimie à quoi l'autre répondit doucement; et comme Sendivogius était très désireux du principal secret, il fit si bien, que, parmi plusieurs visites qu'il lui fit, il put sans être découvert lui demander qu'est-ce qu'il lui donnerait s'il trouvait le moyen de le tirer de là. Ce pauvre homme, qui languissait dans ses plaies, lui répondit qu'il lui donnerait de quoi vivre content toute sa vie avec sa famille. Sendivogius ayant cette parole, prit peu après congé de ses amis, feignant quelques affaires, lesquelles achevées, il promettait les venir revoir. Il vint à Cracovie où il vendit une maison qu'il y avait, et ensuite s'en retourna en Saxe où étant, il commença à faire bonne chère à ses amis et par leur moyen aux gardes du Cosmopolite. Et un jour qu'il les vit tous bien ivres, ayant un petit chariot à la mode du pays tout près, il fut prendre l'Anglais, qu'il mit dans le chariot parce qu'étant à demi pourri et les nerfs tout retirés, il ne pouvait quasi s'aider; il demanda à passer nécessairement au logis, où il avait laissé sa femme, qu'il voulait amener, et l'ayant fait sortir il lui dit où elle devait aller prendre de la poudre qu'il avait cachée et qu'elle y retrouva. L'ayant prise elle vint diligemment monter dans le chariot. Ils sortirent et cheminèrent toute la nuit et prirent leur route par le chemin le plus court pour sortir des Etats de l'électeur. Ils vinrent sans rencontre en Pologne, et étant à Cracovie, Sendivogius somma le Cosmopolite de la promesse qu'il lui avait faite, lequel pour s'en acquitter lui donna une once de sa poudre; Sendivogius lui en demanda le secret, à quoi l'Anglais répondit, en lui montrant la misère de son corps, que puisqu'il avait bien souffert tous ses maux pour ne le point déclarer, qu'il ne devait pas trouver étrange s'il ne le lui disait point, et qu'il croirait faire un grand péché de découvrir un tel secret qu'il étudia et demanda à Dieu. C'est tout ce que Sendivogius en put tirer. Le Cosmopolite mourut bientôt après, disant que si son mal eût été naturel et interne, sa poudre l'en aurait guéri; mais que son corps, à demi pourri par la torture et les nerfs retirés et coupés, ne pouvait plus, par aucun moyen, se rétablir.

« Après sa mort, Sendivogius crut que peut-être la femme du Cosmopolite saurait quelque chose du secret de son mari, et pour le tirer d'elle, il l'épousa; mais il trouva qu'elle était tout à fait ignorante et ne lui put donner autre chose que le livre intitulé: *les Douze Traités ou le Cosmopolite,* avec le dialogue du mercure et de l'alchimiste. Sendivogius l'interprétant à sa mode, il commença à travailler pour multiplier sa poudre, et pour cela sa matière principale fut du mercure commun; mais comme il ne travaillait pas sur une matière propre, il ne fit rien. Il tenta encore par d'autres voies cette multiplication, mais toujours inutilement; il fit ensuite un voyage à Prague, où était l'empereur Rodolphe, devant lequel il fit la transmutation, ou plutôt il la fit faire à l'empereur même, lui donnant pour cela de la poudre, en mémoire de quoi l'empereur fit enchâsser dans la muraille de la chambre, où cette opération se fit, une table de marbre, où il fit graver ces mots: *Faciat hoc quispiam alius quod fecit Sendivogius Polonus,* et cette table de marbre s'y voit encore aujourd'hui. Ayant fait cette épreuve devant l'empereur, à qui apparemment il dit la vérité de la chose, et revenant par la Moravie, un comte du pays qui l'avait vu, l'arrêta et le fit prisonnier pour en avoir le secret, croyant qu'il l'eût. L'éclat de ce qui s'était passé devant l'empereur l'avait mis en une haute réputation, outre qu'il était fort savant. Sendivogius étant ainsi pris et arrêté, craignant avec raison d'être traité comme l'avait été l'Anglais en Saxe, il trouva moyen d'avoir une lime de laquelle il lima un barreau de la fenêtre et, s'étant fait une corde de ses habits, il se sauva tout nu, après quoi il fit citer ce comte devant l'empereur où il fut condamné à de grands dépends et à donner un village à Sendivogius, qu'une sienne fille a eu depuis en mariage.

« Lui, étant de retour en Pologne, assura le grand maréchal du royaume nommé Wolski, que s'il avait eu les moyens de travailler, il aurait fait de semblable poudre. M. Wolski, qui était un grand souffleur, le crut; mais pour dire de quelle façon Sendivogius était devenu pauvre, il faut reprendre son histoire d'un peu plus haut et vous faire savoir que, tant que sa poudre dura, il fit bonne chère, étant un peu débauché de son naturel. Il en perdit une partie en la voulant multiplier, et en usa une autre à faire des transmutations. Un Juif qui partait vendre ce qu'il faisait est encore vivant à Cracovie. Enfin, voyant qu'il n'avait plus guère de cette poudre, il s'avisa de tirer de l'esprit de vin qu'il rectifia, et mit le reste de sa poudre dedans et fit le médecin, faisant honte à tous les autres par les cures merveilleuses qu'il faisait, et c'est dans cette même liqueur qu'ayant fait rougir la médaille que j'ai, il la transmua, qui est une risdale de Rodolphe, et cela, il le fit devant Sigismond III, lequel encore ledit Sendivogius guérit d'un très fâcheux accident avec le même élixir. Ainsi Sendivogius usa toute sa poudre et sa liqueur, et pour cela il disait au maréchal Wolski qu'il n'avait pas le moyen de travailler bien qu'il sût le secret. Wolski, sur cette assurance, lui donna six mille francs pour travailler, il les dépensa et ne fit rien.

« Le grand maréchal, qui se vit attrapé de six mille francs, dit à Sendivogius qu'il était un affronteur et qu'il pouvait, s'il voulait, le faire pendre; mais qu'il lui pardonnait, à la charge qu'il chercherait le moyen de lui rendre son argent; mais comme cet homme avait beaucoup de renom, étant savant, il fut appelé de M. Mniszok, palatin de Sandomire, qui lui donna aussi six mille francs pour travailler; de ces six mille francs, il en donna trois mille au maréchal et travailla avec les trois autres, mais toujours inutilement. Enfin n'ayant plus rien, il se mit charlatan; il faisait souder bien proprement une pièce d'or avec une d'argent, qu'il faisait ensuite marquer à la monnaie, puis il la blanchissait toute de mercure; et feignant d'avoir encore son élixir, il faisait rougir cette pièce au feu, où le mercure s'en allait, et trempant toute rouge la partie, qui était d'or, il faisait croire qu'il avait transmutée; par là il se conservait toujours quelque sorte de crédit auprès des ignorants, auxquels il vendait la pièce plus qu'elle ne lui coûtait; les clairvoyants s'apercevaient aisément qu'il n'avait pas le secret qu'il voulait faire croire.

« Après donc avoir travaillé inutilement sur les mémoires de l'Anglais, il voulut en donner le livre au public, pour voir si quelqu'un découvrirait plus que lui, qui le lui pût communiquer; et pour cela il fit une fourbe, qui fut afin qu'on le crût de lui, d'y mettre et entremêler des paroles qui l'en fissent croire l'auteur afin que si quelqu'un, plus heureux que lui par cette lecture, apprenait le secret, il ne feignît point de le lui communiquer. Mais il n'eut pas assez d'effronterie pour y mettre son nom ouvertement; il ne le mit qu'en anagramme, où il dit: Autore me qui, DIVI LESCHI GENUS AMO... »

J'interromps ici cette lettre car M. Desnoyers se livre ensuite à une étude serrée des textes qu'il attribue les uns au Cosmopolite, les autres à Sendivogius, ce qui nous importe peu ici. Voici la fin de la lettre qui nous indique très rapidement la date du décès du faux Cosmopolite: « Sendivogius est mort l'année que nous sommes arrivés en Pologne, c'est-à-dire en 1646, fort pauvre et fort incommodé et dans une grande vieillesse. »

L'aventure personnelle de Michel Sendivogius est intéressante à nos yeux car, tout comme dans le cas d'Edward Kelly, elle montre que la Pierre philosophale garde toute sa puissance transmutatoire quel qu'en soit l'heureux possesseur, mais que seul le véritable Adepte est capable de l'élaborer.

D'autant plus que si, dans le cas de Kelly, il pouvait y avoir doute, ici nous savons très bien quelle était la valeur de la poudre du Cosmopolite.

Une question reste ouverte dans le cas présent: Sendivogius devint-il lui-même Adepte sur le tard? Personnellement je ne le crois pas et je le considère comme un souffleur heureux, mais l'alchimiste contemporain Eugène Cansiliet, qui a longuement étudié sa vie, pense au contraire que Michel Sendivogius dut réussir à interpréter les textes du Cosmopolite et devint réellement Adepte. Ce personnage étant mort à quatre-vingts ans, et les dernières années de son existence nous étant fort peu connues, le fait n'est pas absolument impossible. De toute manière cela n'ajoute rien aux transmutations qu'il a très réellement effectuées en public et qui me donnent donc un nouveau point positif dans mon enquête historique.

# 7

## TRANSMUTATIONS EFFECTUÉES PAR DES SAVANTS

Nous venons de voir des cas de transmutations dues soit à des Adeptes soit à des souffleurs. Mais, du point de vue scientifique, il serait beaucoup plus intéressant et probant de pouvoir présenter des exemples de projections opérées par les meilleurs savants de l'époque. De tels cas existent et je les ai réunis dans ce chapitre, même si certains sont relativement éloignés dans le temps les uns des autres.

Ils présentent plusieurs caractères communs: dans chaque cas, les savants choisis étaient violemment hostiles à l'alchimie; les Adeptes qui les ont contactés sont restés strictement anonymes et ont déclaré agir tout simplement « dans l'intérêt de la science »; les transmutations ainsi effectuées l'ont été par les savants eux-mêmes, en dehors de la présence de l'Adepte, et le plus souvent devant des témoins; les essais auxquels ont été soumis les morceaux d'or obtenus furent faits par les meilleurs spécialistes de l'époque et avec un soin tout particulier. On comprend donc l'intérêt des relations qui vont suivre pour notre enquête: je les considère personnellement comme tout à fait déterminantes.

Notre premier témoin sera Jean-Baptiste Van Helmont. Ce médecin et chimiste belge (il est né à Bruxelles en 1577) est l'auteur d'une des plus importantes découvertes de la science, celle des gaz. Il reconnut d'abord la présence de l'acide carbonique et par déduction s'aperçut qu'il s'agissait là d'un corps chimique nouveau. Il nous dit en effet: « Cet esprit qui ne peut être contenu dans des vaisseaux ni être réduit en un corps visible, je l'appelle d'un nouveau nom: gaz. » Il reconnut aussi l'existence de l'hydrogène sulfuré dans le gros intestin de l'homme; il constata la présence d'un suc acide émis par l'estomac; il prépara l'acide chlorhydrique, l'huile de soufre, l'acétate d'ammoniaque, etc. On peut donc difficilement imaginer meilleur témoin pour un cas de transmutation.

D'ailleurs, Louis Figuier, malgré son désir constant de démontrer la non-réalité des transmutations, est obligé d'écrire: « Les philosophes hermétiques ont toujours cité avec une grande confiance, à l'appui de la vérité du fait général des transmutations, le témoignage de Van Helmont. Il était difficile, en effet, de trouver une autorité plus imposante et plus digne de foi que celle de l'illustre médecin-chimiste dont la juste renommée comme savant n'avait d'égale que sa réputation d'honnête homme. Les circonstances mêmes dans lesquelles la transmutation fut opérée avaient de quoi étonner les esprits, et l'on comprend que Van Helmont lui-même ait été conduit à proclamer la vérité des principes de l'alchimie, d'après l'opération singulière qu'il lui fut donné d'accomplir. »

En 1618, alors qu'il travaillait dans son laboratoire de Vilvorde, Van Helmont reçut la visite d'un inconnu qui voulait, dit-il, l'entretenir d'une matière les intéressant tous deux. Le savant pensa tout d'abord avoir affaire à quelque confrère qui désirait lui parler de sujets médicaux, mais l'inconnu se mit bientôt à aborder l'art hermétique. Van Helmont l'arrêta tout de suite en lui disant qu'il considérait que l'alchimie était une superstition dénuée de toute réalité scientifique et qu'il ne voulait pas en entendre parler. L'étranger lui dit alors :

— Je comprends que vous ne désiriez point en disputer, Maître Van Helmont, mais oseriez-vous vraiment prétendre que vous ne désireriez point voir ?

Surpris, le savant lui demanda ce qu'il entendait exactement par voir. L'autre répondit :

— Ce n'est point une fable lorsque je vous affirme que la Pierre philosophale existe et qu'elle est douée d'un pouvoir transmutatoire. J'admets que vous ne me croyiez point, mais, refuserez-vous si je vous donne un morceau de cette Pierre et que je vous laisse opérer par vous-même ?

Van Helmont, pensant avoir affaire à un fou ou à un charlatan, lui répondit qu'il voulait bien expérimenter lui-même un morceau de la Pierre, étant entendu que son interlocuteur le laisserait opérer seul et dans les conditions choisies par lui. Il pensait ainsi décourager le personnage mais il n'en fut rien. Son visiteur accepta aussitôt et déposa sur une feuille de papier qui se trouvait sur la table du chimiste quelques grains d'une poudre que Van Helmont décrit ainsi : « J'ai vu et manié la Pierre philosophale. Elle avait la couleur du safran en poudre, elle était lourde et brillante comme le verre en morceaux. »

Cela fait, l'inconnu demanda à prendre congé; comme Van Helmont désirait savoir s'il reviendrait pour constater les résultats de l'expérience, son visiteur lui répondit que cela n'était pas nécessaire puisqu'il était assuré du succès de l'entreprise. En le raccompagnant, Van Helmont lui demanda pourquoi il avait spécialement tenu à lui faire faire cette expérience, et l'autre répondit qu'il désirait « convaincre l'illustre savant dont les travaux honoraient son pays ».

Un peu ébranlé par l'assurance de son interlocuteur, le chimiste décida de tenter l'expérience. Il fit préparer par ses aides de laboratoire un creuset où il plaça huit onces de mercure. Une fois le métal fondu, il y précipita la petite quantité de matière que lui avait donnée l'inconnu, après l'avoir enveloppée dans un peu de papier comme son visiteur le lui avait bien recommandé. Puis il plaça un couvercle sur le creuset et attendit un quart d'heure; au bout de ce temps, il fit inonder d'eau le creuset afin de le refroidir brutalement et le cassa: au centre se trouvait un morceau d'or d'un poids égal à celui du mercure qu'il y avait placé initialement.

Le récit que je viens de faire n'est nullement imaginaire, c'est Van Helmont lui-même qui coucha par écrit et fit publier sous son nom et sous sa responsabilité cette relation des événements. Il eut en effet le courage et, pour tout dire, l'esprit scientifique, de reconnaître publiquement son erreur et de proclamer qu'il était désormais convaincu de la réalité du fait alchimique (1). En souvenir de cette extraordinaire expérience, il nomma un de

(1) Son ouvrage a pour titre: *L'aurore de la médecine, (Ortus medicinae).*

ses fils Mercurius, et ce dernier, à son tour, devint un fervent défenseur de l'alchimie puisqu'il convertit ensuite l'illustre philosophe Leibniz. Lisons maintenant la conclusion de Louis Figuier: « Van Helmont, le chimiste le plus habile de son temps, était difficile à tromper; il était lui-même incapable d'imposture et il n'avait aucun intérêt à mentir, puisqu'il ne tira jamais le moindre parti de cette observation. Enfin, l'expérience ayant eu lieu hors de la présence de l'alchimiste, il était difficile de soupçonner une fraude. Van Helmont fut si bien trompé à ce sujet, qu'il devint, à dater de ce jour, partisan avoué de l'alchimie. » Il faut avouer que l'emploi du mot « trompé » par Figuier ne manque pas de sel, car il n'offre aucune explication raisonnable d'une éventuelle tromperie. En fait, il n'est pire sourd que celui qui ne veut pas entendre; Van Helmont, par contre, me paraît un exemple tout à fait remarquable d'un esprit scientifique ouvert, tel qu'il devrait toujours être.

★

Transportons-nous maintenant en 1666, au domicile d'Helvétius, médecin du prince d'Orange. Helvétius, de son vrai nom Johann Friedrich Schweitzer, était né en 1625 dans le duché d'Anhalt; il devint rapidement un médecin extrêmement célèbre, doublé d'un savant authentique, au point que le prince d'Orange l'attacha à sa personne.

Helvétius était un adversaire déclaré de l'art hermétique et il prit violemment à partie le chevalier Digby et sa *poudre de sympathie,* lorsque ce dernier vint à la cour d'Orange. Il alla même jusqu'à publier un pamphlet contre ce souffleur, qui se répandit bientôt dans toute La Haye.

Or, le 27 décembre 1666, un inconnu demanda à être reçu par le médecin, exactement comme dans le cas de Van Helmont. Helvétius le décrira comme un homme de petite taille, d'un maintien digne et âgé d'une quarantaine d'années. L'étranger commença par complimenter le médecin sur son dernier ouvrage, l'*Art pyrotechnique,* puis il glissa rapidement sur le libellé d'Helvétius contre le chevalier Digby. Après avoir approuvé le médecin dans sa condamnation de la prétendue poudre de sympathie du souffleur, l'étranger lui demanda cependant s'il estimait impossible qu'il existât dans la nature une médication universelle capable de guérir tous les maux.

Helvétius lui répondit alors qu'il connaissait la prétention des alchimistes à posséder un tel médicament, appelé or potable, croyait-il, mais qu'il considérait que c'était un leurre; cependant il admettait que l'obtention d'une telle médication serait le rêve de tout médecin. Il demanda alors à l'étranger s'il était un de ses confrères. L'autre louvoya, prétendit n'être qu'un pauvre fondeur de cuivre qui aurait su — par un ami — qu'il n'était pas impossible de tirer des médicaments remarquables des métaux. La conversation continua ainsi, chacun jouant au plus fin pour faire parler l'autre sans rien dire lui-même. Finalement l'étranger sauta le pas et demanda à Helvétius s'il serait capable de reconnaître la Pierre philosophale si on la lui présentait.

— J'ai lu, répondit Helvétius, plusieurs traités d'Adeptes célèbres, Paracelse, Basile Valentin, le Cosmopolite, et également la relation de Van Helmont. Mais je ne pourrais prétendre être capable de reconnaître la matière philosophique si on me la montrait.

L'étranger tira alors de sa poche de poitrine une petite boîte en ivoire. Il l'ouvrit et montra au médecin qu'elle contenait une poudre couleur de soufre pâle.

— Vous voyez cette poudre, dit-il, eh bien, Maître Helvétius, il y a là-dedans assez de Pierre philosophale pour transmuter quarante mille livres de plomb en or.

Il consentit à laisser le médecin tâter du bout du doigt la poudre tout en lui en vantant les merveilleux effets médicinaux. Puis il reprit sa boîte et lui fit réintégrer sa poche de poitrine. Helvétius le pria de lui faire cadeau de quelques parcelles de sa poudre, afin d'en faire l'essai, l'étranger refusa en assurant que cela ne lui était pas permis. Mais, comme il demandait à passer dans une pièce où ils seraient à l'abri des regards, le médecin se remit à espérer qu'il allait obtenir un fragment de la Pierre. Cet espoir fut déçu car l'étranger désirait seulement lui montrer des médailles d'or qui étaient cousues sur son vêtement. Helvétius put les manipuler et les examiner attentivement et il constata que l'or dont elles étaient composées était incomparablement supérieur en malléabilité à tout ce qu'il avait pu voir jusqu'alors. Pressé de questions, l'étranger refusa d'admettre qu'il était l'auteur de cet or hermétique et prétendit que c'était seulement là le cadeau d'un ami étranger. Il raconta ensuite au médecin une transmutation effectuée sous ses yeux par cet hypothétique ami et lui indiqua également comment cet Adepte utilisait une dilution de sa poudre pour se maintenir en bonne santé.

Helvétius fit semblant de paraître convaincu mais toutefois réclama qu'une démonstration éclatante achevât de le convertir. L'étranger refusa, se retranchant toujours derrière une autorité supérieure. Finalement, il affirma qu'il allait demander l'autorisation à l'Adepte qu'il connaissait et, si celui-ci la lui donnait, il promettait de revenir dans trois semaines et d'effectuer une transmutation sous les yeux du médecin. Helvétius le raccompagna, persuadé qu'il ne reverrait jamais le personnage qui ne devait être qu'un hâbleur.

Néanmoins, trois semaines plus tard, l'étranger vint à nouveau frapper à la porte du médecin du prince d'Orange. Une fois encore, l'étrange personnage ne semblait pas pressé de faire une démonstration de transmutation mais seulement désireux d'entretenir Helvétius de sujets philosophiques. Le médecin cependant le ramenait toujours au sujet initial et, pour le persuader davantage, alla jusqu'à l'inviter à souper chez lui. L'étranger persista dans son refus.

Je citerai ici la relation même des événements qui suivirent, faite par Helvétius dans son ouvrage *Vitulus aureus*. Cet extrait, directement traduit du latin par Bernard Husson, est paru dans le n° 59 de la revue *Initiation et Science*.

« Je le priai de me faire présent d'un peu de sa teinture, ne fût-ce que d'une portion suffisante pour transmuer en or quatre grains de plomb. Il voulut bien se laisser toucher par mes prières et m'en donner un fragment gros comme une semence de rave, me disant :

« — Reçois donc ce suprême trésor du monde,

que les rois et les princes eux-mêmes n'ont pu qu'entrevoir, et encore en fort petit nombre.

« J'objectai : « Mais, Maître, ce minuscule fragment ne sera peut-être pas suffisant pour teindre quatre grains de plomb? »

« Il me répondit alors : « Rends-le-moi. »

« Et, tandis que j'espérais qu'il allait m'en donner davantage, il le coupa en deux avec son ongle, jeta l'une des portions dans le feu et, ayant enveloppé l'autre dans du papier rouge, me la tendit en disant : « Cela sera encore bien suffisant. »

« Tout interdit et penaud, je demandai :

« — Ah, Maître, qu'est-ce à dire? Je doutais déjà, mais à présent il m'est tout à fait impossible de croire que si peu de cette médecine suffise à transmuer quatre grains de plomb.

« Mais lui répliqua :

« — Ce que je dis est véritable.

« Alors je le remerciai très vivement et enfermai mon trésor diminué et concentré au plus haut degré dans une petite boîte, ajoutant que j'en ferais l'essai le lendemain et ne révélerais à personne le résultat de l'épreuve.

« — Non point, non point, dit-il, nous devons faire connaître tout ce qui manifeste la gloire de Dieu tout-puissant aux enfants de l'Art, afin qu'ils vivent en théosophes et ne meurent point en sophistes. »

C'est alors qu'Helvétius fit un aveu à son visiteur. Lors de leur première rencontre, quand il avait tenu en main quelques instants la boîte contenant la poudre de projection, il en avait fait glisser quelques particules sous son ongle, et il les avait recueillies après le départ de l'étranger. Ensuite, il avait fait fondre du plomb dans un creuset et y avait précipité les quelques grains de poudre ainsi dérobés. Aucune transmutation ne s'était produite, le plomb était resté dans le creuset, mélangé à un peu de terre vitrifiée. L'étranger se mit à rire et, loin de s'indigner du larcin, précisa qu'une précaution indispensable devait être prise pour réaliser une transmutation: il fallait enrober la poudre dans une boulette de cire, ou l'envelopper dans un peu de papier, afin de la protéger des vapeurs du plomb ou du mercure qui, sans cela, l'attaquaient et lui ôtaient tout pouvoir transmutatoire. Il ajouta qu'il était pressé par un autre rendez-vous et qu'il ne pouvait assister à la projection qu'allait faire Helvétius mais qu'il pouvait revenir le lendemain si le médecin voulait bien attendre jusque-là.

Celui-ci y consentit volontiers, et raccompagna son hôte tout en lui posant diverses questions sur la durée de la fabrication de la Pierre, sur le coût du magistère et sur l'identité de la matière première et du mercure philosophique. L'étranger rit encore d'une telle curiosité et répondit qu'il ne saurait apprendre en quelques instants tout l'Art hermétique au médecin. Néanmoins, il consentit à révéler que l'Œuvre était peu coûteuse et n'exigeait pas un délai extrêmement important. Pour ce qui est de la matière première, il déclara qu'elle se retirait des minéraux; quant au mercure philosophique, il s'agissait d'un certain sel de céleste vertu qui dissolvait les corps métalliques. Il conclut qu'aucune des matières nécessaires à l'Œuvre n'était d'un grand prix et que, si l'on utilisait la voie brève, tout le magistère pouvait être réalisé en quatre jours. Comme Helvétius se récriait, il ajouta qu'il existait deux voies et que tous les philosophes ne suivaient pas la même mais que, de toute façon, il ne fallait surtout pas que Helvétius tente lui-même de réaliser le Grand Œuvre car ses connaissances étaient loin d'être suffisantes et qu'il réussirait seulement à perdre son temps et son argent. Sur ces paroles peu encourageantes, il quitta le médecin tout en promettant encore de revenir le lendemain, promesse qu'en fait il ne devait pas tenir.

Helvétius fut tenté d'attendre encore le retour de l'Artiste inconnu mais sa femme, qu'il avait mise au courant, était trop impatiente de tenter une projection. Elle harcela sans cesse son mari pour qu'il se décidât enfin à faire seul l'opération puisque maintenant il savait comment procéder. De guerre lasse, Helvétius céda et ordonna à ses serviteurs d'allumer du feu sous un creuset. Il n'était nullement persuadé de la réussite de l'opération, au contraire il soupçonnait son visiteur — malgré ses discours et son air sérieux — de n'avoir été qu'un beau parleur qui, au moment de l'épreuve décisive, avait préféré chercher refuge dans la fuite. Sans l'insistance de sa femme il n'aurait peut-être même pas procédé à l'expérience car les raisons de l'échec de sa première tentative, données par l'étranger, ne l'avaient nullement convaincu. Il ne comprenait pas comment un peu de cire ou de papier pouvait conserver sa valeur transmutatoire à cette petite quantité de poudre. Aussi est-ce vraiment sans conviction qu'il accepta de faire un essai.

Il alla chercher un tuyau de vieux plomb et le mit dans le creuset; quand il fut fondu, sa femme y jeta la poudre de projection qu'elle avait au préalable entourée de cire; la matière se mit alors à bouillonner et ils entendirent force sifflements: au bout d'un quart d'heure, la totalité du plomb s'était transmutée en or.

Helvétius coula alors cet or pour en former un lingot qu'il porta aussitôt à l'orfèvre voisin, celui-ci l'essaya à la pierre de touche et lui en offrit cinquante florins l'once. Naturellement le médecin refusa de le vendre et se mit à le montrer à ses nombreuses connaissances. Le fait fut bientôt connu de toute La Haye et même des alentours au point que le maître des essais, contrôleur des monnaies de la Hollande, Maître Povélius, vint le voir en lui demandant de faire contrôler sous sa direction cet or hermétique dans ses laboratoires officiels. Il le traita sept fois par l'antimoine sans qu'il diminuât de poids, puis il lui fit subir toutes les épreuves habituelles avec un soin tout particulier, mais il fut bien obligé d'admettre que c'était bien là de l'or et du plus haut titre qu'il eût jamais vu.

Helvétius, voulant encore une preuve supplémentaire, se rendit chez un orfèvre célèbre, Maître Brechtel, qui procéda à l'essai suivant. Il mélangea l'or, après l'avoir laminé puis dissous dans de l'eau-forte, avec de l'argent. Il fondit alors le tout en une masse qui fut ensuite reséparée en ses deux composants initiaux. Loin d'avoir une perte de poids, on constata au contraire qu'une petite partie de l'argent s'était à son tour transmutée en or au contact du métal hermétique. Après de nouveaux essais avec l'antimoine, l'argent ainsi transmuté resta parfaitement incorporé à l'or et n'en fut plus discernable.

Outre l'autorité incontestable d'Helvétius, nous avons en plus un autre témoin excellent en la personne du très sceptique philosophe Spinoza, qui vivait à La Haye à l'époque et qui vérifia personnellement les faits. L'année suivante, en mars 1667, il écrivait en effet à son ami Jarrig Jellis: « Ayant parlé à Voss de l'affaire d'Helvétius, il se moqua de moi, s'étonna de me voir occupé à de telles bagatelles. Pour en avoir le cœur net, je me rendis chez le monnayeur Brechtel qui avait essayé l'or. Celui-ci m'assura que, pendant sa fusion, l'or avait encore augmenté de poids quand on y avait jeté de l'argent. Il fallait donc que cet or, qui a changé l'argent en de nouvel or, fût d'une nature bien particulière. Non seulement Brechtel, mais encore d'autres personnes qui avaient assisté à l'essai, m'assurèrent que la chose s'était passée ainsi. Je me rendis ensuite chez Helvétius lui-même, qui me montra l'or et le creuset contenant encore un peu d'or attaché à ses parois. Il me dit qu'il avait jeté à peine sur le plomb fondu le quart d'un grain de blé de Pierre philosophale. Il ajouta qu'il ferait connaître cette histoire à tout le monde. Il paraît que cet Adepte avait déjà fait la même expérience à Amsterdam, où l'on pourrait encore le trouver. Voilà toutes les informations que j'ai pu prendre à ce sujet. » (*Bened. Spinosae opera posthuma.*)

Un cas aussi limpide, et aussi soigneusement vérifié, a causé beaucoup d'ennuis aux adversaires de l'Art hermétique. Il est toujours pris en considération dans les études contemporaines sur l'alchimie, telle par exemple celle du Pr Holmyard, *Alchemy*, où il dit: « On peut difficilement soupçonner cet homme cultivé (Helvétius), instruit et plein de discernement, d'avoir menti ou relaté inexactement, à dessein, les événements remarquables qui font l'objet de son récit. Dans la plupart des rapports de ce genre, il n'est pas difficile de déceler la faille par où la supercherie a pu se glisser, mais ce n'est pas le cas chez Helvétius. Même Hermann Kopp, chimiste allemand du XIXe siècle et auteur d'une histoire de la chimie, a préféré réserver son jugement. » Quant à Figuier il tente une explication « rationnelle » qui, malheureusement, est invraisemblable. « Les termes et les détails minutieux du récit d'Helvétius excluent de sa part tout soupçon d'imposture. Mais si l'on ne peut suspecter la véracité et la loyauté du savant médecin du prince d'Orange, on ne peut accorder la même confiance au héros inconnu de cette aventure. On doit admettre que le creuset où le lingot de plomb dont l'opérateur fit usage avait reçu antérieurement, et à l'insu d'Helvétius, de l'or ou un composé aurifère décomposable par le feu. »

L'expression « on doit admettre » prouve bien que le chroniqueur scientifique du siècle dernier était prêt à accepter n'importe quelle absurdité plutôt que de reconnaître qu'il se trouvait en présence d'un cas absolument certain de transmutation métallique. Précisons encore une fois, si cela est nécessaire, qu'un composé aurifère aurait peut-être pu colorer la masse métallique et lui donner l'aspect de l'or mais que les divers essais auxquels fut soumis le métal l'auraient immédiatement décomposé dans ses éléments premiers.

L'esprit pseudo-scientifique des adversaires actuels de l'alchimie est allé beaucoup plus loin dans la malhonnêteté intellectuelle que ne l'avaient fait leurs devanciers des siècles précédents. Puisqu'il était impossible de prouver qu'il y avait eu fraude dans les expériences faites par des savants aussi éminents que Van Helmont ou Helvétius, eh bien ils proclamèrent tout simplement que ces deux personnages étaient des alchimistes! Le raisonnement est le suivant: un alchimiste est un homme qui prétend transmuter les métaux en or, et on ne peut avoir confiance en son témoignage; or, Van Helmont et Helvétius ont prétendu avoir transmuté les métaux en or, donc ce sont des alchimistes en qui on ne peut avoir confiance! Une telle position est non seulement malhonnête mais insoutenable car elle est immédiatement démentie par l'étude que Spinoza fit du cas d'Helvétius et aussi par la transmutation analogue, ci-après décrite, qu'effectua Bérigard de Pise. Je précise donc bien, pour qu'aucune confusion ne soit possible dans l'esprit du lecteur, que ces expériences restèrent uniques dans la vie de Van Helmont comme d'Helvétius, qui — quoique convaincus désormais de la valeur de l'Art hermétique — ne cherchèrent jamais à aller au-delà dans leurs connaissances alchimiques.

★

Comme je viens de le dire, le philosophe italien Bérigard de Pise se vit également gratifié par un Adepte inconnu d'un morceau de Pierre philosophale. Il nous a laissé un récit circonstancié de la transmutation qu'il put ainsi effectuer: « Je rapporterai ce qui m'est arrivé autrefois lorsque je doutais fortement qu'il fût possible de convertir le mercure en or. Un homme habile, voulant lever mon doute à cet égard, me donna un *gros* d'une poudre dont la couleur était assez semblable à celle du pavot sauvage et dont l'odeur rappelait celle du sel marin calciné. Pour détruire tout soupçon de fraude, j'achetai moi-même le creuset, le charbon et le mercure chez divers marchands, afin de n'avoir point à craindre qu'il n'y eût de l'or dans aucune de ces matières, ce que font si souvent les charlatans alchimiques. Sur dix gros de mercure, j'ajoutai un peu de poudre, j'exposai le tout à un feu assez fort et en peu de temps la masse se trouva toute convertie en près de dix gros d'or, qui furent reconnus comme très purs par les essais de divers orfèvres. Si ce fait ne me fût point arrivé sans témoin, hors de la présence d'arbitres étrangers, j'aurais pu soupçonner quelque fraude; mais je puis assurer avec confiance que la chose s'est passée comme je la raconte. » (*Circulus Pisanus*.)

Voici tout ce que trouve à dire Figuier pour nier ce cas: « Le philosophe italien Bérigard de Pise fut converti à l'alchimie par un événement analogue au précédent. Tous ces faits s'expliquent aisément aujourd'hui en admettant que le mercure ou les autres ingrédients dont on faisait usage, ou le creuset que l'on employait, recélaient une certaine quantité d'or dissimulée avec une habileté merveilleuse. » Ceci s'appelle purement et simplement se moquer du lecteur, car Bérigard de Pise a pris bien soin de préciser qu'il avait acheté chez des marchands différents et à l'insu de l'Adepte tous les produits nécessaires à la transmutation, puis qu'il avait opéré lui-même et en l'absence de l'alchimiste. Si dans ce cas quelqu'un était parvenu à glisser de l'or dans le creuset, il ne faudrait désormais plus croire à l'alchimie mais tout bonnement à la magie!

Il est à remarquer que Figuier, qui s'étend si longuement sur Denis Zachaire, ou le Bon Trévisan, Adeptes dont on peut douter qu'ils aient réalisé la transmutation, expédie par contre le cas de Van Helmont en une page et demie et celui d'Helvétius en trois pages à peine. Il est facile de comprendre que des expériences aussi lumineuses devaient le gêner considérablement.

On a aussi parlé d'une transmutation effectuée par le célèbre physicien et chimiste irlandais Robert Boyle, qui laissa un nom important dans l'histoire de la science en énonçant la loi de la compressibilité des gaz et en découvrant le rôle de l'oxygène dans les combustions.

C'est Jean-Jacques Manget, dans sa *Bibliotheca chemica curiosa,* qui nous rapporte le fait: « Un étranger mal vêtu alla trouver M. Boyle et, après avoir causé quelque temps avec lui d'une manière indifférente sur divers sujets de chimie, pria le savant de lui donner de l'antimoine et quelques autres substances métalliques que l'on trouve communément dans les laboratoires. L'inconnu jeta ces substances dans un creuset qu'il plaça sur un fourneau allumé. Le métal une fois fondu, l'étranger fit voir aux assistants une certaine poudre qu'il jeta aussitôt dans le creuset; il sortit presque au même instant, donnant l'ordre aux gens du laboratoire de laisser le creuset sur le fourneau jusqu'à ce que le feu fût tombé; il promettait de revenir quelques heures après. Mais l'inconnu ne revenant pas, Boyle fit ôter le couvercle du creuset et trouva qu'il contenait un métal jaune offrant toutes les propriétés de l'or. La masse était seulement un peu plus légère que celle des métaux employés. »

Il est certain que Robert Boyle ne fut pas convaincu par cette transmutation, ce qui permet un triomphe facile à Louis Figuier qui en déduit: « On voit par ces ouvrages que l'expérience de cet étranger n'ébranla pas l'incrédulité première de Boyle et qu'il sut résister mieux que Van Helmont à la séduction de cette démonstration empirique. » Boyle écrivit en effet, en 1661, son traité le plus important *The sceptical chymist,* que nombre d'adversaires de l'alchimie prétendent aujourd'hui avoir été dirigé contre l'Art hermétique. Il n'en est rien et il suffit d'ailleurs de consulter n'importe quelle grande encyclopédie contemporaine pour s'en persuader. Le traité de Boyle est une critique de la théorie des quatre éléments d'Aristote qu'il juge dépassée et remplace par la notion, toute moderne, des éléments chimiques. Une seule notation concernant l'alchimie peut y être rencontrée, et elle est beaucoup plus dubitative que négative: « Je voudrais bien savoir comment on parviendrait à décomposer l'or en soufre, en mercure et en sel; je m'engagerais à payer tous les frais de cette opération. J'avoue que, pour mon compte, je n'ai jamais pu y réussir. »

En fait, si Figuier avait poussé ses recherches un peu plus loin il aurait pu se rendre compte que Robert Boyle n'avait jamais assisté à une transmutation et que la relation de Jean-Jacques Manget était inexacte. En effet, un chimiste allemand — ou plutôt un archimiste avant la lettre — nommé Ettner, raconta lui-même cette visite qu'il fit à Boyle et précisa les expériences qu'il lui soumit. Il s'agissait de procédés « particuliers » qui étaient supposés permettre la transmutation de certains métaux en or.

Je réponds donc maintenant oui, sans hésitation, à mon enquête historique car les derniers cas de transmutation que nous venons d'examiner sont de véritables démonstrations scientifiques. Cette certitude obtenue, j'ai cru cependant nécessaire de compléter mon information en étudiant la vie des plus importants Adeptes restants, en particulier de celui qui est peut-être le premier d'entre tous, l'auteur de l'*Entrée ouverte au palais fermé du Roi*, Eyrénée Philalèthe.

8

## LE VÉRITABLE PHILALÈTHE

« L'Angleterre, nous dit Lenglet du Fresnoy, n'a pas encore produit en ce genre d'hommes plus extraordinaire que le célèbre anonyme qui se faisait appeler Eyrénée Philalèthe; son nom, sa personne, sa vie, ses ouvrages, tout est chez lui un paradoxe indéchiffrable. On sait qu'il est né en Angleterre l'an 1612, puisqu'en 1645, lorsqu'il écrivit son livre principal, il n'avait pas plus de trente-trois ans; mais on ignore dans quelle ville ou quelle province. Il fut néanmoins transporté, vraisemblablement assez jeune, dans l'Amérique anglaise. C'est ce que marque l'édition que Daniel Elzevir, libraire d'Amsterdam, fit paraître en 1668 de son petit traité des *Expériences sur la préparation du mercure philosophique*, et l'on croit qu'il se nommait Thomas de Vagan. »

Il faut bien reconnaître que l'abbé Lenglet du Fresnoy a résumé là tout ce que l'on savait à son époque des antécédents de l'Adepte connu sous le nom d'Eyrénée Philalèthe. Un siècle plus tard, l'historien allemand Schmieder se contentera de dire: « Il y eut alors une apparition miraculeuse à l'ouest de l'Europe! » Cet alchimiste offre la même particularité que le Cosmopolite, c'est-à-dire d'apparaître brusquement sous les feux de l'Histoire en pleine possession de son art puis, brutalement, de disparaître sans que l'on puisse dire où — ni même si — il est mort. Il en sera de même, nous le verrons, pour Lascaris et nous pouvons nous demander si la capture et, employons le mot, l'assassinat d'Alexandre Sethon ne l'empêchèrent pas de disparaître à son tour de la même façon une fois sa mission d'information accomplie.

Pour nous fixer un peu les idées sur ce mystérieux personnage et apprendre à le connaître à travers ses propres écrits, lisons ensemble le premier chapitre de son *Entrée ouverte au palais fermé du Roi.*

« Je suis un philosophe Adepte, qui ne me nommerai point autrement que Philalèthe, nom anonyme qui signifie *amateur de vérité*; l'an de la rédemption du monde 1645, ayant à l'âge de trente-trois ans acquis la connaissance des secrets de la médecine, de l'alchimie et de la physique, j'ai résolu de faire ce petit traité, pour rendre aux enfants de la science ce que je leur dois et pour tendre la main à ceux qui sont engagés dans le labyrinthe de l'erreur. Désirant par même moyen faire connaître aux philosophes Adeptes que je suis leur égal et leur confrère, et donner une lumière à ceux qui sont égarés par les impostures des sophistes, qu'il puisse ramener dans le bon chemin, pourvu qu'ils la veuillent suivre. Car je prévois qu'il y en aura plusieurs qui seront éclairés par mon livre.

« Ce ne sont point des fables, ce sont des expériences réelles et effectives, que j'ai vues et que je sais certainement, comme tout homme qui sera philosophe le pourra aisément connaître par cet écrit. Et parce que je ne le sais que pour le bien du prochain, je puis dire hardiment, et l'on doit se contenter de l'aveu que j'en fais, que de tous ceux qui ont écrit sur ce sujet, il n'y a personne qui en parle si clairement que moi, et que j'ai été tenté plusieurs fois d'en abandonner le dessein, croyant que je ferais beaucoup mieux de déguiser la vérité sous le masque de l'envie; mais Dieu, à qui je n'ai pu résister et qui seul connaît les cœurs, m'y a forcé. C'est ce qui me fait croire que dans ce dernier âge du monde, il y en aura plusieurs qui auront le bonheur de posséder ce précieux trésor, parce que j'ai écrit sincèrement et que je ne laisse aucun doute, pour ceux qui commenceront à s'appliquer à l'étude de cette science, que je n'aie parfaitement éclairci.

« Je connais même plusieurs personnes qui savent ce secret aussi bien que moi et je ne doute point qu'il n'y ait encore plusieurs autres philosophes, dont j'espère d'acquérir la connaissance d'un jour à l'autre et en peu de temps. Dieu fasse par sa Sainte Volonté ce qu'il lui plaira. Je confesse que je suis indigne qu'il se serve de moi pour faire ces choses. Je ne laisse pas en ces mêmes choses d'adorer sa Sainte Volonté, à laquelle toutes les créatures doivent être soumises, puisque c'est pour lui seul qu'Il les a créées et que c'est pour Lui seul qu'Il les conserve, comme étant leur centre et le point d'émanation et de retour de toutes les lignes de l'univers. »

C'est de ce premier chapitre qu'on infère la date de naissance de l'Adepte; en effet, il dit être âgé de trente-trois ans en 1645 ce qui le fait donc naître en 1612 mais, comme nous l'avons déjà vu, il faut toujours se méfier de la « sincérité » de Philalèthe; aussi, je ne suis pas absolument certain qu'il ait bien eu trente-trois ans en l'année en question. En effet, cette précision n'apportait rien au traité et il n'était pas habituel d'indiquer son âge au début d'un ouvrage d'alchimie. Considérant d'autre part que Philalèthe était un mystique très chrétien et que trente-trois ans est l'âge de la mort du Christ, ou plutôt l'âge de sa montée au ciel donc de son illumination complète, il ne m'apparaît nullement impossible qu'il faille comprendre les trente-trois années indiquées par l'Adepte dans un sens initiatique: elles auraient alors symbolisé son accession à la connaissance et nullement son âge réel.

Qui plus est, la première édition de l'*Entrée ouverte au palais fermé du Roi*, en latin, indiquait l'âge de vingt-trois ans et non de trente-trois! Quant au texte original anglais, publié deux ans plus tard, il porte également vingt-trois ans. Ce fut seulement dans les rééditions suivantes que Philalèthe fut vieilli de dix ans. Certes, il pouvait s'agir d'une erreur typographique que l'auteur fit corriger par la suite, mais il semble plus probable (1) que la modification est le fait des éditeurs qui trouvaient invraisemblable qu'un tout jeune homme ait pu réussir à réaliser la Pierre philosophale.

Dans ce cas-là, il me semble raisonnable d'appliquer les « vingt-trois ans », non à Philalèthe mais à l'indication de la durée de l'Œuvre philosophique. Il est en effet très vraisemblable qu'il ait mis ce temps-là à parfaire le magistère, ce qui fut le cas de Flamel, de Zachaire et de tant d'autres.

(1) Philalèthe avait en effet « disparu » lors de ces rééditions.

Une chose, en tout cas, est maintenant sûre, c'est que nous ignorons totalement l'âge de l'Adepte en 1645, sauf qu'il était probablement beaucoup plus âgé qu'on ne le dit. Ce point valait qu'on s'y arrête car il prendra de l'importance lorsque nous chercherons à déterminer qui remit un échantillon de poudre de projection à Van Helmont et à Helvétius.

★

Mais revenons au caractère mystique d'Eyrénée Philalèthe, qui est particulièrement apparent dans le chapitre XIII de ce même traité, dont voici quelques extraits significatifs:

« Personne ne me doit accuser d'envie, parce que j'écris hardiment et sans crainte; que j'écris des choses extraordinaires et qui n'ont jamais été écrites de la manière que je les écris; et cela je le fais pour rendre honneur à Dieu, pour l'avantage de mon prochain, pour le mépris du monde et des richesses. Car déjà Elie l'Artiste est né et on commence à dire des choses glorieuses de la cité de Dieu. Pour que je puisse assurer avec vérité que je possède plus de richesse que ne vaut toute la Terre connue, mais je ne puis m'en servir à cause des embûches des méchants.

« J'ai conçu avec raison un dédain et une horreur pour l'or et l'argent, que tout le monde idolâtre si passionnément, avec quoi il met le prix à toute chose et qui font les instruments de ses pompes et de ses vanités. Ah, crime infâme! Ah, néant plus que néant! Croit-on que ce soit par envie et par jalousie que je cèle cette science? Non, non! Car je confesse hautement que je me plains du plus profond de mon cœur de me voir errant et vagabond sur la Terre, comme si j'étais chassé de devant la face du Seigneur...

« J'espère (et j'espère de vivre assez pour le voir) que dans peu d'années le bestial servira d'argent et de monnaie comme autrefois et que cet appui et ce soutien de cette bête de l'antéchrist (parce qu'elle est opposée et contraire à l'esprit du christianisme) tombera en ruine. Le peuple est insensé, les nations sont affolées et ne reconnaissent point d'autre dieu que cette masse de métal pesant et inutile. Est-il possible que ces choses puissent accompagner notre rédemption, que nous attendons depuis si longtemps et qui doit bientôt arriver, quand la Jérusalem nouvelle aura ses places pavées d'or, que ses portes seront faites tout entières de pierre précieuse d'une seule pièce et que l'arbre de vie au milieu du paradis donnera des feuilles pour la santé des nations?

« Je sais, oui je sais que cet écrit que je publie servira à plusieurs d'or le plus fin, et que par ce même écrit, l'or et l'argent deviendront aussi méprisables que le fumier. Oui, croyez ce que je vous dis, vous jeunes étudiants et apprentis de cette science; croyez-le, vous vieillards et philosophes, que le temps est proche et qu'il ne s'en faut guère qu'il ne soit venu (je n'écris pas ceci par une vaine imagination, mais je le prévois en esprit et par révélation) que nous qui savons et possédons cette science reviendrons des quatre coins de la Terre et que nous rendrons des actions de grâce et de louange au Seigneur notre Dieu. Mon cœur conçoit et dit en lui-même des choses qui n'ont point encore été entendues, mon esprit s'élève et bat avec joie et allégresse dans ma poitrine, en l'honneur du Dieu de tout Israël.

« J'annonce et je publie ces choses dans le monde comme un avant-coureur et un trompette, afin que je ne meure pas sans avoir rendu quelque service au monde. Mon livre servira de précurseur à Elie, qui préparera la voie royale au Seigneur. Et plût à Dieu que tout ce qu'il y a de gens d'esprit dans le monde sussent cet Art. Alors l'or, l'argent, les perles étant si communes et en si grande abondance de partout, personne n'en ferait état sinon en tant qu'elles contiendraient la science. Ce serait alors qu'enfin la vertu toute nue, étant aimable d'elle-même, serait en honneur. »

Ce sont de tels passages qui firent décerner à Philalèthe un brevet de bon chrétien par l'abbé Lenglet du Fresnoy. Celui-ci déclare en effet: « Mais comme je me propose de faire connaître cet Artiste autant qu'il est en moi, je ne puis disconvenir qu'il n'ait eu des mœurs; il paraît même assez bon chrétien, mais j'ignore de quelle communion. Par son livre, on le voit, c'était une espèce d'illuminé ou d'enthousiaste. »

Plusieurs hypothèses, quant à l'identité réelle de l'Adepte, ont été proposées. La plus fréquemment citée est celle du savant britannique Thomas de Vaughan, dont nous avons déjà vu l'écho déformé chez Lenglet du Fresnoy. Les autres noms avancés furent probablement des pseudonymes que Philalèthe porta tour à tour afin d'échapper aux persécutions toujours à craindre: c'est ainsi qu'il s'appela successivement Childe, Dr Zeil, M. Carnobe. Pour en revenir à Thomas de Vaughan, c'était le nom d'un représentant d'une vieille et noble famille du pays de Galles dont le chef était lord et pair du royaume. Thomas de Vaughan lui-même fut un scientifique réputé, très grand ami du physicien et chimiste Robert Boyle, que nous avons déjà rencontré, et qui fit partie du petit groupe de savants qui devait devenir le noyau de la future *Royal Society* d'Angleterre. Comme il voyageait beaucoup et déclarait publiquement être persuadé de la réalité de l'art alchimique, on a supposé que les trous de sa biographie pouvaient correspondre aux apparitions de l'Adepte connu sous le nom de Philalèthe; d'autre part j'ai déjà signalé l'amitié de Boyle et de Thomas de Vaughan et, par ailleurs, on sait que Robert Boyle et Philalèthe entretinrent une correspondance suivie. Enfin, à ces raisons s'en ajoute une dernière — apparemment déterminante — on possède encore le manuscrit d'un ouvrage d'alchimie de la main même de Thomas de Vaughan et signé du pseudonyme de Philalèthe. L'affaire semble donc entendue et d'ailleurs le *Dictionnaire Universel Larousse* n'hésite pas à écrire à l'article consacré à Thomas de Vaughan: alchimiste connu sous le nom d'Eyrénée Philalèthe et auteur de plusieurs traités dont le célèbre *Entrée ouverte au palais fermé du Roi*.

Malheureusement, des recherches plus poussées m'ont montré que la célèbre encyclopédie s'en était tenue à la rumeur publique. Il est exact que Thomas de Vaughan s'intéressa à l'alchimie et fut l'auteur d'au moins un traité de cet art, mais il le signa du pseudonyme Eugénius Philalèthe et non Eyrénée Philalèthe. De plus le contenu de l'ouvrage alchimique de Thomas de Vaughan est complètement différent des enseignements du traité de Philalèthe. (1) Une seule conclusion est

(1) Je précise que Vaughan naquit en 1622 et mourut en 1666, soit bien avant la « disparition » de Philalèthe.

possible, l'identité de l'Adepte, comme précédemment son âge, reste un mystère.

Nous possédons très peu de renseignements quant à la jeunesse de l'alchimiste. L'écrivain britannique Urbiger (1) rapporte une confidence orale du roi Charles Ier qui déclara que Philalèthe aurait fait un jour une projection dans son laboratoire, en sa présence. Urbiger ne donne pas d'autres précisions mais ajoute que la poudre de Philalèthe était remarquablement puissante. Citons à ce propos Louis Figuier qui nous dit: « Tous les historiens s'accordent à dire que la teinture de Philalèthe surpassait en puissance toutes celles qu'on avait vues jusqu'alors, ou qui pouvaient se trouver entre les mains des autres Adeptes du XVIIe siècle. Un seul grain jeté sur une once de mercure la changeait en or, et si on jetait cette once de métal transformé sur une quantité dix fois plus grande de mercure, il se produisait une teinture qui pouvait encore ennoblir dix-neuf mille parties de métal. Ce chiffre s'éloignant peu du résultat que Van Helmont obtint dans la fameuse projection par laquelle il fut converti à l'alchimie, on en a inféré que l'Adepte inconnu de qui le savant hollandais avait reçu la petite quantité de poudre dont il se servit, était Philalèthe lui-même. Cette conjecture est fortifiée par une assertion positive de Starkey, ami et disciple de Philalèthe. »

On est un peu étonné de voir accepter cette hypothèse par Louis Figuier puisqu'il admettait la date de 1612 pour la naissance de Philalèthe. Or, la transmutation effectuée par Van Helmont

(1) Surtout connu pour son ouvrage alchimique: *Les aphorismes d'Urbiger.*

eut lieu en 1618 et l'on doute que Philalèthe ait réussi le magistère dès l'âge de six ans! Par contre si, comme je le crois, cette date de 1612 est erronée et si Philalèthe était déjà connu sous le règne de Charles I^er^, il est très possible — voire infiniment probable — que c'est bien lui qui rendit visite à Van Helmont en 1618 puis, beaucoup plus tard, lui encore ou plutôt un de ses serviteurs qui alla voir Helvétius pour le convertir.

Nous allons y revenir et essayer d'apporter quelques preuves à nos assertions, mais pour cela il nous faut d'abord suivre les pérégrinations de l'Adepte hors de l'Europe. En effet, on sait de source certaine qu'il vécut un certain temps en Amérique du Nord. Ce voyage, qu'il effectua fort jeune, est une des parties les plus certaines, du point de vue historique, de sa vie. En effet, l'Adepte se lia après son arrivée outre-Atlantique avec un apothicaire nommé Starkey, qui a laissé un nom en pharmacopée grâce à sa découverte du savon de térébenthine, encore utilisé de nos jours. Philalèthe logea chez lui et emprunta fréquemment son laboratoire où il fit des quantités assez considérables d'or et d'argent en présence de l'apothicaire et de son fils George. Plusieurs fois il leur donna en cadeau une bonne partie du métal obtenu. Lorsque le fils Starkey vint s'installer en Angleterre, il publia un livre (1) où il fit le récit de sa rencontre avec Philalèthe et des plus extraordinaires transmutations qu'il avait effectuées sous leurs yeux. Il ne précise pas pourquoi l'Adepte avait quitté le domicile familial de Starkey, peut-être craignait-il d'être identifié comme

(1) *The oil of sulphur*, Londres, 1665.

un faiseur d'or s'il restait trop longtemps au même endroit.

En dehors de ce témoignage, le médecin Michel Faustius, qui fit une édition de *l'Entrée ouverte*, entra en relation avec plusieurs Anglais qui lui assurèrent avoir connu Eyrénée Philalèthe en Amérique ou avoir entretenu une correspondance avec lui. Parmi eux se trouvait Robert Boyle. Celui-ci ne fut pas le seul savant à prendre Philalèthe fort au sérieux pendant près de quarante ans. Isaac Newton eut pour livre de chevet *l'Entrée ouverte au palais fermé du Roi,* son exemplaire (vendu fort cher aux enchères en 1936) était annoté à chaque page. Boyle et lui-même étaient si persuadés de la réalité alchimique qu'ils demandèrent au Parlement de voter une loi interdisant la divulgation des procédés de transmutation par crainte de l'effondrement du cours de l'or!

Après son séjour en Amérique anglaise, on perd la trace de Philalèthe pendant quelques années; d'après Georges Morhoff il serait allé en Inde orientale où il aurait fait plusieurs projections publiques, mais je n'ai pu vérifier cette assertion. Par contre, la date de sa réapparition en Europe est connue avec certitude puisque c'est en 1666, à Amsterdam, qu'il donna l'original anglais de son traité, *L'Entrée ouverte,* à traduire en latin à Jean Lange. L'ouvrage fut alors publié sous le titre *Introitus apertus ad occlusum regis palatium*. Or, 1666 est précisément l'année de la visite d'un Adepte inconnu à Helvétius, à La Haye, ville peu éloignée d'Amsterdam; et nous nous souvenons que, au cours de son entretien avec le médecin du prince d'Orange, l'Adepte déclara qu'il avait suffisamment de Pierre philosophale dans sa boîte d'ivoire pour transmuter quarante mille livres d'or. Par ailleurs, c'était une déclaration identique qui avait été faite par le visiteur inconnu de Van Helmont, et c'était également là le prodigieux pouvoir transmutatoire de la poudre possédée par Philalèthe. Comme, au cours des premiers chapitres de cette étude de la vie des alchimistes, nous nous sommes rendu compte qu'il était extrêmement difficile d'arriver à la fabrication de la Pierre, et qu'ainsi fort peu d'alchimistes y étaient parvenus, il me semble infiniment peu probable qu'il y ait eu à ce moment-là en Europe trois ou quatre philosophes hermétiques en possession d'une poudre aussi parfaite. Il me semble beaucoup plus vraisemblable de supposer que c'était un seul et unique Adepte, d'un exceptionnel savoir — Philalèthe — qui rendit visite dans son jeune temps à Van Helmont puis au retour de son voyage en Amérique, à Helvétius, avant d'avoir l'occasion de convertir le philosophe Bérigard de Pise.

On peut s'étonner qu'il ne se soit jamais nommé, puisque de toute façon son nom véritable restait caché à l'ombre du pseudonyme hermétique imposé par la prudence. Mais le danger encouru par l'Adepte devenait plus pressant à mesure que sa renommée augmentait, et c'est pourquoi Philalèthe insiste à plusieurs reprises dans ses écrits sur la nécessité absolue du secret. Il indique même qu'il est devenu fort difficile de vendre de l'or ou de l'argent hermétique à un marchand sans être immédiatement dénoncé et poursuivi. Ecoutons-le: « Les marchands ne sont pas niais, quoiqu'ils disent: « Comme les enfants qui jouent nous avons les yeux fermés, venez, nous ne voyons goutte. »; si tu es assez naïf pour y aller, d'un seul clin d'œil ils en découvriront plus qu'il ne faut pour te faire bien du mal et de la peine. » Plus loin, il ajoute: « J'en puis bien parler avec certitude, parce qu'étant dans un pays étranger, déguisé en marchand et ayant voulu vendre un lingot d'argent très pur d'environ six cents livres sterling (parce que je n'avais pas osé y mettre de l'alliage, à cause que chaque pays a son titre particulier pour l'argent et son carat pour l'or, que les orfèvres et les monnayeurs connaissent tout aussitôt; de manière que si vous pensiez dire que cet argent ou cet or vient d'ici ou de là, le connaissant par la touche, ils vous arrêteraient) ceux à qui je le voulus vendre me dirent tout aussitôt que c'était de l'argent fait par artifice et, quand je leur demandai à quoi ils le connaissaient, ils ne me répondirent autre chose, sinon qu'ils n'étaient pas apprentis et qu'ils connaissaient fort bien l'argent qui venait d'Angleterre, d'Espagne ou d'ailleurs, et que celui-là n'était du titre d'aucun de ces pays-là. Ce qu'ayant ouï, je m'évadai sans dire mot et je laissai là la marchandise et l'argent que j'en devais retirer, sans que je l'aie jamais redemandé depuis. »

Ailleurs il précise: « Mais plût à Dieu que l'or et l'argent, ces deux grandes idoles, qui ont jusqu'à présent été adorées de tout le monde, deviennent aussi méprisables que la boue et le fumier! Car moi qui sais l'art de les faire, je ne serais pas tant en peine de me cacher que je le suis. De sorte qu'il semble que la malédiction de Caïn soit tombée sur moi (ce que je ne saurais penser sans verser des larmes et sans soupirer) et que je sois, comme lui, chassé de devant la face du Seigneur, me voyant privé de l'agréable compagnie de mes amis, avec qui je conversais autrefois en toute liberté.

Mais à présent, il semble que je sois poursuivi par les furies, et je ne puis demeurer longtemps en aucun lieu en assurance; ce qui m'oblige bien souvent d'exprimer en gémissant la même plainte que Caïn à Dieu: voici que quiconque me trouvera me tuera.

« Je n'ose même pas prendre le soin de ma famille, étant vagabond et errant, tantôt dans un pays, tantôt dans un autre, sans aucune demeure assurée ni arrêtée. Et quoique je possède toutes les richesses, je ne puis néanmoins m'en servir que de bien peu. »

Tout ceci nous explique notre difficulté à suivre la trace historique de l'Adepte qui se déplaçait sans arrêt d'un pays à l'autre sous diverses identités. Cependant, il y a peut-être dans son cas une autre raison à ces déplacements incessants. Tout comme Paracelse, il semble bien que Philalèthe ait été un haut missionné des frères de la Rose-Croix. Si l'on compare les enseignements qu'il donne dans ses divers traités à ceux professés par les Rose-Croix, on trouve une identité complète de vues, même l'annonce de l'arrivée de cet Elie artiste dont Paracelse lui-même avait précédemment parlé.

La fin de la vie de Philalèthe est, si l'on peut dire, encore moins connue que son commencement. Tout simplement, un jour, il disparut, et l'on n'en entendit plus jamais parler. Une vague tradition suppose qu'il se serait retiré en France mais aucune preuve n'en a jamais été apportée et, de toute façon, retiré ou pas, il aurait tout aussi bien disparu dans notre pays qu'ailleurs. Il n'a jamais fait mystère qu'il utilisait la Pierre philosophale, pas tellement pour obtenir de l'or difficile à monnayer mais bien davantage comme médecine, aussi, nombre d'hermétistes convaincus ont-ils toujours affirmé qu'il avait accédé à l'état d'immortalité réservé aux Adeptes supérieurs. Le cartomancien Etteila affirmait même que Eyrénée Philalèthe et le comte de Saint-Germain n'étaient qu'un seul et même personnage. Il déclare en effet: « Monsieur de Saint-Germain réunit en lui la connaissance parfaite de l'esprit des trois sciences humaines et est le vrai et unique auteur du Philalèthe: *l'Entrée au palais fermé du Roi* », (*Les sept nuances de l'œuvre philosophique hermétique*, 1786).

Je ne suivrai pas le cartomancien dans cette identification hardie — le comte de Saint-Germain se manifesta dans la seconde moitié du XVIII^e^ siècle, soit cent ans après l'Adepte. Il est néanmoins possible que Philalèthe, tout comme Nicolas Flamel, ait atteint la sagesse et, après une vie errante, connu dans quelque lieu secret une longue vieillesse pleine de sérénité.

Je ne saurais mieux faire pour terminer ce chapitre consacré à ce philosophe hermétique exceptionnel qu'en citant les dernières lignes de son traité, *l'Entrée ouverte au palais fermé du Roi*. « Cet ouvrage a été commencé et fini l'an 1645, par moi, qui en ai professé et en professe l'art secret, sans chercher des applaudissements de qui que ce soit; mais l'objet de mon traité est d'aider ceux qui cherchent sincèrement la connaissance de cette science cachée et de leur apprendre que je suis leur ami et leur frère, sous le nom soussigné d'Eyrénée Philalèthe, Anglais de naissance, habitant de l'univers.

GLOIRE À DIEU SEUL. »

9

## L'APOSTOLAT DE LASCARIS

Lascaris: un nom qui ne vous est certainement pas familier. Les noms de Nicolas Flamel ou de Paracelse ont atteint le grand public, ceux d'Albert le Grand ou de Basile Valentin se rencontrent aujourd'hui encore dans tous les traités de chimie minérale, enfin les pseudonymes du Cosmopolite ou de Philalèthe continuent d'être vénérés par les « amoureux de science ». Mais personne ne parle jamais de Lascaris dont les démonstrations alchimiques furent pourtant exceptionnelles et dont la personnalité reste si mystérieuse, avec cependant quelque chose de si familier qu'elle nous amènera à nous poser de bien étranges questions.

Qui était-il, d'où venait-il, qu'est-il devenu? Autant de points qui devront rester dans l'ombre. Le nom même de Lascaris que j'emploie pour le désigner n'est qu'un de ses innombrables pseudonymes; il se faisait passer pour Grec, et avait donc choisi ce patronyme très courant et porté par de nombreux émigrés grecs en Allemagne. Ce personnage fantastique, il faut bien employer le mot, est apparu à la fin du XVII^e^ siècle et a poursuivi pendant le premier tiers du siècle suivant l'apostolat entrepris par le Cosmopolite puis par Eyrénée Philalèthe.

Lascaris semble n'avoir eu qu'un but: propager et faire admettre la vérité de la science hermétique. Pourtant il n'apparaît presque jamais, mais une étude attentive de la plupart des transmutations opérées jusque vers 1735 montre que la poudre ou la teinture qu'utilisait tel ou tel pseudo-alchimiste lui avait été en réalité fournie par un seul et même personnage, dont la description était toujours celle de Lascaris. Chaque fois, derrière l'opérateur, qui se révélera n'être qu'un comparse, on parvient à discerner la silhouette furtive de cet alchimiste hors du commun qui a missionné tel ou tel afin de faire exécuter une démonstration éclatante prouvant la vérité de l'Art hermétique.

Nous possédons quelques descriptions de Lascaris, mais elles ne nous sont pas d'un grand secours. Que ce soit à la fin du XVII^e^ siècle ou une quarantaine d'années plus tard, il est toujours décrit comme un homme entre deux âges, nullement jeune lors de ses premières apparitions, nullement vieux lors des dernières. Quant à sa physionomie, elle est peut-être encore plus mystérieuse puisque aucune des descriptions que l'on en a faites ne concordent entre elles: apparemment Lascaris changeait de visage à chaque nouvelle occasion. Seule une certaine faconde méridionale, un enjouement, un plaisir de parler et d'éblouir l'assistance permettaient de conclure que l'on avait bien affaire au même homme. Il se disait grec — ce qui prouve déjà qu'il ne l'était pas — et se donnait pour archimandrite d'un couvent de l'île de Mytilène. Il parlait couramment plusieurs langues avec un léger accent indéfinissable que l'on oubliait bientôt devant sa volubilité. C'est ainsi en tout cas que le décrira, au tout début du XVIIIe siècle, le conseiller Dippel, un des meilleurs chimistes de son temps, en précisant qu'il s'agissait d'un homme âgé de quarante à cinquante ans. Cette description s'accorde parfaitement avec celles, plus tardives, qui marqueront les dernières apparitions du maître inconnu.

Cette nature expansive et méridionale dut l'inciter à opérer le plus rarement possible lui-même, car il s'était assurément rendu compte qu'il risquait de trop parler et d'attirer sur lui l'attention des princes toujours avides d'or. Les exemples malheureux de Sethon, d'Edward Kelly et plus récemment de l'orfèvre Gustenhover, lui étaient probablement connus et lui recommandaient une vigilance de tous les instants. C'est là, je pense, la raison qui fit que cet Adepte adopta le principe des opérations menées par personnes interposées, ce qui était tout à fait inhabituel. Le sort réservé à son premier envoyé ne put que le convaincre davantage, s'il en était besoin, de rester dans l'ombre.

En effet, à l'aube du XVIIIe siècle, un gentilhomme prussien se présenta au roi Frédéric Ier, en affirmant qu'il possédait le secret de la transmutation des métaux et qu'il désirait convertir son prince. Celui-ci accepta sans difficulté et demanda qu'une projection fût immédiatement effectuée. Le gentilhomme opéra avec la poudre qui lui avait été remise par Lascaris et transmuta en or une livre de plomb sous les yeux ravis du roi. Malheureusement ce succès facile lui tourna la tête et, répétant la faute de ses prédécesseurs, il laissa entendre à son suzerain qu'il était lui-même Adepte et parfaitement capable de réaliser la

Pierre philosophale. Il espérait ainsi asseoir sa fortune à la cour, tout en n'effectuant qu'un minimum de projections avec le restant de poudre qu'il possédait. Mais Frédéric Ier ne l'entendit pas ainsi et lui ordonna, « dans l'intérêt de l'Etat », de préparer une grosse quantité de poudre de projection afin de renflouer les finances publiques. Le gentilhomme se mit à l'œuvre, mais n'étant point lui-même Adepte, ne parvint à rien. Comme, pour impressionner le roi, il avait déclaré « donner sa tête à couper » qu'il était en possession du fabuleux secret, le roi prit au pied de la lettre l'expression malencontreuse de son sujet et lui fit trancher le chef. Afin de donner une teinture légale à cette exécution quelque peu sommaire, on exhuma une vieille affaire de duel où le gentilhomme avait tué son adversaire, mais personne ne fut dupe du motif réel de l'exécution. Nul n'ignorait que la cupidité a toujours été un des signes distinctifs de la royauté.

C'est en 1701 que Lascaris eut l'occasion de rencontrer, à Berlin, celui qui allait devenir son principal disciple. L'Adepte était en effet souffrant, ou du moins le prétendit-il, et il envoya quérir un apothicaire afin de lui passer commande de remèdes. Celui-ci, Maître Zorn, refusa de se déranger lui-même et envoya un de ses aides, Jean-Frédéric Böttger (1), âgé de dix-neuf ans. Le jeune homme, attentif et zélé, plut beaucoup à Lascaris dont la prétendue maladie s'évanouit aussitôt. Il se mit à entretenir le jeune Jean-Frédéric de sujets touchant à l'Art hermétique et qui lui tenaient à

(1) Ce nom est parfois orthographié Bötticher, ce qui est inexact.

cœur; il eut alors la surprise de constater que ce garçon apothicaire était lui-même un passionné d'alchimie qui connaissait par cœur tous les ouvrages de Basile Valentin et avait essayé de les mettre en pratique. Böttger ajouta qu'il n'avait révélé cela à personne car, en ce temps-là, comme en d'autres, on tenait pour fou toute personne se livrant à ces sortes de recherches. Lascaris lui fit alors savoir qu'il était lui-même un Adepte et lui prodigua quelques conseils. Puis, avant de quitter la ville, il lui remit — en gage d'amitié — deux onces de poudre de projection. Il mit trois conditions à l'utilisation de cette poudre, d'abord ne jamais révéler comment elle avait été obtenue, ensuite l'utiliser seulement à des fins démonstratives et non dans un but de lucre, enfin attendre assez longtemps après le départ de l'Adepte pour effectuer une première transmutation. Lascaris ajouta:

— Alors sachez-le bien, le résultat sera tel que personne à Berlin n'osera plus taxer les alchimistes d'insensés.

Le jeune homme attendit avec une grande impatience l'expiration du délai fixé, puis il procéda enfin à l'essai de sa Pierre devant un groupe de jeunes élèves apothicaires comme lui, qui, auparavant, s'étaient moqués de ses lectures. Sous leurs regards stupéfaits, deux onces de mercure se transmutèrent en or très véritable. Böttger, fou de joie, donna congé à son patron et décida de partir pour Halle afin d'étudier la médecine.

★

Nous allons momentanément abandonner l'histoire de Lascaris pour suivre celle de ce nouveau disciple, qui, par bien des points, présente un intérêt certain. Le jeune Jean-Frédéric Böttger, donc, allait quitter Maître Zorn lorsque celui-ci, qui était satisfait de son élève, décida de faire une tentative pour le retenir. Il l'invita à dîner avant son départ et convia en même temps deux prêtres, comptant sur leur assistance pour persuader le jeune homme d'abandonner ses idées chimériques. Les pasteurs Winkler et Borst se livrèrent au cours du repas à une critique sévère de l'Art hermétique et conclurent par la phrase: « Jamais vous ne rendrez possible l'impossible. »

Le jeune homme se leva:

— Venez dans le laboratoire. Cette chose impossible, je vais l'exécuter sous vos yeux.

Tout le monde suivit Böttger et se mit à surveiller attentivement ses mouvements. Il prit d'abord un creuset dans lequel il voulut placer du plomb mais Maître Zorn, craignant que cette matière n'ait subi quelque préparation spéciale, lui dit qu'il préférait voir opérer la transmutation sur de l'argent qu'il alla chercher dans une réserve. Le jeune homme n'y vit aucun inconvénient et plaça les trois onces d'argent qui lui furent remises dans le creuset qu'il avait préalablement mis à chauffer. Quand le métal atteignit son point de fusion, Böttger prit dans sa poche une petite boîte d'argent et en tira un grain de Pierre philosophale. Il l'enveloppa dans un peu de cire avant de le précipiter dans le creuset. Les convives eurent le temps d'apercevoir la poudre qui, dirent-ils, avait l'aspect de petits fragments de verre de couleur rouge feu. Une fois le creuset refroidi, l'opérateur coula le métal fondu et Maître Zorn et les deux prêtres furent stupéfaits de constater qu'il s'agissait bel et bien d'or. Comme toujours, celui-ci porté chez l'orfèvre le plus proche résista parfaitement à tous les essais auxquels il fut soumis.

Un ancien ami de Böttger, Siebert, qui dirigeait ce que, de nos jours, nous appellerions un laboratoire de pharmacie, entendit parler de la transmutation effectuée par son ancien condisciple. Il vint le voir et demanda s'il pourrait être à son tour témoin de ce fait prodigieux. Le jeune homme accepta volontiers. Siebert acheta lui-même le creuset et le mercure destinés à l'opération puis conduisit toute la manipulation, le seul rôle de Böttger étant d'y jeter la boulette de cire contenant la poudre de projection. Siebert avait par ailleurs préparé huit onces de plomb qui se trouvaient dans un autre creuset et avaient été également portées au point de fusion. Une fois le mercure soumis à l'action de la Pierre philosophale, il commença à se transformer en une masse brune qui fut immédiatement versée sur le plomb dans l'autre creuset: au bout d'un quart d'heure les deux métaux s'étaient unis en une seule et unique masse d'or.

La réputation de Böttger grandit immédiatement dans la ville de Berlin. Les habitants se rangèrent en deux catégories: ceux qui avaient vu et qui étaient bien forcés de croire, et les autres qui avaient seulement entendu parler et qui ne supposaient là que fables et menteries. Ceux-là avaient surnommé le pauvre Jean-Frédéric: *Adeptus ineptus*. Cette fois encore, il était fatal que le bruit de ces opérations stupéfiantes ne tardât pas à atteindre la cour du roi Frédéric-Guillaume I^er^. Celui-ci, comme ses prédécesseurs en pareil cas, ordonna qu'on s'assurât de la personne du jeune

Böttger. Heureusement pour lui, Maître Zorn connaissait un membre de la suite du roi qui le prévint et le jeune homme eut le temps de quitter la ville en direction de Wittenberg où habitait son oncle. Son départ se transforma rapidement en fuite quand, après avoir traversé l'Elbe il aperçut un groupe de soldats prussiens lancés à sa poursuite, et il dut s'échapper à travers les bois afin de les distancer. Böttger, une fois rendu chez son oncle, se crut en sécurité, mais le roi de Prusse ne voulait pas lâcher sa proie et demanda l'extradition de son sujet à la ville de Wittenberg. Heureusement pour lui, Böttger n'était pas né à Magdebourg comme le croyait Frédéric-Guillaume Ier, mais en Saxe, aussi lorsque l'électeur de Saxe, Auguste II, roi de Pologne, le réclama à son tour (1) comme un de ses sujets, c'est vers lui qu'il dirigea ses pas, trop heureux de mettre une grande distance entre lui et la cour de Berlin.

Une fois arrivé à Dresde, Böttger fut conduit en présence de l'électeur de Saxe qui lui demanda d'effectuer une projection sous son contrôle. Le jeune homme y consentit volontiers et la transmutation réussit parfaitement. Auguste II, enchanté, le nomma baron sur-le-champ. Cette fortune fit un peu tourner la tête du pauvre Jean-Frédéric. Il oublia complètement les études médicales qu'il avait songé un moment à entreprendre et ne pensa plus qu'à boire et à s'amuser en utilisant l'or qu'il pouvait obtenir grâce à la réserve de poudre de Lascaris. Il se fit bâtir une maison splendide où il tenait table ouverte, et l'on rapporte qu'à chaque repas tous les convives trouvaient une

(1) Une guerre faillit s'ensuivre entre les deux pays !

pièce d'or sous leur serviette. Il devint bientôt la coqueluche des dames de la bonne société qui n'hésitaient pas à s'offrir à lui en échange de quelque bijou obtenu grâce à l'or hermétique.

Cela dura deux ans. Certes, l'apostolat dont l'avait chargé Lascaris était dans un certain sens mené à bien puisque les extravagances de Böttger accréditaient partout la vérité, à savoir que la poudre de projection permettait bien d'obtenir tout l'or que l'on désirait. Mais d'un autre côté, la provision de Pierre philosophale laissée par le véritable Adepte s'achevait rapidement. Se souvenant de ses études de Basile Valentin et des explications orales que lui avait fournies Lascaris, Böttger, comme l'avaient déjà tenté, dans la même situation, d'autres missionnaires égarés par la fièvre de l'or, se mit en devoir de renouveler cette provision, persuadé qu'il y parviendrait lui-même. Comme toujours en pareil cas, ce fut un échec total. Un jour, il ne resta plus un seul grain de poudre. C'était la ruine.

Il fut alors obligé d'interrompre ses réceptions fastueuses, de réduire ses dépenses, et d'essayer à son tour de se faire inviter par tous ces gens qu'il avait si libéralement reçus pendant vingt-quatre mois. C'était mal connaître la noblesse de cour, essentiellement vénale, qui lui tourna le dos dès lors qu'elle comprit n'avoir plus rien à gagner à sa fréquentation. Toutes ses belles maîtresses l'abandonnèrent, ses propres domestiques se liguèrent contre lui parce qu'il ne les payait plus et firent même courir le bruit qu'il s'apprêtait à prendre la fuite. Selon le processus habituel, l'électeur donna des ordres pour qu'il fût retenu prisonnier dans sa propre maison.

Cela nous ramène à Lascaris qui, à l'époque, voyageait encore en Allemagne. De loin il avait suivi les aventures de son jeune protégé, appris sa fuite précipitée de Berlin, son arrivée à Dresde, son anoblissement, et maintenant sa position difficile. Lascaris se sentit moralement responsable de la folie du jeune homme et de ses conséquences. Il estima donc qu'il était de son devoir de tout faire pour le tirer de ce mauvais pas et, dans ce but, il regagna Berlin en 1703. Böttger lui ayant révélé que parmi ses amis et camarades un seul lui paraissait être un homme droit et tout à fait digne de confiance, le médecin Pasch, Lascaris alla voir ce dernier et lui raconta en détail les aventures de son ancien camarade Jean-Frédéric:

— Comprenez-vous, ajouta-t-il, le danger qu'il court? Il faut que vous alliez à Dresde expliquer à Auguste II que Böttger n'a jamais été en possession du secret hermétique mais qu'il tenait sa provision de poudre d'un Adepte itinérant. En échange de sa liberté vous lui offrirez une rançon de huit cent mille ducats.

— Huit cent mille ducats! s'exclama Pasch. Mais où trouverai-je une telle somme? Nul homme, hormis un prince, ne possède autant de richesses.

— Venez jusque chez moi, répondit Lascaris, et je vais vous montrer quelque chose qui vous convaincra.

Une fois dans le petit logement misérable qu'occupait l'Adepte, celui-ci montra à Pasch un sac pesant bien six livres et qui contenait une poudre de couleur rubis. Il reprit:

— Voici ma provision de poudre de projection et, grâce à mon art, je peux la renouveler à volonté. Il me suffit de la faire fermenter avec de l'or vulgaire pour la multiplier et ainsi chacune de ses parties pourra transmuter en or jusqu'à quatre mille fois son poids de métal vulgaire.

Pour achever de convaincre le médecin, Lascaris effectua immédiatement une transmutation parfaitement réussie sur une livre de mercure. Pasch, ébloui par « l'argument irrésistible » promit de partir dès le lendemain pour Dresde.

— A votre retour, dit l'Adepte, si vous parvenez à délivrer Böttger, je vous rendrai riche pour le restant de vos jours.

Quelques jours plus tard, le Dr Pasch arrivait à Dresde où il comptait des cousins éloignés qui, par chance, étaient de noble famille et bien introduits à la cour. Grâce à eux, il pensait pouvoir obtenir une entrevue avec l'Electeur et lui transmettre la proposition de Lascaris, mais ses cousins le dissuadèrent de faire une telle tentative: « Pensez donc, lui dirent-ils, une telle rançon persuadera seulement le roi que Böttger a bien le secret de l'or et que vous avez fabriqué les huit cent mille ducats sur ses indications. Loin de le relâcher, il risque de le mettre à la torture pour lui faire avouer son secret. »

— Que faire alors? s'écria le médecin.

— Mieux vaut utiliser cet argent à acheter la garde qui retient prisonnier votre ami et le faire ainsi s'évader.

Le projet était sage et faillit réussir. Pasch loua un appartement en face de la maison de Jean-Frédéric et, grâce aux domestiques, lui fit part de ses projets. L'évasion allait avoir lieu lorsque la trahison d'un des gardes achetés fit tout échouer et l'Electeur fit arrêter Pasch qui fut interné dans la forteresse de Sonneinstein. Quant à Jean-Frédéric Böttger lui-même, il fut incarcéré dans le château de Kœnigstein où il put cependant disposer d'appartements privés et d'un laboratoire lui permettant de poursuivre ses recherches. Le pauvre Dr Pasch resta emprisonné deux ans et demi avant de parvenir à s'enfuir, mais il se brisa malencontreusement le sternum au cours de l'évasion et mourut six mois après son retour à Berlin. Il fit part de sa triste aventure au conseiller Dippel, qui nous en a laissé un récit circonstancié.

Jean-Frédéric Böttger, lui, connut un retournement de fortune imprévu. Se sachant incapable de préparer la Pierre philosophale, il attendait la torture et la mort, lorsque son sort se modifia sous l'influence du comte de Tschirnhaus qui commandait la forteresse où on le gardait emprisonné. Le comte s'intéressait à la fabrication de la porcelaine, art chinois alors presque totalement inconnu en Europe. La réputation d'alchimiste de Böttger, malgré ses échecs répétés, était si grande qu'il décida de l'associer à ses propres travaux.

En 1704, le faux Adepte découvrit une méthode pour obtenir la porcelaine rouge, puis, en 1709, le moyen de fabriquer enfin de la porcelaine blanche, le secret le plus recherché à l'époque. L'Electeur fut ravi car la possession de ce secret valait presque autant pour lui que celui de la Pierre philosophale, puisqu'il allait pouvoir créer des manufactures de porcelaine sur tout le territoire de son Etat. Böttger profita de ces bonnes dispositions pour lui avouer qu'il n'avait jamais possédé le secret de la Pierre et lui raconta son entrevue avec Lascaris. L'Electeur ne lui en tint plus rigueur et le libéra en lui restituant son titre de baron, puis le nomma directeur de la première manufacture de porcelaine de Saxe, à Dresde. Il retrouva alors ses habitudes de luxe et mena une vie déréglée jusqu'à l'âge de trente-sept ans où il mourut, miné par la boisson.

★

Cette relation ne saurait satisfaire le lecteur exigeant si je ne faisais mention d'une étude, apparemment très sérieuse et pesant son poids d'érudition allemande, sur la vie de Böttger et parue à Leipzig en 1837: *J.F. Böttger, Erfinder des Sächsischen Porzellans* par Charles Auguste Engelhardt, archiviste auprès du ministère de la Guerre.

Comme il fallait s'y attendre de la part d'un auteur du XIXe siècle, contemporain de Louis Figuier, Engelhardt défend la thèse que le jeune Jean-Frédéric ne transmuta jamais une once d'un quelconque métal en or. Voici comment il raconte l'histoire: d'après lui, un mendiant fort connu dans le quartier où était située la pharmacie de Maître Zorn, dénommé Lascaris, donna un jour une certaine poudre au jeune Böttger. Celui-ci fit croire à son patron qu'il s'agissait de la Pierre philosophale et il fit semblant (?) d'effectuer une projection sous ses yeux, puis le quitta. Engelhardt reconnaît que l'affaire fit tant de bruit que la Prusse fut à deux doigts de déclarer la guerre à la Saxe, où le jeune commis apothicaire s'était réfugié. Là, il aurait été immédiatement admis à la cour d'Auguste II, roi de Pologne, et lui aurait fait croire (?) qu'il possédait la Pierre philosophale et savait transmuter les métaux. L'Electeur de Saxe l'aurait alors anobli et lui aurait confié un laboratoire de recherches alchimiques. C'est là que, plus tard, alors que la patience d'Auguste II commençait à se lasser et que son séjour était devenu emprisonnement, le jeune Böttger découvrit le secret de la porcelaine. Quant au mendiant Lascaris, il serait mort dans un asile pour indigents de Dantzig, peu après la fuite précipitée de Böttger.

Pour que la thèse de M. Engelhardt soit soutenable, il faudrait admettre qu'un Etat peut faire la guerre pour récupérer un petit aide apothicaire de dix-neuf ans, que rien ne distingue, et l'anoblit ensuite sans raison. Quant à Lascaris, je ne doute pas que notre érudit ait trouvé trace d'un mendiant portant ce nom, puisque comme je l'ai dit, ce patronyme était très courant chez les émigrés grecs d'Allemagne. Mais ce mendiant ne peut avoir aucun rapport avec notre Adepte dont l'histoire est loin d'être achevée. Si l'on examine attentivement la vie de Böttger et si on la soumet à la critique de la raison, une conclusion s'impose: seule la poudre de Lascaris rend son aventure non seulement vraisemblable mais même possible.

★

Reprenons maintenant l'histoire du vrai Lascaris qui, de son côté, poursuivait sa campagne de propagande en faveur de la philosophie hermétique. Il choisit comme nouveaux émissaires deux jeunes préparateurs en pharmacie. En effet, en Allemagne, à cette époque on considérait que les apothicaires étaient tous plus ou moins alchimistes à leurs heures perdues et que, s'ils ne savaient pas fabriquer l'or, on pouvait les penser plus aptes que d'autres à en découvrir le secret. Ainsi s'explique sans doute le choix de l'Adepte, car les deux jeunes gens qui bénéficièrent de ses largesses en Pierre philosophale n'avaient rien de spécialement remarquable ou intéressant par ailleurs.

Le premier fut Hermann Braun qui occupait la position d'aide apothicaire dans la plus grande pharmacie de Francfort-sur-le-Main. Après sa rencontre avec Lascaris, il raconta tout autour de lui qu'un de ses parents, au moment de mourir, lui avait fait cadeau d'une petite provision de teinture transmutatoire. Afin de lui donner un caractère particulier sans altérer ses propriétés, il avait mélangé le produit donné par l'Adepte avec du baume de Copahu, ce qui lui donnait une teinte toute spéciale. Le patron de la pharmacie, le Dr Eberhard, lui demanda de procéder à un essai de sa prétendue teinture devant quelques amis et lui-même. Braun y consentit volontiers et transmuta tour à tour le mercure puis le plomb en or. On fit alors appel à la plus haute autorité scientifique locale, le Dr Horlacher, de Munster, qui accepta d'assister à une expérience à la condition qu'il pût lui-même la diriger entièrement. Braun y ayant consenti, Horlacher prit toutes précautions afin qu'aucune supercherie ne fût possible. Il acheta un creuset neuf, fit l'emplette de mercure chez un apothicaire de ses amis et choisit enfin comme plomb un vieux tuyau dont il connaissait l'existence depuis plusieurs années. L'expérience eut lieu dans son propre laboratoire, d'abord sur le mercure, et la seule action de Braun fut de jeter dans le métal une boulette de cire imbibée de quatre gouttes de teinture. Horlacher recouvrit alors lui-même le creuset d'un couvercle et, après avoir chauffé encore une dizaine de minutes, put constater que tout le mercure s'était transformé en or. La même expérience fut répétée avec le vieux tuyau de plomb qui devint lui aussi de l'or de haute qualité.

Cette double transmutation fit beaucoup de bruit dans la région. Braun, qui n'y connaissait rien, déclara que cette teinture était obtenue à partir du phosphore. C'était en effet un corps que l'on venait d'étudier récemment et qui lui paraissait mystérieux! Une fois la provision de poudre donnée par Lascaris achevée, Braun rentra dans l'ombre, ayant donc servi à sa manière la propagande hermétique de l'Adepte.

Le second apothicaire, nommé Martin, présente encore moins d'intérêt car il perdit une partie de sa poudre en la mélangeant stupidement à d'autres corps, par simple curiosité, puis dépensa le reste à faire des projections pour éblouir quelques jeunes filles dont il désirait obtenir les faveurs et négligea de faire des démonstrations devant les notabilités scientifiques de sa ville, malgré l'ordre que lui en avait certainement donné Lascaris.

Retrouvons plutôt l'Adepte lui-même, maintenant en Bohême, où nous le voyons lier connaissance avec le conseiller Liebknech qui revenait de Vienne. Celui-ci décrivit son compagnon de voyage comme un homme d'âge moyen, fort cultivé, et parlant tout à fait couramment le grec, le latin, le français, l'allemand et l'italien. Lascaris, constatant qu'il avait affaire à une personne de qualité, amena adroitement la conversation sur le sujet de l'Art hermétique. Le conseiller se révéla en être un adversaire farouche et refusa même d'écouter les arguments de l'Adepte, ajoutant qu'il y croirait seulement lorsqu'il aurait vu, de ses yeux vu, un métal quelconque se transmuter en or. Lascaris n'insista pas et changea de sujet.

L'étape suivante se situait à Hasch-sur-Legeir. Après une nuit de repos, et avant de remonter dans la diligence, Lascaris proposa au conseiller de l'amener chez le forgeron voisin pour lui montrer une expérience intéressante. Liebknech, qui avait complètement oublié leur discussion de la veille, y consentit volontiers. Lascaris mit alors du mercure dans un creuset et le transmuta rapidement en or avec un peu de sa poudre. Le conseiller restant muet, l'Adepte lui annonça qu'il allait recommencer l'expérience pour achever de le convaincre. Le forgeron prit alors un autre creuset, y mit du mercure, et le porta à son point de fusion. Lascaris opéra la transmutation mais, en considérant l'or, il dit:

— Cette fois l'or est moins beau que tout à l'heure. Je vais le purifier.

Cet or fut placé dans un troisième creuset et à nouveau fondu; l'Adepte y jeta alors une autre poudre et bientôt l'or devint blanc. Quand on le coula, on s'aperçut qu'il s'agissait désormais d'argent d'une grande pureté. Lascaris offrit l'or et l'argent ainsi obtenus au conseiller Liebknech, absolument sidéré, et décida de ne pas poursuivre sa route avec lui, sans doute afin d'échapper à des questions trop gênantes. Il partit alors pour la France. Aujourd'hui encore les trois creusets qui servirent à cette triple transmutation sont conservés à l'université d'Iéna.

Nous perdons en France la trace de Lascaris et c'est seulement en 1707 que nous avons de ses nouvelles grâce au chimiste Dippel, déjà nommé.

A Amsterdam, Dippel fit la connaissance d'un homme qui se disait en possession des teintures nécessaires aux transmutations des métaux en or ou en argent et prétendait les tenir d'un maître qui désirait conserver l'anonymat. Pressé de questions par le conseiller Dippel, l'homme finit par décrire le personnage qui lui avait remis cette petite provision de poudre de projection. Dippel, qui avait déjà rencontré Lascaris, n'eut aucune peine à le reconnaître au portrait qu'en traça l'inconnu. Cet homme, lorsqu'il vit que le chimiste connaissait son bienfaiteur, accepta d'effectuer une transmutation devant lui, disant qu'il opérerait comme il avait vu son maître le faire tout récemment. Il conduisit Dippel et quelques autres personnes dans un atelier proche et là il leur montra une plaque de cuivre d'environ trente centimètres de diamètre, qu'il plaça sur un fourneau de façon que le centre seulement en fût chauffé, soit un cercle d'environ dix centimètres de diamètre. Une fois le métal porté à une très haute température, il y projeta quelques grains de sa teinture blanche et le centre de la plaque de cuivre se transmuta immédiatement en argent. L'opérateur retira alors cette lame et la plaça sur un fourneau plus petit afin de chauffer maintenant seulement le centre même de la plaque, soit un cercle d'environ quatre centimètres. Dès que l'argent fut à un haut degré de température, l'homme y projeta un grain de poudre rouge qui transmuta ce cercle intérieur en or. Il présenta ensuite la plaque où les trois métaux or, argent et cuivre étaient ainsi enchâssés concentriquement, au chimiste Dippel qui l'avait regardé opérer attentivement. Ce dernier, pour bien montrer qu'aucune possibilité de supercherie n'existait, précisa: « L'Artiste ne se bornait pas à montrer l'extérieur de la plaque, mais il la coupait en morceaux pour faire voir aux amateurs de l'alchimie que la teinture avait réagi également à l'intérieur; il leur vendait ces morceaux à un prix très modéré. »

Sans doute cet opérateur anonyme n'avait-il pas l'élégance des Adeptes véritables, Sethon, Philalèthe ou Lascaris, qui faisaient toujours cadeau du produit de leurs transmutations à l'assistance. Néanmoins on doit admettre qu'il s'agissait là d'un opérateur habile, digne de la confiance que Lascaris avait placée en lui.

Pendant quelques années encore, jusqu'en 1715, notre mystérieux Adepte va rester insaisissable. Nous le retrouvons à Hambourg, dans la demeure du baron de Creuz, un homme qui avait consacré trente ans de sa vie à la recherche de la Pierre philosophale sans jamais parvenir à autre chose qu'à susciter la raillerie. Il eut une longue conversation avec Lascaris où il lui exposa qu'il n'avait plus désormais qu'un seul désir: être admis à effectuer une seule et unique transmutation sous les yeux de son entourage afin de faire cesser ses moqueries continuelles et de pouvoir poursuivre son travail avec une nouvelle quiétude d'esprit et un nouveau courage. Lascaris se borna à l'encourager mais, après son départ, le baron eut la surprise de découvrir sur le fauteuil qu'avait occupé son visiteur une petite boîte qui contenait un peu de poudre rouge et un bijou. Une note expliquait qu'il s'agissait là de poudre de projection, et précisait la manière de s'en servir. Quant au bijou, c'était une boucle d'argent dont une des branches avait été transmutée en or. Il semble que l'Adepte ait voulu montrer par-là que son savoir était tel qu'il pouvait effectuer des transmutations à froid, sans avoir à porter le métal à son point de fusion, ce qui aurait déformé le dessin de la broche. Le baron ne douta pas un seul instant qu'il avait bien là la fameuse teinture des philosophes; il rassembla tous ses parents et amis et, malgré leurs sarcasmes, se mit en devoir d'opérer la transmutation. Elle réussit au-delà de ses espérances, plongeant tous les assistants dans la stupéfaction la plus profonde. Il eut la sagesse de reconnaître qu'il n'était pas l'auteur de cette poudre miraculeuse, se satisfaisant du triomphe qu'il venait de remporter. La boucle, mi-or mi-argent, est conservée aujourd'hui encore par ses descendants.

Lascaris arriva à Vienne, en juillet 1716, et parvint à y faire réunir une assemblée de personnes de qualité comprenant les principaux docteurs de la région afin de prouver à tous la réalité de l'Art hermétique par une épreuve solennelle et entourée de toutes les garanties possibles. Un procès-verbal extrêmement détaillé de la séance fut dressé par le conseiller Pantzer de Hesse, texte qu'il est intéressant de citer ici, bien qu'il soit un peu long, puisqu'il s'agit d'un des rares documents officiels irréfutables prouvant la réalité de la transmutation métallique.

« C'est à Vienne, le 20 juillet 1716, le septième dimanche après la Trinité, dans l'appartement du conseiller du prince de Schwartzbourg, le seigneur Wolf-Philippe Pantzer, dans la maison appartenant au général impérial, commandant de la résidence de l'empereur et de la forteresse de Vienne, le seigneur comte Charles-Ernest de Rappach, en présence du vice-chancelier impérial et bohémien, commandant de l'expédition allemande, son excellence le comte Joseph de Würben et de Freudenthal, en présence du seigneur Ernest, conseiller secret du roi de Prusse et du seigneur Wolf, conseiller secret du prince de Brandebourg-Culmbach et Anspach, en présence des frères comte et baron de Metternich, ainsi que du conseiller de Schwartzbourg, ci-dessus nommé, et de son fils Jean-Christophe Philippe Pantzer.

1° Vers dix heures du matin, les personnes précitées se sont rassemblées au lieu désigné. L'une d'elles apporta la poudre philosophale dans un papier: elle était en quantité infiniment petite et avait l'aspect du sel marin; on la pesa et on en trouva une demi-once.

2° Les personnes présentes pesèrent deux pfennigs de cuivre, dont l'un avait été pris à l'asile des pauvres de Vienne, le poids du premier fut trouvé de cent dragmes huit et demi grains, celui du second, fait en 1607 en Hongrie, de soixante-six dragmes six grains.

3° On fit chauffer le premier, que le conseiller de Schwartzbourg retira avec une pince de fer; alors le seigneur Wolf, baron de Metternich, l'entoura d'un peu de cire et en recouvrit un côté du pfennig en superficie.

4° Le vice-chancelier bohémien, qui craignait que le pfennig ne fondît, le fit rougir, ensuite il le jeta dans une certaine eau et il le retira si promptement qu'il se brûla les doigts.

5° Tous virent que le pfennig, rouge quand il avait été plongé dans l'eau, était blanc quand on le retira avec certaines marques qui prouvaient qu'il avait déjà commencé à fondre.

6° On commença la même opération avec le deuxième pfennig et le résultat fut le même que celui déjà obtenu par le seigneur Wolf, baron de Metternich.

7° Mais on n'en resta pas là; on fit aussi chauffer d'autres pfennigs plus petits, on les soumit à la même opération et, après les avoir retirés, on remarqua que la couleur en était changée mais qu'ils n'étaient pas tout à fait blancs. Les deux frères Metternich y firent grande attention.

8° On prit un morceau de cuivre en forme de prisme, on le jeta dans la même eau après l'avoir chauffé, et on vit que, dans certaines parties, il avait changé de couleur mais moins que les deux premiers pfennigs.

9° On coupa un morceau de ce cuivre, on fit la même opération et il devint tout blanc.

10° On l'essaya avec un autre morceau de cuivre mais on remarqua qu'il était sorti de l'eau sans avoir changé de couleur.

11° On coupa en deux le plus grand des pfennigs de l'article n° 2 et on remarqua qu'il était blanc à l'intérieur comme à l'extérieur; le comte Ernest de Metternich en prit une moitié et le baron Wolf de Metternich l'autre moitié.

12° De cette dernière moitié on coupa un petit morceau pesant deux dragmes, on le mit dans la coupelle et on trouva par le calcul que le pfennig entier s'était changé en argent pesant quarante grains.

13° On mit le petit morceau de l'article n° 9 dans la coupelle et on trouva douze grains d'argent.

14° On opéra de même avec un morceau de l'article n° 8 et on trouva que c'était de l'argent;

mais, comme on ne l'avait pas préalablement pesé, on ne put savoir exactement dans quelle proportion il s'en était formé.

15° Dès qu'il n'y eut plus à douter que le cuivre avait été changé en argent, on chercha le poids de l'argent; on pesa les pfennigs de l'article n° 2: le premier pesait cent vingt-cinq dragmes huit grains, c'est-à-dire vingt-cinq dragmes de plus qu'auparavant; le second pesait soixante-dix-neuf dragmes seize grains, c'est-à-dire onze dragmes de plus qu'auparavant, ce qui n'étonna pas moins les personnes présentes, que la transmutation elle-même.

16° On ne put pas calculer au juste combien une partie de teinture ennoblissait de cuivre, parce qu'on n'avait pas pesé le cuivre de l'article n° 7 et de l'article n° 8. Cependant, si elle n'avait changé que les deux pfennigs, il en résulterait qu'une partie de teinture aurait changé cinq mille quatre cents parties de cuivre en six mille cinq cent cinquante-deux parties d'argent et, par conséquent, on ne se trompe pas de beaucoup en disant qu'une partie de teinture avait transmuté dix mille parties de métal.

*Actum loco in die at supra, in memoriam fidem rei sic gestae factae qua verae transmutationis.*

L.S. Joseph, comte de Würben et de Sodenthal.
L.S. Wolf, baron de Metternich
L.S. Ernest, comte de Metternich
L.S. Wolf-Philippe Pantzer. »

★

Ce n'est que bien plus tard que nous retrouvons Lascaris à travers le témoignage du lieutenant-colonel Schmolz de Dierbach, qui se trouvait alors au service du roi de Pologne. Son père avait été un grand défenseur de l'Art hermétique et s'y était ruiné, c'est pourquoi son fils avait dû embrasser la carrière des armes. Un jour qu'il évoquait les travaux de son père en présence de ses camarades officiers, ceux-ci se moquèrent de lui et tournèrent cette chimère en ridicule. Dierbach défendit la mémoire paternelle du mieux qu'il put et parut fort mortifié de l'attitude de ses camarades. Dans l'assistance, un étranger avait écouté avec beaucoup d'intérêt la discussion mais sans y prendre part. Il s'agissait en fait de Lascaris qui, une fois la plupart des assistants éloignés, s'approcha de Dierbach et lui demanda un entretien. L'officier ayant accepté, l'Adepte lui fit part de son indignation devant les propos tenus par les autres militaires et lui affirma qu'il avait, lui, le moyen de les confondre et ainsi de rehausser la mémoire du père de l'officier. Il donna alors une petite provision de Pierre philosophale à Schmolz de Dierbach, en le priant toutefois instamment de ne pas essayer d'en fabriquer plus de richesses que l'équivalent de trois ducats par semaine, et cela pendant sept ans. Par ailleurs, il lui demanda d'essayer de convertir le plus grand nombre de personnes possible à l'alchimie. L'officier y consentit volontiers, remercia son bienfaiteur, et regagna son casernement avec l'intention bien arrêtée de donner sa démission.

Effectivement, Schmolz de Dierbach quitta l'armée et ne tarda pas à étonner tous ses amis par des transmutations réussies et répétées. La nouvelle en parvint jusqu'aux oreilles du vieux conseiller Dippel, le chimiste que nous avons rencontré au cours de ce chapitre et qui avait déjà eu l'occasion de s'intéresser à Lascaris. Dippel se rendit alors à Francfort-sur-le-Main où résidait désormais Dierbach et lui demanda d'examiner sa poudre. Ils échangèrent aussi leur description du personnage mystérieux qui en était le dispensateur. Dippel fut surpris de constater que l'image qu'en donnait Dierbach était identique à celle qui subsistait dans son souvenir. Dippel put examiner très complètement la poudre de l'Adepte. Il la regarda au microscope et constata qu'elle était composée d'un nombre considérable de petits cristaux de couleur rouge orangé, mais il essaya en vain de l'analyser; puis il effectua avec elle diverses transmutations pour en connaître le pouvoir exact; il conclut qu'une partie de poudre transmutait en or six cents parties d'un autre métal.

Schmolz de Dierbach fut un parfait missionnaire hermétique. Avec une grande générosité, il multiplia les projections pour toutes les personnes qui demandaient à être convaincues, leur donnant chaque fois le produit de la transmutation et ne gardant rien pour lui-même de l'or ainsi obtenu. Une fois le délai de sept ans imposé par Lascaris atteint, il eut la surprise de constater que sa provision de poudre était épuisée alors qu'il n'avait pas essayé de respecter cette condition. Il devint alors député et rentra dans l'ombre, son rôle terminé.

Malgré sa grande prudence, Lascaris finit par attirer l'attention de l'électeur palatin qui envoya des hommes d'armes pour s'assurer de sa personne. Il ne dut son salut qu'à la fuite mais en fut réduit un soir à se présenter au château de la comtesse Anne-Sophie d'Erbach pour demander asile. D'abord la noble dame refusa, pensant avoir affaire à quelque malfaiteur en rupture de ban, puis finit par se laisser fléchir et lui accorda de passer la nuit dans sa demeure tout en recommandant à ses domestiques de faire bonne garde. Lascaris passa quelques jours au château, le temps de faire croire à ses poursuivants qu'il avait définitivement quitté le pays. Avant de s'en aller, afin de remercier sa bienfaitrice, il lui offrit de changer toute sa vaisselle d'argent en or. Cette offre inquiéta d'abord la comtesse qui craignait pour son argenterie et retrouva toutes ses alarmes premières. Devant l'insistance de l'étranger, elle se contenta de lui faire remettre une vieille bassine d'argent fort abîmée, tout en resserrant sa surveillance. A son vif soulagement mais aussi à sa stupéfaction, la bassine, fondue, fut transmutée en or le plus pur. A la demande de Lascaris, le lingot obtenu fut examiné par l'orfèvre de la ville voisine qui procéda à tous les essais habituels; le domestique revint même avec un certificat de l'orfèvre en bonne et due forme. Pleinement rassurée cette fois, la comtesse d'Erbach consentit à livrer la totalité de sa vaisselle d'argent à l'Adepte qui, d'ailleurs, s'engageait à la lui rembourser intégralement en cas d'insuccès. Mais l'opération réussit parfaitement, et bientôt la comtesse se trouva confrontée à un nombre respectable de lingots d'or, d'un poids exactement égal à celui de la vaisselle disparue. Après avoir attendu encore quelques jours dans le château, tout danger écarté, Lascaris prit congé de la comtesse qui eut la stupidité, il faut bien employer le mot, de lui offrir une bourse contenant deux cents thalers pour le remercier de son opération alchimique! L'Adepte refusa d'un sourire sans se moquer de la pauvre femme.

L'authenticité de cette aventure est tout à fait certaine car elle eut des suites judiciaires. En effet, le mari de la comtesse, le comte Frédéric-Charles, vivait séparé d'elle depuis déjà quelques années. Lorsque la nouvelle de l'extraordinaire transformation de la vaisselle lui parvint, le comte se souvint aussitôt qu'il était toujours, devant la loi, l'époux de la comtesse et réclama la moitié de l'or hermétique puisqu'il s'agissait d'une augmentation de capital familial tombant dans la communauté des biens. Sa femme refusant tout arrangement, le comte porta l'affaire devant les tribunaux et la cour de Leipzig refusa de faire droit à sa requête « attendu que la vaisselle d'argent appartenant à la femme, l'or devait aussi lui appartenir », (Putonei, *Enunciata et consilia juris Leipsiae,* 1733).

Nous quitterons ici Lascaris qui disparut comme par enchantement entre 1730 et 1740.

J'ai dit, au début de ce chapitre, que la silhouette de Lascaris, sa verve et sa faconde n'étaient pas sans nous rappeler celles d'un autre personnage historique plus familier. C'est ce personnage qui, peu après 1740, va justement apparaître sur notre scène, comme si Lascaris se continuait en lui. Je n'en dis pas plus pour l'instant, nous allons venir à ce personnage fort célèbre dans un prochain chapitre. Restons donc en attendant dans l'incertitude sur l'identité et le sort de Lascaris.

« L'alchimiste », gravure d'après le tableau de Téniers

## 10

## HISTOIRE DE SEHFELD

Cet alchimiste de la moitié du XVIIIe siècle est presque totalement inconnu dans notre pays. En effet, si Karl Schmieder lui accorde une place importante dans son ouvrage, inédit en français, Figuier l'ignore totalement. Il fallut attendre l'année 1963 pour que Bernard Husson le tire de l'oubli dans ses *Recherches alchimiques* (revue *Initiation et Science* nos 56 et 57). Voici comment Husson présente son personnage:

« On peut se demander si le silence de Figuier ne tient pas à l'habitude que le fécond vulgarisateur était obligé d'adopter à l'égard de ses contemporains. A l'époque du scientisme le plus positiviste, un écrivain désireux d'avoir un succès de librairie se devait de compenser par des explications chimiques rassurantes toutes ces relations de phénomènes radicalement incompatibles avec les idées et les théories en vigueur alors.

« ... Le cas de Sehfeld exclut toute tentative d'explication de ce genre et c'est la raison la plus probable pour laquelle, malgré tout l'intérêt romanesque qu'elle offre au narrateur, Figuier s'abstint de le relater dans son ouvrage.

« L'*Histoire de Sehfeld* offre en outre la garantie supplémentaire d'avoir été rapportée par des auteurs dont la véracité ne saurait être mise en cause et qui purent obtenir des informations de première main en interrogeant les témoins des faits qu'ils décrivirent. »

Ces deux témoins furent Johann von Justi, un minéralogiste allemand qui fut conseiller des mines en Autriche et membre de l'académie de Göttingen, et Karl Christoph Schmieder, directeur du lycée de Kassel, dont l'*Histoire de l'alchimie* fait toujours autorité. Voici d'abord un résumé du récit de von Justi, les extraits cités étant dus à l'excellente traduction de Bernard Husson.

Né en Haute-Autriche dans la première moitié du XVIII^e siècle, le jeune Sehfeld fut très tôt attiré par les études chimiques et la recherche de la Pierre philosophale. Sa première tentative se solda par un échec complet et il dut quitter le pays sous les quolibets et même le mécontentement de certains riches habitants qui avaient financé ses premiers travaux. Il ne revint dans son pays natal qu'après une dizaine d'années et se fixa dans la petite station thermale de Rodaun, près de Vienne, afin de connaître la paix et la tranquillité. C'est chez le surveillant des bains, Friedrich, que l'alchimiste vint loger au creux d'un agréable vallon. Il se lia d'amitié avec son hôte, sa femme et leurs trois grandes jeunes filles et résolut de leur manifester sa gratitude en transmutant devant eux une livre d'étain en or. En fait, il avait surtout besoin que Friedrich lui serve d'intermédiaire pour acheter divers instruments et produits nécessaires à la pratique de son art et pour écouler de temps en temps quelques lingots à l'hôtel des monnaies. Ce fait, qui est certain, permet de supposer que Sehfeld avait réussi à accomplir le magistère au cours des dernières années ou, à tout le moins, qu'il était entré en possession d'une réserve de poudre de projection.

Friedrich, qui s'était vu promettre une honnête commission, se hâta d'accepter la proposition de son locataire et effectua pour lui plusieurs transactions soit avec les orfèvres juifs de Vienne soit avec l'hôtel des monnaies de la capitale. Malheureusement les quatre femmes de la maisonnée ne surent pas tenir leur langue et, bientôt, tout le village fut au courant des activités alchimiques de Sehfeld. Des rumeurs d'arrestation coururent qui finirent par inquiéter l'alchimiste. Il résolut de demander, par l'intermédiaire d'un ami, un sauf-conduit à l'empereur, prétextant qu'il travaillait à préparer des colorants artificiels qui lui rapporteraient de gros revenus, et expliquant ainsi que ces travaux étaient à l'origine des rumeurs stupides courant sur son compte. Pour obtenir la protection des autorités, il offrit même une redevance annuelle assez considérable. Il semble que cette offre ait été acceptée puisque Sehfeld fut en mesure de montrer son sauf-conduit à la famille Friedrich. Citons ici le texte même de von Justi :

« Quoi qu'il en soit, Sehfeld vécut quelques mois en toute quiétude en cet agréable site, et y fit beaucoup d'or. Il opérait ses transmutations au moins deux fois par semaine, et la femme de Friedrich, à présent veuve, qui me l'a raconté, était chaque fois présente avec ses filles. Il utilisait toujours de l'étain comme métal à transmuer. Ces femmes m'ont raconté que lorsque l'étain se trouvait fondu, Sehfeld projetait une poudre rouge dessus. Une écume d'une couleur irisée se formait alors à la surface du bain et atteignait la hauteur de la main. Cette effervescence durait environ un quart d'heure et durant tout ce temps le métal était le siège d'une agitation intense. Puis l'écume se déposait, tout redevenait tranquille et c'était alors de l'or le plus pur.

« Ces gens se faisaient toutes sortes d'idées à propos de Sehfeld. Ils s'étaient figuré qu'il avait connaissance de ce qui se passait durant son absence, et aussi que la transmutation ne s'opérait que sous l'influence de sa volonté propre. Il leur avait en effet donné un peu de sa poudre teingeante, comme un puissant remède en cas de maladie grave. Mais ils étaient bien trop curieux pour ne pas vouloir en essayer le pouvoir transmutatoire. Un jour qu'il était allé à Vienne, ils résolurent de faire de l'or en son absence. Ils mirent de l'étain à fondre et projetèrent de leur poudre dessus, mais elle resta à la surface du bain sans y pénétrer et sans causer ni écume ni transmutation. Malgré tous les soins qu'ils prirent pour effacer les traces de leur tentative, Sehfeld s'aperçut pourtant, dès son retour, qu'en son absence on avait travaillé dans le local où il avait ses instruments. On le lui avoua et il parut se rendre aux instantes prières qu'on lui adressait pour obtenir le moyen d'accomplir la transmutation en son absence. On fit alors fondre de l'étain et il demeura dans une pièce voisine. Au début la poudre ne voulait pas pénétrer et on alla l'en informer. Il sourit et leur dit de retourner voir et qu'alors la transmutation s'accomplirait. A peine avaient-ils franchi le seuil du local que le champignon se manifesta, et la transmutation concomitante. C'est cette circonstance qui était à l'origine de leurs idées au sujet de ses pouvoirs. Ils étaient cependant bien éloignés de le prendre pour un sorcier. Sans doute avait-il, avant son départ pour Vienne, fait certaines marques à ses ustensiles dans le but de reconnaître si l'on s'en était servi durant son absence. Quant à ce que la poudre n'avait point pénétré pendant qu'il était absent ou dans la pièce voisine, cela s'explique aisément par le fait qu'il ne leur avait pas donné celle avec laquelle il effectuait ses transmutations, et qu'à son retour, il avait discrètement mêlé cette dernière à l'autre, ce qui explique aussi le délai de son action, calculée pour coïncider avec celui de sa réapparition dans la pièce. »

Cette existence tranquille n'allait pas durer. En effet, une nuit, l'établissement de bains fut cerné par un détachement de gendarmerie venu de Vienne. Sehfeld fut aussitôt arrêté et amené dans la capitale, où l'attention avait été attirée sur lui par les quantités d'or qu'il vendait à l'hôtel des monnaies ou aux négociants juifs. L'époque du pouvoir absolu des princes était désormais passée, mais on alla rechercher les vieilles plaintes — datant de plus de dix ans — des bailleurs de fonds du jeune Sehfeld dont il avait dépensé l'argent en pure perte lors de ses premières recherches. On l'accusa donc d'escroquerie et d'abus de confiance, et Sehfeld fut condamné à la détention perpétuelle dans la forteresse de Temesvar, pour ces motifs. Les attendus de la cour précisaient que ses activités présentes, et ses prétendues transmutations n'étaient que charlataneries tendant à faire de nouvelles dupes.

La situation de Sehfeld fut cependant moins mauvaise qu'on eût pu le craindre. En effet, le général baron von Engelshofen, commandant de la forteresse, eut quelques entretiens approfondis avec son nouveau prisonnier et se prit d'amitié pour lui. Il fit alors effectuer une contre-enquête à Vienne et estima que le malheureux Sehfeld avait été victime d'une cabale. Le général von Engelshofen essaya alors de rendre le séjour de Sehfeld à Temesvar le moins pénible possible, l'exemptant de corvées, et lui accordant toutes les libertés envisageables dans les limites du règlement. Il fit même plus, quand au bout d'une année, se rendant à Vienne, il rencontra l'empereur et lui exposa en détail le cas du prisonnier. Citons ici à nouveau la relation de von Justi:

« Quoique son Altesse Impériale ne fût pas encore entièrement convaincue, son attention fut cependant attirée de nouveau sur la personne de Sehfeld et, lorsqu'à la même époque, les circonstances d'une chasse au sanglier amenèrent l'empereur dans les forêts de Rodaun, l'affaire lui revint à l'esprit et il fit mander le maître baigneur Friedrich. Lorsque ce dernier se présenta, on lui fit raconter toutes les circonstances du séjour de Sehfeld et, lorsque, à la même époque, les circonsde ce qu'il pouvait savoir à son sujet. C'est ce qu'il fit avec la franchise et la spontanéité qui sont la marque de la véracité. Il décrivit les moindres circonstances des multiples occasions au cours desquelles il avait assisté, ainsi que sa famille, aux transmutations opérées par son hôte. Quand il eut terminé son récit, Sa Majesté Impériale ne cacha pas son scepticisme sur le fait que Sehfeld était capable de faire de l'or et que sans doute Friedrich se trompait. Alors le maître baigneur fit cette sortie: « Votre Majesté, quand le bon Dieu en personne descendrait du ciel pour me dire: Tu te trompes, Sehfeld ne peut point faire d'or, je lui répondrais: Seigneur Dieu, c'est pourtant la vérité et j'en suis aussi convaincu que du fait que vous m'avez créé. » Je tiens cette anecdote d'un chevalier qui, depuis le début jusqu'à la fin, assista à l'entretien. La conviction de Friedrich, dont la figure ouverte et franche respirait la sincérité et qui, d'autre part, était réputé comme un homme de bien, inclinèrent sans doute Sa Majesté à concevoir une meilleure opinion de Sehfeld. »

Décidant de faire libérer Sehfeld, l'empereur d'Autriche, François Ier, lui demanda alors de reprendre ses recherches alchimiques pour son propre compte. La liberté d'action de l'alchimiste serait totale mais il serait constamment accompagné de deux officiers choisis pour leur honnêteté à toute épreuve. Sehfeld accepta ces conditions avec reconnaissance et effectua en compagnie de ses gardiens plusieurs voyages avant de venir retrouver l'empereur et d'effectuer devant lui certaines expériences chimiques, dont on ne sut rien mais qui, aux dires mêmes de François Ier, le satisfirent entièrement.

Ce qui par contre, le satisfit moins, c'est qu'un jour Sehfeld et ses deux officiers disparurent. Pour reprendre l'expression, fort juste, de von Justi: « Beaucoup de gens sensés ont regardé cette défaillance des deux officiers comme la plus grande présomption du fait que Sehfeld a vraiment su faire de l'or, qu'il en a apporté la preuve aux deux officiers et qu'il leur a communiqué son secret. » Toujours est-il que l'alchimiste ne reparut jamais en Autriche et s'efforça par la suite de conserver l'anonymat le plus complet. C'est seulement par déduction que Karl Schmieder parvint à retrouver trace de Sehfeld, sous les traits d'un Adepte itinérant qui se manifesta une première fois à Amsterdam, et ensuite à Halle où il fit cadeau d'un peu de poudre de projection à un garçon apothicaire. M. Husson, qui a étudié le cas Sehfeld à fond, admet que l'hypothèse de Schmieder est, selon son expression, ingénieuse et tentante; on sent nettement que Bernard Husson, sans vouloir se montrer affirmatif, partage l'opinion de l'érudit allemand.

Voyons donc ce qui se passa à Halle: nous en trouvons une relation dans le n° 6 des *Comptes rendus pour l'avancement des sciences naturelles*, paru en 1774. (Etude de Bernard Husson dans le n° 59 de *Initiation et Science.)*

L'auteur anonyme de ces comptes rendus nous raconte qu'un homme, dont il n'avait pu connaître le nom, et qui était un client assidu d'une pharmacie de la ville, s'adressait toujours au même préparateur et venait le voir fréquemment bien qu'il n'eût assurément pas besoin des produits qu'il achetait puisqu'on les lui voyait ensuite jeter dans la rue. Un dimanche, notre inconnu trouva le préparateur plongé dans un traité d'alchimie au point qu'il n'avait même pas entendu le client entrer. Pour s'excuser, il déclara: « Il n'est pas étonnant qu'à lire les traités d'alchimie on perde conscience de tout ce qui se passe autour de soi: leurs auteurs écrivent en effet de façon tellement obscure et confuse que la concentration d'esprit et la réflexion la plus aiguë ne suffisent point à en tirer des lumières satisfaisantes. »

L'inconnu prit alors la défense des traités hermétiques qu'il qualifia de très véritables et tout à fait dignes de respect. Il suggéra qu'il pourrait éventuellement montrer au préparateur en pharmacie quelques expériences intéressantes si celui-ci consentait à l'aller voir chez lui, ce que l'autre accepta volontiers. Le soir même, il se rendit chez son client qu'il trouva dans une chambre pratiquement démunie de tout confort. Sur un lit misérable il y avait une petite boîte que son hôte lui tendit, il la trouva d'une lourdeur stupéfiante vu ses dimensions: un morceau de plomb de même taille aurait été beaucoup plus léger. L'alchimiste, puisqu'il faut bien l'appeler par son nom, lui donna alors une petite fraction de la poudre contenue dans la boîte. Comme le préparateur se récriait sur la si faible quantité de matière, l'alchimiste en reprit une partie; sans doute avait-il lu la relation d'Helvétius et voulait-il imiter l'envoyé de Philalèthe. Il n'avait cependant pas précisé qu'il s'agissait là de Pierre philosophale, aussi le préparateur demanda ce qu'il devait exactement faire avec cette poudre.

— Mettez de l'argent à fondre, répondit l'alchimiste, et quand il sera en fusion, vous jetterez le papier, comme il est, à sa surface. Continuez alors à maintenir la fusion quelque temps, coulez dans une lingotière et quand vous reviendrez nous en parlerons davantage.

Reprenons ici la relation anonyme: « De retour à son logis, le pharmacien attend que tous ses collègues soient allés se coucher et se rend au laboratoire, où il allume un fourneau à fondre. Comme il n'a rien d'autre sous la main, il prend une cuiller d'argent (à 750 millièmes) pesant environ une once un quart. Il la fait fondre dans un creuset de Hesse, et quand l'argent est en fusion franche, il jette le papier dedans. Aussitôt, le métal contenu dans le creuset se met à bouillonner et il apparaît une écume boursouflée de bulles rouges, à l'effervescence si violente et si fournie que le pharmacien, dans la crainte que le tout ne déborde, se tient prêt les pinces à la main à ôter le creuset du feu au cas où le niveau du métal s'élèverait jusqu'à ses bords; mais quand les bulles les atteignent, elles crèvent et retombent. Les flammes qui entourent le creuset revêtent toutes les nuances de l'arc-en-ciel. Ce magnifique spectacle s'offre un bon quart d'heure aux yeux du pharmacien, avant que tout se calme et que la surface du bain redevienne tranquille et miroitante. Il effectue alors la coulée dans une lingotière plate et se rend fort bien compte, même à la lumière de sa bougie, que ce qui était tout à l'heure un métal blanc est devenu un métal jaune; cependant, vu l'heure tardive, il remet au lendemain les épreuves nécessaires. Dès son réveil, il va voir le résultat de son opération de la veille, et trouve un métal très dense, de haute couleur et très malléable. Le frottant sur une pierre de touche, il constate que la trace n'est pas attaquée par l'eau-forte, mais qu'elle se dissout dans l'eau régale. D'autres essais le convainquirent que le métal était de l'or très pur et résistant à toutes les épreuves. Son poids était d'une once et demie alors que celui de l'argent n'était que d'une once un quart. On devine avec quelle précipitation le pharmacien accourut chez l'alchimiste afin de lui faire part de l'étonnante puissance de sa poudre. Il frappe plusieurs fois à la porte de la chambre où il est venu la veille, mais personne ne répond. »

On pourrait avoir quelque doute sur l'authenticité de cette relation *anonyme* présentant un

Adepte tout comme un pharmacien également *anonymes* en un temps et un lieu incertains; qui plus est, le récit où l'on voit l'alchimiste retrancher la moitié de la poudre qu'il a donnée, et la partie (que j'ai coupée) où le préparateur en pharmacie vend l'or hermétique à un orfèvre peuvent paraître imités des textes d'Helvétius et de Philalèthe. Or, il n'en est rien car Schmieder lui-même a personnellement connu l'auteur des *Comptes rendus pour l'avancement des sciences naturelles* et a pu apporter les précisions suivantes: « L'auteur anonyme des comptes rendus était le Dr von Leysen, conseiller au ministère des Domaines et de la Guerre, directeur des mines et des salines du district de la Saal, fondateur de la Société pour l'avancement des sciences naturelles de Halle, un homme possédant d'éminentes connaissances dans toutes les branches des sciences naturelles, et que le grand Linné honorait même de son estime, comme l'atteste la correspondance qu'il entretint avec lui. Sa *Flora halensis* le range parmi les botanistes de valeur. C'était également un zoologue et un minéralogiste estimé. Mais c'est à la chimie et à la métallurgie qu'allaient ses préférences, et il faisait à l'université des lectures très appréciées sur ces matières.

« Leysen tenait de toute première main les informations qu'il relate sur la transmutation effectuée par le préparateur en pharmacie, qui s'appelait Reussing. Quelques années après cet événement, ce dernier s'était installé comme pharmacien à Löbgune, dans le district de la Saal, à quatre heures de Halle, et sa fille se maria avec Leysen. Reussing était un homme très réservé et sans prétention qui évita soigneusement d'attirer l'attention sur lui du fait de son aventure. Mais il la confia dans ses moindres détails à son gendre et, quand ils étaient réunis, la conversation revenait infailliblement sur cet événement. Je fus moi-même favorisé de l'amitié paternelle de Leysen. » Plus loin il ajoute: « Reussing alla voir l'orfèvre Lemrich dans Lurichstrasse, car la maîtrise de ce dernier dans sa profession le distinguait entre tous ses confrères. Lemrich déclara que cet or était le meilleur qu'il eût vu. Il appréciait tout particulièrement, sans doute, les petites marques étoilées couleur de rubis, lesquelles promettaient à un connaisseur la possibilité de prolonger ultérieurement leur pouvoir transmutatoire. Jamais on ne revit l'Adepte à Halle, et son nom demeure ignoré. Mais sa marque distinctive restait dans le creuset, dans les bulles écarlates, lesquelles permettent de reconnaître la teinture de Sehfeld. »

C'est là la dernière trace matérielle que nous aurons de cet alchimiste qui, comme nombre de ses confrères, s'évanouit ensuite définitivement. Le lecteur attentif aura peut-être remarqué que, tout au long de ce chapitre, j'ai désigné Sehfeld comme « alchimiste » et non comme « Adepte ». C'est qu'en effet, les antécédents du personnage, puis l'utilisation qu'il fit de sa provision de Pierre philosophale, me font sérieusement douter qu'il l'ait réalisée lui-même et que par suite il ait été un véritable Adepte. Sehfeld ne fut certes pas un mauvais homme, mais il n'en fut pas moins un peu charlatan dans sa jeunesse, puis un peu trop empressé à fabriquer des quantités d'or pour lui seul, une fois en possession du secret. Aussi ne me semble-t-il nullement impossible que Sehfeld, au cours des dix années passées hors de l'Autriche, ait rencontré Lascaris qui voyageait en Allemagne à la même époque et ait obtenu de lui une provision de teinture, ce qui expliquerait son comportement ultérieur. On remarquera en particulier qu'après sa libération de la forteresse, il reprit ses travaux alchimiques et (je cite von Justi), « effectua diverses expériences qui satisfirent grandement Sa Majesté Impériale ». Puisque la réputation de faiseur d'or de Sehfeld était établie, il me semble probable que s'il avait effectué une transmutation devant l'empereur, celui-ci l'aurait aussitôt fait savoir au moins aux hauts dignitaires de sa cour. Plus probablement, Sehfeld lui fit voir une des phases du magistère, pour lui montrer qu'il progressait; mais, à mon avis, il était incapable de renouveler par lui-même sa provision de poudre. Sans doute acheta-t-il les deux officiers avec une provision d'or qu'il avait cachée en prévision d'une telle éventualité, ou bien les fit-il disparaître d'une façon ou d'une autre (puisque l'empereur avait choisi les hommes les plus incorruptibles de sa garde) et retourna-t-il dans le reste de l'Europe à la recherche de Lascaris. On connaît le bon cœur de ce dernier lorsque l'un de ses missionnés, tel Böttger, se trouvait en difficulté en raison de sa mission, même s'il s'était montré imprudent. On peut donc supposer que Sehfeld réussit à retrouver le Maître et obtint de lui une nouvelle provision de poudre après lui avoir fait le récit de ses malheurs.

Bernard Husson, lui, pense que Sehfeld a pu accéder à l'état de philosophe Adepte sur la fin de sa vie, suivant en cela une route similaire à celle de Michel Sendivogius qui posséda la Pierre philosophale, sans l'avoir trouvée.

## 11

# LE COMTE DE SAINT-GERMAIN

Il n'est pas dans mon propos de retracer ici l'histoire de ce personnage énigmatique puisque tant d'auteurs y ont consacré des livres entiers (1). J'examinerai seulement si les qualificatifs d'alchimiste, et même d'Adepte, généralement accolés au nom du comte de Saint-Germain sont justifiés et si, par suite, il mérite de figurer dans cette galerie.

L'existence historique du comte commence en 1743 à Londres. En 1745, en effet, il eut maille à partir avec la justice, qui le soupçonnait d'être un espion de l'étranger, et à ce propos Horace Walpole précisa: « Il est là *depuis deux ans* et se refuse à dire qui il est, d'où il vient, mais il admet qu'il ne porte pas son nom. » Le comte était alors décrit comme un homme de taille moyenne, âgé de quarante-cinq ans environ, fort aimable et grand parleur. Il est certain que Saint-Germain n'était pas son nom mais un pseudonyme puisqu'il déclara un jour à son bienfaiteur le landgrave de Hesse: « Je me nomme Sanctus Germanus, le saint frère. »

On sait ensuite qu'après avoir passé quelques

(1) Chacornac: *Le comte de Saint-Germain*, Chacornac, 1947. Moura et Louvet: *Saint-Germain, le Rose-Croix immortel*, J'ai Lu, 1969.

années en Allemagne, il vint à la cour de Louis XV en 1758. Mme de Pompadour nous a laissé une description de Saint-Germain: « Le comte paraissait avoir cinquante ans; il avait l'air fin, spirituel, était mis très simplement, mais avec goût. Il portait aux doigts de très beaux diamants, ainsi qu'à sa tabatière et à sa montre. » Cet étranger, cet inconnu dont le titre de noblesse était plus que douteux et le nom pour le moins incertain, sut se faire admettre dans l'intimité de Louis XV qui lui accordait des entretiens privés. C'est d'ailleurs cet ascendant qu'il prenait sur le roi qui irrita fortement le ministre Choiseul et fut cause de la disgrâce de Saint-Germain et de son exil. On sait enfin que le comte passa les derniers temps de sa vie dans le château du landgrave de Hesse où il mourut, dit-on, le 27 février 1784. Il faut cependant noter que cette « mort » eut lieu pendant une des rares absences du landgrave ne laissant autour du comte que quelques femmes faciles à acheter.

★

Après ce bref résumé de la vie connue de Saint-Germain, étudions comment cet étrange personnage prétendit avoir des activités alchimiques et voyons s'il y a lieu de le considérer comme un Adepte.

Que le comte se soit vanté à la cour, et en présence de nombreux témoins, de savoir augmenter la taille des diamants, qu'il ait par deux fois transmuté des pièces d'argent en or et qu'enfin il ait très nettement laissé entendre qu'il était en possession de l'élixir de longue vie, qu'il en usait et qu'il était beaucoup plus âgé qu'il ne le paraissait, tels sont les faits avérés, mais il faut aussi faire justice de certaines fables. On rapporte que le comte prétendait avoir connu Ponce Pilate ou Jules César: en fait, il racontait seulement des faits historiques des siècles passés comme un témoin oculaire aurait pu le faire, c'est-à-dire en s'attachant aux petits détails, et non comme un historien, même très averti. Parfois il se coupait, ou faisait semblant de se couper et, au lieu de dire: « Tel personnage dit alors à Henri IV », il commençait: « Je dis alors à Henri IV », puis se reprenait. Il semble bien qu'il s'agissait là d'une sorte de jeu et, en tout cas, il ne prétendit jamais être âgé d'un millier d'années comme on l'a raconté depuis.

Examinons maintenant séparément les différents points. D'abord son art de faire grossir les diamants repose-t-il sur un témoignage sérieux? Nous avons là un récit de Mme du Hausset, femme de chambre de Mme de Pompadour, qui est tout à fait digne de confiance, contrairement aux fameux mémoires de la comtesse d'Adhémar qui sont apocryphes puisqu'elle est née en 1760 et que le comte quitta Paris l'année précédente. Donc, un jour en présence de Mme du Hausset, le comte de Saint-Germain parlait devant le roi de son habileté à faire grossir les diamants ou à les débarrasser de leurs taches. Louis XV envoya aussitôt quérir une pierre de grosseur moyenne mais abîmée par un crapaud. La montrant au comte, il lui dit:

— Le diamant est estimé à six mille livres, mais il en vaudrait dix mille sans la tache. Voulez-vous vous charger de me faire gagner quatre mille livres?

M. de Saint-Germain, après avoir soigneusement examiné la pierre à l'aide d'une forte loupe, répondit que c'était parfaitement possible mais que cela lui prendrait environ un mois. Le roi consentit volontiers au délai.

« Un mois après, nous dit Mme du Hausset, il rapporta le diamant enveloppé dans une toile d'amiante. La tache avait disparu. On le pesa. La différence était à peine sensible. M. de Gontaut, envoyé immédiatement chez le joaillier de la couronne, reçut neuf mille six cent livres. Le roi fit redemander le diamant et le garda par curiosité. Mais était-ce bien le même? En un mois Saint-Germain avait pu envoyer à Amsterdam, choisir et au besoin faire tailler une autre pierre à peu près semblable mais sans tache; grâce à ses ressources occultes, la différence de prix était pour lui peu de chose. Le roi n'en fut pas moins étonné et s'écria que Saint-Germain, avec ce secret, devait se trouver riche à millions, surtout s'il savait, comme on l'affirmait, fondre plusieurs petits diamants en un seul. A une question que Louis XV lui posa dans ce sens, il ne répondit ni oui ni non, mais il affirma savoir faire grossir les perles et leur donner la plus belle eau. La perle étant causée par une maladie de l'huître, il prétendait aussi connaître la façon de provoquer cette maladie. »

Il est évident que les doutes de Mme du Hausset, et ceux que dut avoir le roi lui-même, étaient parfaitement justifiés. Toutefois, deux mots dans la relation de la femme de chambre de Mme de Pompadour sont à retenir: « ressources occultes ». Il est en effet parfaitement établi que le comte de Saint-Germain ne jouissait d'aucun revenu fixe, qu'il ne recevait absolument jamais de ces lettres de change qui permettaient aux nobles vivant à la cour de toucher le produit de leurs terres. Et il n'est pas moins certain que M. de Saint-Germain fut d'une prodigalité inouïe aussi bien en or qu'en bijoux de toute nature. Par ailleurs, il semble bien que le comte, éternel errant, ne possédait ni biens ni terres; l'hypothèse d'une origine hermétique à ses richesses toujours renouvelées n'est donc nullement absurde.

Examinons maintenant les récits des transmutations effectuées par le comte. Il en existe deux dont l'un est authentique puisqu'il fut fait par le chevalier de Casanova, violemment hostile à Saint-Germain; l'autre est au mieux un ouï-dire puisqu'il figure dans les mémoires de la comtesse d'Adhémar, où cette noble dame prétend avoir bien connu M. de Saint-Germain à la cour du roi Louis XV alors qu'elle n'était pas encore née! Au contraire, la véracité de Casanova, personnage peu sympathique et fort mal disposé envers le comte, ne saurait être mise en doute. Saint-Germain résidait alors à Tournai où se trouvait précisément le chevalier de Casanova, sans doute en train de séduire quelque jeune beauté de la région. Casanova avait déjà rencontré le comte à la cour de France, aussi il se fit annoncer chez lui. M. de Saint-Germain ayant eu l'occasion de lui montrer une petite bouteille contenant une certaine teinture, le chevalier l'interrogea sur les pouvoirs de cette substance. Ecoutons-le:

« C'était une liqueur blanche contenue dans une fiole bien bouchée. M'ayant dit que cette liqueur était l'esprit universel de la nature et que la preuve en était que cet esprit sortirait à l'instant de la fiole si l'on piquait le plus légèrement possible la cire avec une épingle, je le priai de m'en faire voir l'expérience.

« Il me donna une fiole et une épingle. Je perçai doucement la cire et en effet, la fiole s'est entièrement vidée.

« — C'est superbe, lui dis-je, mais à quoi bon tout cela?

« — C'est ce que je ne puis pas vous dire. C'est mon secret.

« Ambitieux comme à son ordinaire de ne me laisser partir qu'émerveillé, il me demanda si j'avais de la monnaie. Je tirai quelques pièces que je mis sur la table.

« Se levant alors sans me dire ce qu'il allait faire, il prit un charbon ardent qu'il mit sur une plaque de métal. Puis il me demanda une pièce de douze sols qui se trouvait parmi plusieurs autres monnaies. Il mit dessus un petit grain noir, plaça la pièce sur le charbon qu'il souffla avec un chalumeau de verre et en moins de deux minutes, je la vis incandescente: « Attendez, me dit alors l'alchimiste, qu'elle soit refroidie. » Ce fut fait en une minute. « Prenez-là, ajouta-t-il, et emportez-la, car elle vous appartient. » Je la pris. Elle était d'or. Je ne doutai pas un moment qu'il n'eût escamoté la mienne en y substituant celle que je tenais et qui sans doute était blanchie à l'avance. Cependant, je ne voulus pas lui en faire des reproches; mais afin qu'il fût persuadé que je n'étais pas sa dupe, je lui dis: « C'est admirable, comte, mais une autre fois, pour être plus certain d'étonner le plus clairvoyant, il faut le prévenir de la transmutation que vous allez opérer, car alors il pourra regarder attentivement l'opération et remarquer la pièce d'argent avant que vous ne la placiez sur le charbon ardent. »

« — Ceux qui peuvent douter de ma science,

repartit le fourbe, ne sont pas dignes de me parler.

« Cette façon arrogante le caractérisait et ne m'était pas nouvelle. » (Plus loin il ajoute) : « Sa pièce était d'or pur et deux mois après le feld-maréchal Keith s'en étant montré curieux pendant mon séjour à Berlin, je m'en défis en sa faveur. »

Les doutes exprimés ici par Casanova me semblent beaucoup moins convaincants que ceux de Mme du Hausset, l'incroyable orgueil du chevalier ne supportant pas qu'un autre pût être plus brillant et plus savant que lui. Par ailleurs il connaissait bien Saint-Germain et ses pratiques, aussi suis-je certain que Casanova observa attentivement la manipulation du comte.

Il semble donc bien que le comte ait été en possession d'une teinture philosophale. Si tel était le cas, Saint-Germain possédait sans doute aussi l'élixir de longue vie, ce qui pourrait justifier les légendes de longévité qui ont couru sur lui. Examinons rapidement les faits positifs et assurés concernant ce dernier point. Son histoire étant bien établie entre 1743 et 1784, il convient de rechercher les témoignages de personnes dignes de foi qui l'auraient connu avant ou après ces deux dates limites. En fait, on s'aperçoit que de tels témoignages existent. La première relation nous est fournie par la comtesse de Gergy, qui fut ambassadrice de France auprès de l'Etat vénitien. Elle rencontra Saint-Germain chez Mme de Pompadour et parut stupéfaite. Elle déclara se souvenir avoir connu à Venise, en 1700, un noble étranger qui ressemblait étonnamment au comte, quoique portant alors un autre nom. Elle lui demanda s'il ne s'agissait pas de son père ou d'un de ses parents.

« — Non, madame, répond le comte sans

s'émouvoir. Il y a beaucoup plus longtemps que j'ai perdu mon père. Mais je demeurais moi-même à Venise à la fin du siècle dernier et, au commencement de celui-ci, j'avais l'honneur de vous y faire la cour et vous aviez la bonté de trouver jolies quelques barcaroles de ma composition que nous chantions ensemble.

« — Pardon de ma franchise, mais cela n'est pas possible, le comte de Saint-Germain d'alors avait quarante-cinq ans et vous n'avez certainement que cet âge au moment où nous parlons.

« — Madame, répondit le comte en souriant, je suis fort vieux.

« — Mais il faudrait à ce compte que vous eussiez près de cent ans.

« — Cela n'est pas impossible!

« Et le comte se met à raconter à Mme de Gergy une foule de détails se rattachant au séjour qu'ils ont fait ensemble dans l'Etat vénitien. Il offre à cette dame, si elle doute encore, de lui rappeler des circonstances, des remarques...

« — Non, non, interrompit la vieille ambassadrice, me voilà bien convaincue, mais vous êtes un homme... un diable bien extraordinaire... » (Cité par Touchard Lafosse dans *Les Chroniques de l'œil-de-bœuf*.)

Au-delà de 1784, maintenant, nous trouvons au moins une intervention du comte qui semble faire peu de doute. L'année qui suivit sa mort, il assista à la convention maçonnique de Paris qui se tint le 15 février 1785. Elle réunissait les Rose-Croix, avec la secte des Illuminés, celle des Cabalistes et celle des Humanitaires. Les archives de la Franc-maçonnerie prouvent de façon certaine que le comte de Saint-Germain y assista, en compagnie de Mesmer, Lavater, Saint-Martin, etc., et qu'il y prit la parole. Enfin, avant de conclure sur ce sujet, il faut nous souvenir d'un autre fait tout à fait assuré. Le comte ne mangeait jamais. Au cours de tous les repas auxquels il assista, il refusa obstinément de prendre la moindre nourriture, se contentant de parler et d'éblouir l'assistance par ses relations historiques ou ses traits d'esprit. On peut reconnaître là aussi l'influence de l'élixir philosophal qui permet à l'Adepte supérieur de vivre débarrassé des contingences matérielles. Comme je l'ai déjà dit, l'alchimiste arrivé à ce stade ne mange désormais plus que pour son plaisir. Or, il est parfaitement possible que M. de Saint-Germain n'ait plus éprouvé aucun plaisir pour les nourritures terrestres. A noter aussi qu'en ce siècle licencieux, le comte ne s'intéressait nullement aux femmes (ni aux mignons de l'époque d'ailleurs) et menait une vie remarquable de chasteté.

Que conclure? Il semble probable que le comte de Saint-Germain ait possédé une réserve de Pierre philosophale dont il usa à la fois pour ses besoins financiers matériels, pour se maintenir en bonne santé et pour prolonger sa vie au-delà du terme normal (1). On découvre en effet à Vienne, en 1687, un certain signor Geraldi, qui offre une ressemblance frappante avec le comte et qui pendant trois ans étonna les habitants de la capitale de l'Autriche, puis un jour disparut. On trouve ensuite Lascaris, eh oui, l'Adepte Lascaris que nous venons

(1) Même si nous refusons l'hypothèse de la longévité, il est certain que le comte qui avait quarante-cinq ans environ en 1743 est décédé à quatre-vingt-six ans au moins, en 1784, ce qui est déjà un âge très supérieur à la moyenne de vie du siècle.

d'étudier et qui se signale à l'attention de ses contemporains peu après la disparition de Geraldi. Quel rapport, me direz-vous, avec le comte de Saint-Germain? Je ne sais pas, je l'avoue franchement, mais je me pose quand même certaines questions. Les descriptions physiques des trois hommes sont extrêmement proches, tous trois étaient de taille moyenne, d'âge moyen, connaissant de nombreuses langues, aimant par-dessus tout à parler, tous trois semblaient en possession de la Pierre philosophale. Certes, Geraldi, Lascaris et Saint-Germain n'ont nullement évolué dans le même milieu mais l'éclipse de l'un correspond assez bien à la mise en lumière de l'autre.

On perd la trace de Geraldi en 1691 et Lascaris apparaît deux ou trois ans plus tard; à son tour, il disparaît entre 1730 et 1740, juste avant l'apparition du comte en Angleterre...

Par ailleurs les rapports de Saint-Germain avec la société des Rose-Croix ne font guère de doute. D'aucuns prétendent même que Saint-Germain n'était autre que Christian Rosencreutz, le fondateur de la confrérie de la Rose-Croix qui, après avoir découvert le secret hermétique, aurait acquis l'immortalité et, par la suite, serait réapparu dans l'Histoire sous diverses identités, entre autres celle de Philalèthe. Je n'irai pas aussi loin, mais il me semble très probable que Saint-Germain fut un haut missionné de la Rose-Croix et que ce furent les maîtres de cette société secrète et toujours mystérieuse qui lui donnèrent l'initiation hermétique. Succéda-t-il à Lascaris, qui aurait lui-même succédé à Geraldi, pour porter l'apostolat alchimique dans des couches de la société différentes et dans des pays différents, c'est possible. Fût-ce un même personnage qui porta tour à tour des noms différents avant de mourir, ou de disparaître, plus que centenaire, il se peut. En tout cas, s'il ne fut pas Adepte lui-même, le comte de Saint-Germain fut au moins un missionné hermétique car son histoire ne peut s'expliquer qu'à la lumière de la Pierre philosophale.

## 12

## LES ADEPTES DU XX$^{e}$ SIÈCLE

Malgré les démonstrations éclatantes auxquelles nous venons d'assister, l'alchimie sombra dans le discrédit à la fin du XVIII$^{e}$ siècle et au commencement du XIX$^{e}$ siècle, et cela principalement sous l'influence du chimiste français Lavoisier dont les nouvelles théories, qui furent bientôt partout admises, rendaient absolument impossible l'idée de transmutation métallique. La science officielle, désormais bien établie, qualifia de supercheries toutes les relations de transmutations des siècles précédents puis décida de les ignorer. Comprenant alors que leur apostolat était vain, les Adeptes décidèrent d'abandonner tout esprit de prosélytisme et de travailler désormais pour eux seuls.

C'est pourquoi nous ne connaissons plus au XIX$^{e}$ puis au XX$^{e}$ siècle que quelques rares représentants de l'Art hermétique. Qui plus est, ces auteurs s'entourèrent d'un grand luxe de précautions pour rester anonymes et totalement inconnus du public. Que ce soit Cyliani en 1832, ou Fulcanelli de nos jours, il est toujours impossible de savoir qui se cachait derrière ces pseudonymes hermétiques.

Cyliani précisa seulement qu'il avait réussi la transmutation le Jeudi Saint 1831 à dix heures sept minutes. Voici le début de la préface de son *Hermès dévoilé*:

« Le ciel m'ayant permis de réussir à faire la Pierre philosophale, après avoir passé trente-sept ans à sa recherche, veillé quinze cents nuits au moins sans dormir, éprouvé des malheurs sans nombre et des pertes irréparables, j'ai cru offrir à la jeunesse, l'espérance de son pays, le tableau déchirant de ma vie afin de lui servir de leçon et en même temps la détourner d'un Art qui offre au premier coup d'œil les roses blanches et rouges les plus agréables, hérissées d'épines, et dont le sentier qui conduit au lieu où on peut les cueillir est plein d'écueils.

« Comme la médecine universelle est un bienfait plus précieux que le don des richesses, sa connaissance doit naturellement entraîner à sa recherche les hommes studieux, qui croient être plus heureux qu'une multitude de personnes. Voilà la raison qui m'a porté à transmettre à la postérité les opérations à faire dans le plus grand détail, sans rien omettre, afin de la faire connaître, de prévenir aussi la ruine des honnêtes gens et de rendre service à l'humanité souffrante.

« Le lecteur qui sera pénétré de mes opérations n'aura qu'à chercher la matière, le feu et les travaux d'Hercule. Tous les philosophes en ont fait par devoir un mystère. J'ai juré à Dieu d'emporter dans la tombe ce secret et ne serai point parjure, dût-on me lapider, et préfère déplaire aux hommes qu'à l'Eternel. »

Il n'est évidemment pas certain que Cyliani ait été sincère dans son affirmation d'avoir réussi la chrysopée; son traité semble assez véridique à l'exception de ce qui touche à la matière première qui est désignée métaphoriquement par l'or. Jamais on n'a pu savoir qui il était, mais aujourd'hui *Hermès dévoilé* est régulièrement réédité et tout aussi prisé qu'un ouvrage classique.

Les autres alchimistes du XIXe siècle ont préféré rester dans l'ombre, exception faite de J.-F. Cambriel qui, de son propre aveu, ne trouva jamais le secret, et de l'archimiste Tiffereau. Notre XXe siècle, par contre, brille d'un vif éclat hermétique.

★

## FULCANELLI

En 1926, paraissait chez l'éditeur parisien Schemit, un livre signé du pseudonyme Fulcanelli et appelé *le Mystère des Cathédrales et l'interprétation ésotérique des symboles hermétiques du Grand Œuvre*. Cet ouvrage qui passa d'ailleurs inaperçu lors de sa parution fut suivi quatre ans plus tard d'une seconde œuvre de longueur double, *les Demeures philosophales et le symbolisme hermétique dans ses rapports avec l'Art sacré et l'ésotérisme du Grand Œuvre*. Ces deux volumes sont aujourd'hui révérés par les étudiants en Art hermétique au même titre que *la Nouvelle Lumière Chymique* du Cosmopolite ou *l'Entrée ouverte au palais fermé du Roi* de Philalèthe. Il s'agit en effet de deux des meilleurs, des mieux fondés, des plus clairs, traités d'Art hermétique.

Quel était donc cet Adepte contemporain qui parvint à s'isoler du monde mécanique moderne pour consacrer de nombreuses années à l'élaboration de la Pierre philosophale? Eh bien, malgré la proximité du temps, malgré l'existence actuelle de témoins qui connurent Fulcanelli, malgré les méthodes d'investigation modernes, on est toujours réduit à des hypothèses dont aucune ne paraît fondée.

Les deux livres de l'Adepte inconnu furent préfacés par M. Eugène Canseliet, alors tout jeune homme. Mais M. Canseliet est avare de détails biographiques et il ne faut pas compter sur lui pour éclairer l'énigme de Fulcanelli. Ecoutons-le, dans sa préface à la première édition du *Mystère des Cathédrales*: « C'est, pour le disciple, une tâche ingrate et malaisée que la présentation d'une œuvre écrite par son propre maître.

« ... L'auteur de ce livre n'est plus, depuis longtemps déjà, parmi nous. L'homme s'est effacé. Seul son souvenir surnage. J'éprouve quelque peine à évoquer l'image de ce maître laborieux et savant, auquel je dois tout, en déplorant, hélas! qu'il soit parti si tôt. Ses nombreux amis, frères inconnus qui attendez de lui la résolution du mystérieux verbum di missum, le regretteront avec moi.

« Pouvait-il, arrivé au faîte de la connaissance, refuser d'obéir aux ordres du destin?

« ... Mon maître le savait. Il disparut quand sonna l'heure fatidique, lorsque le signe fut accompli. Qui donc oserait se soustraire à la loi? Moi-même, malgré le déchirement d'une séparation douloureuse, mais inévitable, s'il m'arrivait aujourd'hui l'heureux avènement qui contraignit l'Adepte à fuir les hommages du monde, je n'agirais pas autrement. »

Dans la préface à la seconde édition, Eugène Canseliet déclare: « Quand *le Mystère des Cathédrales* fut rédigé, en 1922, Fulcanelli n'avait pas reçu de don de Dieu, mais il était si près de l'illumination suprême qu'il jugea nécessaire d'attendre et de garder l'anonymat, par lui d'ailleurs constamment observé, plus encore peut-être par inclination de caractère qu'en souci d'obédience rigoureuse à la règle du secret. » De ces deux textes nous retirons tout au plus deux ou trois faits positifs. Fulcanelli découvrit la Pierre philosophale entre 1922, date de la rédaction, et 1926, date de la parution de son premier ouvrage, et se retira de ce monde comme tout véritable Adepte est amené à le faire; ce qui ne signifie pas qu'il mourut comme l'ont cru certains. Ces explications, hermétiques au sens traditionnel comme vulgaire du terme, ne satisfirent pas les lecteurs du maître anonyme. De nombreux écrivains et journalistes ont proposé des solutions à cette énigme irritante, les quatre hypothèses principales étant que Fulcanelli était l'écrivain J. H. Rosny aîné, ou le libraire érudit Pierre Dujols, ou le peintre Jean-Julien Champagne, illustrateur des œuvres de l'Adepte, ou, enfin, M. Canseliet lui-même.

Deux seulement de ces hypothèses valent qu'on s'y arrête. En effet, aucun commencement de preuve n'a pu être apporté que l'énigmatique alchimiste fût Rosny aîné, qui avait une vie publique accaparante, ou le libraire Dujols qui écrivait des études alchimiques sous le nom de Magophon et n'avait donc aucun besoin de se cacher sous le pseudonyme de Fulcanelli.

Les raisons qui ont abouti à l'identification Fulcanelli-Canseliet sont les suivantes: c'est M. Canseliet qui possédait les manuscrits des *Demeures philosophales* et du *Mystère des Cathédrales*, c'est lui qui les fit éditer et en perçut les droits d'auteur, il est enfin lui-même alchimiste et professe des opinions identiques à celles de Fulcanelli. Eugène Canseliet, lui, se décrit seulement comme le disciple et l'exécuteur du testament spirituel de son maître. En fait, il me semble exister une excellente raison d'une part, et une preuve manifeste d'autre part, pour refuser cette identification. M. Canseliet n'aurait eu intérêt à dissimuler son nom sous un pseudonyme que s'il avait voulu laisser ignorer sa qualité d'alchimiste. Or, non seulement il ne la cache pas, mais il a, sous son propre nom, écrit plusieurs ouvrages sur l'Art hermétique. Feindre de ne pas être l'auteur des ouvrages de Fulcanelli serait donc pour lui une absurdité et un acte gratuit dénué de signification.

Quant à la preuve, eh bien elle réside justement dans la comparaison des styles du maître et de l'élève. Je m'en vais citer deux passages particulièrement symptomatiques de la manière de rédiger de Fulcanelli et d'Eugène Canseliet; il ne peut y avoir aucun doute, ce n'est pas la même main qui a écrit ces lignes.

Voici un extrait des *Demeures philosophales* (Tome I, page 182) de Fulcanelli: « Laissons donc de côté ces procédés et ces teintures. Ce qui importe surtout, c'est de retenir que la Pierre philosophale s'offre à nous sous la forme d'un corps cristallin, diaphane, rouge en masse, jaune après pulvérisation, lequel est dense et très fusible, quoique fixe à toute température, et dont les qualités propres le rendent incisif, ardent, pénétrant, irréductible et incalcinable. Ajoutons qu'il est soluble dans le verre en fusion, mais se volatilise instantanément lorsqu'on le projette sur un métal fondu. Voilà, réunies en un seul sujet, les propriétés physicochimiques qui l'éloignent singulièrement de la nature métallique et en rendent l'origine fort nébuleuse. Un peu de réflexion nous tirera d'embarras. »

Voici maintenant un extrait d'une des trois préfaces que M. Canseliet écrivit pour ces mêmes *Demeures philosophales* (Tome I, page 50) : « Si l'on devait rechercher les raisons de l'audience, complètement favorable et sans cesse grandissante, que l'alchimie retrouve aujourd'hui, il faudrait retenir en plus de l'effet indéniable d'irrésistibles universaux, la plus importante, sans doute, qui est la faillite d'un enseignement dénué de spirituelles préoccupations et très proche d'abandonner, totalement, les lettres et les humanités qu'il craint autant qu'il les méprise. Tout effort s'y trouve banni, qui chercherait à convertir, en notions intellectuelles, l'intuition féconde, la vision émotionnelle de l'absolu sans limite d'espace et de durée. Ainsi, la moindre velléité d'une quelconque résolution est-elle découragée d'avance; la plus modeste tentative d'une approximation, inévitablement indéfinie, est-elle réprimée, qui épanouirait graduellement l'âme de l'homme au sein de l'âme universelle. »

Le style précieux, empreint du classicisme des siècles passés, de M. Canseliet n'a aucun rapport avec la langue beaucoup plus simple et directe de Fulcanelli. C'est pourquoi je considère cette identification comme pouvant être définitivement rejetée. En ce qui concerne la seconde hypothèse, Jean-Julien Champagne, plusieurs auteurs l'ont avancée. Je vais reproduire ici les deux pages que Pierre Geyraud, dans son ouvrage *l'Occultisme à Paris,* a consacrées au sujet, car elles résument parfaitement toute l'argumentation:

« Ce Champagne était un homme de petite taille, à longues moustaches gauloises, féru d'argotique, dont il soutenait que c'était un style à clé et que cette clé n'était autre que cette vieille argotique ou langue verte. Il professait, dès avant la parution des deux ouvrages, des idées qui s'y retrouvent. Venu habiter en compagnie de Canseliet au début de 1925, au 59 de la rue Rochechouart, ils y prirent au sixième étage leur mansarde respective. Champagne devait vivre là, jusqu'à sa mort, d'une existence en apparence misérable, que démentait péremptoirement la périodicité régulière d'une grasse mensualité. Qui lui versait de la sorte une pension quasi princière? Quelles raisons dictaient cette constante et généreuse sollicitude? A cette question, Canseliet eut répondu, sans aucun doute: Fulcanelli! ne s'embarrassant guère d'expliquer pourquoi lui-même ne jouissait pas d'une semblable mesure. Quoi qu'il en soit, tous deux resserrèrent dans leur nouvelle demeure leurs relations d'amitié, sans que rien ne pût jamais indiquer qu'ils joignirent leurs efforts dans l'œuvre physique, ni quel fut le rôle réel et réciproque dans la mise au point des deux ouvrages livrés par eux à la publication.

« Il est indéniable pourtant que, pendant les sept années qu'ils passèrent ainsi l'un près de l'autre et dans l'intervalle desquelles se place normalement cette double et mystérieuse édition, ce fut toujours Canseliet seul qui fréquenta la Bibliothèque nationale, Champagne ne quittant pas sa chambre où le retenaient sans doute de plus importantes préoccupations. Installé, ai-je dit, dans une pièce voisine, Canseliet professait pour son vieil ami le plus grand respect. Celui-ci, qui avait des dons de guérisseur, menait aussi avec une ardeur concentrée, des recherches alchimiques dans un laboratoire, devant un four à feu lent et des cornues. Il devait y obtenir un éclatant succès: il avait fini par détenir la matière première. D'ailleurs il était prédestiné à ce triomphe: son ciel natal, récemment étudié par un astrologue est « celui d'un alchimiste ayant trouvé la Pierre ». Il s'occupa aussi de sociétés secrètes. Il fonda la fraternité d'Héliopolis, cette fraternité que beaucoup d'occultistes croient être une société secrète fort étendue et puissante et qui n'a jamais en réalité compté que quelques membres, dont M. Canseliet. (Or, les livres de Fulcanelli sont dédiés à la fraternité d'Héliopolis; et ce nom d'Hélios, soleil, se retrouve phonétiquement, avec celui de Vulcain, le feu, dans le pseudonyme Fulcanelli.)

« Il contribua à constituer dans les parages de l'église Saint-Merry une société luciférienne très fermée, dont il dessina lui-même, pour l'occultum où se tenaient les séances rituéliques, le baphomet, démon mâle et femelle, à tête et pieds de bouc; à ce simulacre templier, dont le bras droit est abaissé, le bras gauche levé dans le geste alchimique et traditionnel du « coagula, solve », il ajouta sous la main droite un postérieur mitré et, brandi par la main gauche, un emblème impossible à décrire. Toutefois cet effrayant dessin fut plus tard modifié, enlevant au symbole satanique son caractère d'irréligion et de grossière sexualité.

« Quelque temps après, en 1932, Champagne devait mourir d'une mort affreuse et lente, rue Rochechouart, pour avoir trahi la secte. Après une lutte inégale et atroce, son corps supplicié, dont la blessure horrible fit croire à quelque lésion lépreuse, fut inhumé au cimetière de Villiers-le-Bel où M. Canseliet entretient avec piété son humble sépulture. Une inscription latine qui eût réclamé l'anonymat pour prendre toute sa valeur et exclure tout sentiment de vanité posthume, nous dit que repose en cet endroit un apôtre de la science hermétique: *Apostolus hermeticae scientiae*. Les soins dont Canseliet entoure cette tombe ne sont-ils pas significatifs? D'ailleurs, l'éditeur des deux ouvrages, M. Jean Schemit, n'a jamais connu de tierce personne dans l'amitié de MM. Canseliet et Champagne; et la concierge de la rue Rochechouart n'a jamais vu, parmi les familiers de M. Champagne, que M. Canseliet, M.D. (un libraire très curieux de sciences alchimiques) et un jeune homme (M. S., qui devait jouer un rôle important dans la société luciférienne). Pas de doute, donc, sur l'identité de Fulcanelli. »

A cette étude, il convient d'ajouter des révélations qui furent faites par diverses personnes à qui le peintre Jean-Julien Champagne aurait déclaré, verbalement ou même par écrit, qu'il était bien Fulcanelli. Malheureusement, cette identification est tout aussi peu assurée que la précédente. Les mystérieuses occupations de Champagne, et son horrible mort, ont une explication toute simple: l'absinthe. Sa mensualité, on le sait aujourd'hui, lui était effectivement versée par Fulcanelli qui savait son malheureux ami condamné à plus ou moins brève échéance. Eugène Canseliet, lui, avait reçu en partage les manuscrits du maître qui lui en avait abandonné par avance les droits d'auteur, car Canseliet était destiné dans l'esprit de l'Adepte à une longue carrière vouée à la science hermétique. Par ailleurs, Jean-Julien Champagne aurait été bien incapable d'écrire les œuvres de Fulcanelli qui réclament une érudition qui ne s'acquiert qu'après de très nombreuses années studieuses passées dans les plus grandes bibliothèques. Il n'aurait eu ni le temps ni la force physique d'accomplir l'énorme travail de recherche qu'on distingue à la lecture du *Mystère des Cathédrales* ou des *Demeures philosophales*. Quant à ses « confidences », je n'en mets point en doute la réalité, bien au contraire. Champagne, alors étudiant, s'était fait une spécialité des farces et des mises en boîte, cela joint à son tempérament d'alcoolique explique plus qu'il n'est besoin son affirmation d'avoir été Fulcanelli. Enfin, pour lui comme pour Dujols ou Rosny aîné, il y a une excellente raison, une raison absolument définitive, pour qu'ils n'aient pu être le célèbre Adepte: c'est que tous trois sont très réellement morts.

★

Une question se pose maintenant: Fulcanelli réalisa-t-il en notre siècle une transmutation métallique? Dans son ouvrage *Alchimie*, j'ai relevé la phrase suivante de M. Canseliet: « Peu de temps après l'expérience heureuse de l'usine à gaz, exactement la magistrale démonstration effectuée devant trois témoins dont un seulement est trépassé, Fulcanelli, etc. » J'ai donc écrit à Eugène Canseliet pour lui demander s'il pouvait m'apporter quelques précisions sur ce que fut cette expérience « heureuse ». Voici sa réponse: *« C'est dans « Alchimie » que j'ai évoqué l'expérience de l'usine à gaz que je vous précise avoir été celle de Sarcelles et qui a maintenant disparu. Au vrai l'expérience consista en une transmutation du plomb en or, que j'exécutai dans mon petit laboratoire de l'usine, avec la poudre de Fulcanelli et suivant ses instructions. Cela devant Julien Champagne, décédé en 1932 et Gaston Sauvage, chimiste, qui je pense est toujours en vie. »*

Pour avoir de nouvelles précisions sur les activités alchimiques de Fulcanelli, nous allons maintenant nous adresser à Jacques Bergier, qui reçut en juin 1937 la visite d'un inconnu qui ne lui donna aucun nom, mais qui laissa entendre qu'il était l'auteur de deux ouvrages, alors inconnus de Bergier, *le Mystère des Cathédrales* et *les Demeures philosophales.* Louis Pauwels, dans *le Matin des Magiciens,* a écrit une relation de cette entrevue.

« En 1937, un après-midi de juin, Jacques Bergier crut avoir d'excellentes raisons de penser qu'il se trouvait en présence de Fulcanelli.

« C'est à la demande d'André Hellbronner que mon ami rencontra le mystérieux personnage, dans le cadre prosaïque d'un laboratoire d'essais de la société du Gaz de Paris. Voici exactement la conversation:

« — M. André Hellbronner, dont vous êtes je crois, l'assistant, est à la recherche de l'énergie nucléaire. M. Hellbronner a bien voulu me tenir au courant de quelques-uns des résultats obtenus et, notamment, de l'apparition de la radio-activité correspondant à du polonium, lorsqu'un fil de bismuth est volatilisé par une décharge électrique dans du deutérium à haute pression. Vous êtes très près de la réussite, comme d'ailleurs quelques autres savants contemporains. Puis-je me permettre de vous mettre en garde? Les travaux auxquels vous vous livrez, vous et vos pareils, sont terriblement dangereux. Ils ne vous mettent pas seuls en péril. Ils sont redoutables pour l'humanité tout entière. La libération nucléaire est plus facile que vous ne le pensez, et la radio-activité artificielle produite peut empoisonner l'atmosphère de la planète en quelques années. En outre, des explosifs atomiques peuvent être fabriqués à partir de quelques grammes de métal et raser des villes. Je vous le dis tout net. Les alchimistes le savent depuis longtemps. »

« Bergier est en train d'interrompre en s'insurgeant. Les alchimistes et la physique moderne! Il allait se lancer dans les sarcasmes quand son hôte l'interrompit:

« — Je sais ce que vous allez me dire, mais c'est sans intérêt. Les alchimistes ne connaissaient pas la structure du noyau, ne connaissaient pas l'électricité, n'avaient aucun moyen de détection. Ils n'ont donc pu opérer aucune transmutation, ils n'ont donc jamais pu libérer l'énergie nucléaire. Je n'essaierai pas de vous prouver ce que je vais vous déclarer maintenant, mais je vous prie de le répéter à M. Hellbronner. Les arrangements géométriques de matériaux extrêmement purs suffisent pour déchaîner des forces atomiques, sans qu'il y ait besoin d'utiliser l'électricité ou la technique du vide. Je me bornerai ensuite à vous faire une courte lecture:

« L'homme prit sur son bureau l'ouvrage de Frédéric Soddy: *L'interprétation du radium,* l'ouvrit et lut: « Je pense qu'il a existé dans le passé des civilisations qui ont connu l'énergie de l'atome et qu'un mauvais usage de cette énergie a totalement détruites. »

« Puis il reprit:

« — Je vous demande d'admettre que quelques techniques partielles ont survécu. Je vous demande aussi de réfléchir au fait que les alchimistes mêlaient à leurs recherches des préoccupations morales et religieuses, tandis que la physique moderne est née au XVIIIe siècle de l'amusement de quelques seigneurs et de quelques riches libertins. Science sans conscience... J'ai cru bien faire en avertissant quelques chercheurs, de-ci de-là, mais je n'ai nul espoir de voir cet avertissement porter ses fruits. Au reste, je n'ai pas besoin d'espérer.

« Bergier devait toujours garder dans l'oreille le son de cette voix précise, métallique, digne.

« Il se permit de poser une question:

« — Si vous êtes alchimiste vous-même, monsieur, je ne puis croire que vous passiez votre temps à tenter de fabriquer de l'or, comme Dunikovski ou le Dr Miethe. Depuis un an, j'essaie de me documenter sur l'alchimie et je nage parmi les charlatans ou les interprétations qui me semblent fantaisistes. Vous, monsieur, pouvez-vous me dire en quoi consistent vos recherches?

« — Vous me demandez de résumer en quatre minutes quatre mille ans de philosophie et les efforts de toute ma vie. Vous me demandez en outre de traduire en langage clair des concepts pour lesquels n'est pas fait le langage clair. Je puis tout de même vous dire ceci: vous n'ignorez pas que, dans la science officielle en progrès, le rôle de l'observateur devient de plus en plus important. La relativité, le principe d'incertitude, vous montrent à quel point l'observateur intervient aujourd'hui dans les phénomènes. Le secret de l'alchimie, le voici : il existe un moyen de manipuler la matière et l'énergie de façon à produire ce que les scientifiques contemporains nommeraient un champ de forces. Ce champ de forces agit sur l'observateur et le met dans une situation privilégiée en face de l'univers. De ce point privilégié, il a accès à des réalités que l'espace et le temps, la matière et l'énergie, nous masquent d'habitude. C'est ce que nous appelons le Grand Œuvre.

« — Mais la Pierre philosophale ? La fabrication de l'or ?

« — Ce ne sont que des applications, des cas particuliers. L'essentiel n'est pas la transmutation des métaux, mais celle de l'expérimentateur lui-même. C'est un secret ancien que plusieurs hommes par siècle retrouvent.

« — Et que deviennent-ils alors ?

« — Je le saurai peut-être un jour.

« Mon ami ne devait jamais revoir cet homme qui a laissé une trace ineffaçable sous le nom de Fulcanelli. Tout ce que nous savons de lui est qu'il survécut à la guerre et disparut complètement après la libération. Toutes recherches échouèrent pour le retrouver. Ces recherches furent très réelles car elles furent menées par la commission « Alsos » patronnée par la C.I.A. américaine qui avait reçu des consignes très strictes de retrouver tous ceux qui touchaient à la science atomique en Europe, après 1945. Bergier fut appelé à témoigner mais ne put apporter aucun éclaircissement au major qui enquêtait. Celui-ci lui permit d'examiner le premier document sur l'utilisation militaire de l'atome. Jacques Bergier y découvrit alors que la pile atomique était bien décrite comme « un arrangement géométrique de substances extrêmement pures », et que par ailleurs cet engin — tout comme l'avait prédit Fulcanelli — n'utilisait ni technique du vide ni électricité. Le rapport se terminait en parlant d'un risque d'empoisonnement de l'atmosphère qui pourrait s'étendre à la planète entière. On comprend que Bergier, d'une part, et les officiers américains, d'autre part, aient été désireux de retrouver un homme qui était la preuve vivante que la science alchimique était en avance de plusieurs décades sur la science officielle. Et si Fulcanelli était en avance sur les connaissances atomiques, il devait l'être également sur toutes autres questions et c'est pourquoi les recherches pour le retrouver restèrent vaines. »

Voilà tout ce que nous savons de ce maître anonyme qui, désormais, prend place à côté des plus grands Adeptes de tous les temps et reste — en ce siècle où le dogme du « tout savoir » de la science craque de toutes parts — comme un phare pour tous les chercheurs non conformistes.

★

## ARMAND BARBAULT

Le cas de cet alchimiste contemporain est intéressant à plus d'un titre. D'abord parce qu'il est remarquable qu'en pleine seconde moitié du XXe siècle, un homme appliquant strictement les enseignements des ouvrages hermétiques du Moyen Age, en particulier le *Mutus Liber* et la *Table d'Emeraude*, parvienne à découvrir des corps irréductibles aux analyses scientifiques les plus modernes. Ensuite parce que Armand Barbault n'hésite pas à expliquer totalement ses procédés et à révéler quelle fut sa matière première et au moyen de quelle eau il la brûla.

Le but avoué d'Armand Barbault était de découvrir, par des procédés purement alchimiques et en s'appuyant sur l'astrologie, une médecine nouvelle comparable à l'or potable de Paracelse. C'est pourquoi, de son propre aveu, il choisit une matière première différente de la matière première minérale des philosophes hermétiques traditionnels: il prit de *la terre*. Quant au feu secret, au moyen duquel il brûla et nourrit tout à la fois cette matière première, il choisit le suc des plantes et la rosée du matin. S'inspirant pour cela d'une gravure du *Mutus Liber* où on voit un couple d'alchimistes tordre des toiles qu'ils avaient laissées tendues dehors pendant la nuit pour en retirer la rosée, Armand Barbault et son fils — tous les matins dès l'aurore — allaient traîner des linges sur de l'herbe afin de les en imbiber de rosée. Son travail, qui s'effectua seulement sur mille huit cents grammes de terre, dura près de vingt-deux ans: on reconnaît là les délais imposés par la tradition à l'étudiant hermétique. L'élixir qu'il obtint enfin fut essayé par des laboratoires pharmaceutiques allemands qui conclurent à son efficacité certaine pour plusieurs maladies, entre autre des affections cardiaques et rénales très graves. C'est alors que l'incroyable — l'incroyable pour l'esprit scientifique, le prévisible au contraire pour le familier de l'Art hermétique — se produisit; je cède ici la parole à Raymond Abellio, qui écrivit une extraordinaire préface à la relation que vient de publier Armand Barbault de ses expériences, *L'Or du millième matin*: « Lorsque Armand Barbault, au début des années 60, obtint ses premières teintures, il les soumit pour expérimentation à des laboratoires pharmaceutiques bien outillés qui, après des essais concluants, se demandèrent comment on pourrait fabriquer le même produit par des voies industrielles, c'est-à-dire en grande quantité et à bon marché. Douze longues années de maturation pour la « matière première », des manipulations sans fin, la nécessité pour le chercheur de se lever tous les matins avant l'aurore, des mois durant, pour cueillir la rosée des prés ou des jeunes plantes gonflées de sève, tous ces tâtonnements aussi, cette énorme masse de travail, tout cela paraissait au laboratoire non seulement peu rentable mais inutile. On devait pouvoir simplifier, aller plus vite, trouver des synthèses. Prétentions vaines. Non seulement la liqueur ne se laissait pas analyser, mais elle refusait aussi de se laisser comparer à rien d'approchant. Pourtant Armand Barbault ne cachait rien. » Ailleurs Raymond Abellio précise: « Devant cette liqueur qui a capté toute la couleur de l'or et qui échappe aux analyses usuelles, c'est eux (les industriels des laboratoires pharmaceutiques) et non l'alchimiste qui en sont venus à parler d'un nouvel état de la matière douée de propriétés mystérieuses et, peut-être, capitales. »

C'est cela qui est essentiel, cette preuve que par des voies alchimiques il est parfaitement possible d'obtenir des produits irréductibles aux analyses des laboratoires les plus modernes et impossibles à reproduire par les synthèses de la chimie actuelle. Ce fait récent et irréfutable fait justice une fois encore de l'assertion fantaisiste de la science officielle qui prétend que l'Art hermétique n'a jamais pu découvrir le secret de la transmutation métallique puisqu'elle-même en est encore aujourd'hui incapable. Alchimie et chimie ne sont en rien les deux branches d'une même discipline, mais bien au contraire des sciences totalement distinctes et même irréductibles.

L'autre point particulièrement remarquable dans le cas d'Armand Barbault est qu'il révèle tout de ses méthodes et des matières premières qu'il a employées. Il s'en explique d'ailleurs lorsqu'il demande: « Est-ce donc si important, si mystérieux, si dangereux à révéler au profane? Pourtant, disent encore les auteurs, la matière première se trouve partout dans la nature, l'ignorant la foule au pied, il n'y a qu'à se baisser pour en prendre. En réalité, si la matière première se cache si jalousement aux yeux du profane, c'est qu'elle est bien plus difficile à s'approprier qu'on ne veut le dire, que, peut-être aussi, les éléments qui la constituent diffèrent d'un Adepte à l'autre en sorte que celle qui sert à l'un ne convient pas nécessairement à l'autre. Je vais, quant à moi, tenter de m'attaquer ici à ce problème, car j'ai bien l'intention de vous dire tout ce que je sais sur la matière première. »

Enfin, cet alchimiste contemporain a maintenant commencé le magistère philosophal proprement dit dans le but d'arriver, non plus à une liqueur d'or, mais à la Pierre. La terre qui lui servit de matière première, après vingt-deux ans de manipulations, s'est peu à peu transformée et a, selon l'expression de son auteur, atteint le premier degré de perfection. Maintenant Barbault travaille depuis deux ans pour atteindre le second degré de perfection qui l'amènera à la Pierre philosophale dans un délai qu'il n'est évidemment pas possible d'apprécier. Lui-même nous dit, à la fin de son ouvrage: « Cette année, en 1969, la sève n'est pas très bonne ou suffisamment riche à cause des deux éclipses du Bélier et de la conjonction de la nouvelle lune à Saturne qui a coïncidé avec la gelée des plantes sur lesquelles nous comptions. Il n'est donc pas certain que j'arrive dès cette année au second degré de perfection de la matière. Toutefois, c'est avec surprise que j'ai constaté que la partie de ma pierre récupérée se présentait bien comme une masse noire mais constellée de petits cristaux formant à la surface et dans sa masse de multiples points étoilés. La tradition me laisse penser qu'il s'agit là du mercure prêt à sortir de son lit. » (1)

★

Il n'était pas de meilleure conclusion pour cette étude de la vie des principaux Adeptes, que cette image de l'alchimiste penché sur sa matière première comme un père sur le berceau du nouveau-né qui guette l'apparition du premier sourire. Le philosophe hermétique ne cherche pas à briser les noyaux ou dissocier ses atomes comme le physicien moderne, il ne cherche pas à provoquer des réactions pour étudier les propriétés chimiques de tel ou tel corps, non, il essaye d'entrer en communion spirituelle avec la nature, à laquelle il emprunte son unique matière première qu'il a su reconnaître et qu'il va élever, avec tendresse et humilité, vers son plus haut degré de perfection. L'alchimiste un savant? Non, un paysan, qui sait

(1) Armand Barbault est malheureusement décédé en mai 1974. (N. d. l'A., 1990).

mener jusqu'a la couleur or le mûrissement de ses blés (1).

Quant à la Pierre philosophale, dont l'existence me semble abondamment démontrée par l'enquête que nous avons menée ensemble à travers la vie des Philosophes chymiques les plus connus, il nous reste à essayer de pénétrer ensemble dans le secret de son élaboration, et c'est ce que nous allons tenter de faire dans la dernière partie de cet ouvrage.

(1) C'est pourquoi l'expression « agriculture céleste » est souvent employée pour désigner l'art hermétique.

# LIVRE 3

# LA PIERRE PHILOSOPHALE

THE DRAGON OF CHAOS

*In the midst of the plate is a three-headed dragon whose heads by one interpretation are ignorance, superstition and fear; and by another interpretation wrong thought, wrong feeling, and wrong action. The dragon with its tail in its mouth represents eternity or ageless chaos, the slime of space from whose dark womb Cosmos or order is born. The cross, the solar face, and lunar crescent together make the symbol of Mercury, the proper hermetic figure for the adept or perfected man. From the lunar crescent rise the rose of Sharon and the lily of the valley. By the rose is here meant the red tincture, the elixir of life. By the lily, the white tincture or transmuter of metals. The whole figure is a Rosicrucian rebus.*

Figure extraite d'un manuscrit rose-croix du XVIIIe siècle

## 1

## ENVIEUX OU CHARITABLE?

On appelle « envieux » un alchimiste qui donne sciemment de faux renseignements sur son art, et, par opposition, « charitable » celui qui révèle quelque chose d'exact sur le magistère. Un des problèmes de l'étudiant est donc d'abord de reconnaître si tel ou tel ouvrage d'alchimie vient d'un « envieux » ou d'un « charitable », et il est clair que rien ne l'indique d'emblée. D'une manière générale, il y a deux sortes d'ouvrages sur l'alchimie. Ceux où l'écrivain se déclare convaincu de la vanité des prétentions des philosophes hermétiques et estime par suite que la réalisation de la Pierre philosophale est un leurre sans intérêt; et ceux où l'auteur, s'étant présenté comme « amoureux de science » ou « initié », affirme être lié par le secret traditionnel, et conclut que toute divulgation concernant les matières ou les pratiques de l'Œuvre est aussi inutile que dangereuse. Dans cette dernière catégorie, certains, voulant sans doute se montrer « charitables », reprennent le procédé de Dom Pernety, dans son *Dictionnaire mytho-hermétique*: ils reproduisent toute une série de citations extraites des meilleurs traités et groupées par rubrique, matière première, feu secret, mercure philosophique, eau des sages, etc. Il est évident que de telles citations, privées de leur contexte et provenant d'ouvrages d'auteurs fort différents, achèvent de déconcerter le malheureux étudiant; de plus, le procédé est dangereux, car le choix des textes permet d'orienter les déductions du lecteur dans une direction bien déterminée: je connais ainsi deux ouvrages qui suggèrent de façon assez nette quelle est la matière première, l'ennui est que ce n'est pas la même dans les deux livres.

J'ai l'intention d'aller plus loin, car nous sommes arrivés au temps de la « révélation », mot qui vient du latin *re-velare* ce qui signifie ôter le voile (et non recouvrir d'un voile comme le prétendent certains). Je pense donc que la prétendue nécessité du secret est une chose qui appartient désormais au passé, et je me range totalement à l'opinion de Raymond Abellio qui, dans sa préface à *l'Or du millième matin*, a parfaitement défini la question: « Cacher les choses, c'est la gloire de Dieu, dit le *Livre des proverbes*, les découvrir, c'est la gloire des rois. Qu'en est-il alors du fameux secret imposé aux chercheurs et dont parlent tous les livres, pleins de menaces pour le profanateur? Rien de plus décevant que ces ouvrages d'enseignement sur l'ésotérisme dont l'auteur nous laisse entendre qu'il sait bien plus de choses qu'il n'en dit, mais qu'il les tait parce que nous n'en sommes pas dignes. On a envie de lui répondre: « Pourquoi donc écrivez-vous des livres? Cultivez votre science secrète en secret, et n'en parlez pas. » Et même on se retient d'ajouter la phrase irrévérencieuse bien connue: « Ce qu'on sait faire, on le fait; ce qu'on ne sait pas faire, on l'enseigne. » En vérité, ce secret dont on prétend se faire une obligation par un décret lui-même fort obscur, ce secret nous semble reposer sur un malentendu. Nous appartenons à une époque faustienne qui ne souffre plus les interdictions dogmatiques et qui prend ses risques en tout domaine. Qu'est-ce d'ailleurs qu'une « sagesse » pour laquelle la notion toute profane de danger ne serait pas un excitant supérieur? En dernière analyse, les meilleures défenses sont celles qui sont inhérentes à la difficulté du sujet lui-même. »

Voyons maintenant quelles raisons peuvent nous présenter les tenants du maintien des connaissances alchimiques dans le domaine « réservé ». Je cède ici la parole à Bernard Husson, « l'amoureux de science » que nous avons déjà rencontré, et dont la parole n'est nullement dénuée de poids puisqu'il a lui-même œuvré au laboratoire pendant plus de deux ans. « Ainsi que nous l'avons vu, de grands Adeptes au XVe et au XVIe siècles décrivirent dans un langage dépouillé, cohérent et précis, la préparation et la purification d'un petit nombre de substances qui servaient de support, mais non pas, à proprement parler, de sujet à leurs opérations ultérieures. Equivoquant à dessein sur cette distinction, à partir du XVIIe siècle, les auteurs, dispensés par les exposés de leurs prédécesseurs aussi bien que par ceux des chimistes de leur temps de répéter ces indications (qui, du reste n'étaient pas expressément rapportées à l'Œuvre alchimique et sont en général fournies à titre d'exemple), font mine, au contraire, de les dissimuler sous un voile tantôt allégorique (par transposition) tantôt symbolique (par passage à un autre plan d'existence), ce qui fit croire à la plupart des gens que le « secret alchimique » consistait dans la connaissance des substances minérales qu'ils manipulaient et dans celle de ces manipulations. Il est bien évident, pourtant, qu'un « secret » de cet ordre est toujours, tôt ou tard, voué à la divulgation. Pourquoi, alors, affecter le silence et, à tout le moins, observer une discrétion certaine jusqu'à l'heure actuelle? Ce n'est point un enfantillage mais, de la part des alchimistes traditionnels, un point d'honneur, assez semblable à celui des Anciens, qui n'eussent jamais trahi le « secret » des mystères d'Eleusis, « secret » qui n'en était pas un, à proprement parler, puisque la plupart des personnes de marque s'y faisaient initier. Un autre exemple de secret analogue est celui du « Devoir » des compagnons, dont l'éventuelle trahison par certains n'affecte nullement son intégrité et sa vertu à l'égard de ceux qui l'ont « maintenu ». (*Deux traités alchimiques du XIX*^e^ *siècle*.)

Une telle réponse peut-elle nous suffire? Non, bien entendu, puisque Bernard Husson reconnaît que le fameux secret ne réside pas dans la connaissance des corps qui servent à l'Œuvre alchimique. Et Raymond Abellio a raison de noter que l'alchimie était très capable d'empêcher *elle-même* sa divulgation, du fait de la difficulté interne du magistère. Comme nous allons le voir, en effet, la connaissance des produits utilisés dans l'Œuvre est une condition nécessaire certes mais nullement suffisante à l'élaboration de la Pierre philosophale. C'est en cela que l'alchimie se distingue complètement de la chimie ou de tout autre science où la répétition de l'expérience, dans des conditions données, est toujours possible. Rien de tel en alchimie, disons-le tout net; cet art s'apparente à l'agriculture puisqu'il s'agit d'élever une certaine matière à un plus haut degré de perfection, à un certain mûrissement si l'on veut, et d'autre part — n'hésitons pas à employer le mot — à la cuisine: les manipulations alchimiques ne sont comparables en rien aux « expériences » du chimiste mais bien davantage aux « tours de main » du boulanger-pâtissier qui sait quelle quantité de levain il faut mettre pour faire lever sa pâte mais peut aussi, un jour de méforme, parfaitement rater son pain ou encore laisser brûler sa fournée. Je ne vois donc aucune raison évidente pour continuer d'interdire au public et au monde scientifique la connaissance des matières secrètes de l'Œuvre. Bernard Husson, à qui j'ai tenu ce langage, m'a répondu en substance ceci: « J'ai reçu des informations orales, dont la divulgation est inopportune. C'est pour moi un point de savoir vivre que de me taire. » Cette réponse est évidemment valable pour lui mais ne saurait l'être pour moi. Aussi, j'ai bien l'intention, maintenant, d'étudier en votre compagnie les diverses substances qui entrent dans le magistère alchimique, puis de passer à l'étude de la réalisation pratique de la Pierre. Je ferai bien entendu la même réserve que Jacques Bergier, qui, abordant ce sujet, précisait: « Je ne puis là-dessus que donner mon opinion. Je ne suis pas un initié, je ne fais partie d'aucune société secrète, mais j'ai cependant étudié l'alchimie pendant près de quarante ans. J'ai pris quelques contacts. J'ai procédé à quelques expériences. » Et encore la durée de ma propre étude de l'Art hermétique se réduit-elle à une douzaine d'années, temps relativement bref vu la difficulté du sujet mais qui m'a cependant permis d'arriver à quelques conclusions.

J'ai d'abord lu ce que les auteurs d'études sur l'alchimie, qui n'étaient pas eux-mêmes « amoureux de science », avaient dit sur les matières qui entraient dans la composition de l'Œuvre. Je rapporte ici brièvement leurs opinions. Louis Figuier: « Quelles sont les deux substances qui peuvent jouer le rôle de semence: *l'or ordinaire*, qui constitue la semence mâle, et *le mercure des Philosophes*, que l'on nomme aussi le premier agent, et qui représente la semence femelle... La seule difficulté, dans la préparation de la Pierre philosophale, consiste à obtenir le mercure des Philosophes. Cet agent une fois trouvé, l'opération est, comme on vient de le voir, la chose la plus simple du monde... Mais la préparation de ce mercure philosophique n'est pas une faible entreprise. Tous les alchimistes reconnaissent que cette découverte est au-dessus de la portée humaine, et qu'on ne peut y atteindre que grâce à la révélation divine ou par l'amitié d'un Adepte qui l'ait lui-même reçue de Dieu. » Figuier passe ensuite en revue toute une série de corps dans lesquels, dit-il, les alchimistes auraient cherché leur mercure. A lire ce texte, on constate que l'auteur confond mercure des Philosophes et mercure philosophique; il croit que l'or est la matière première de l'Œuvre; il suppose le magistère d'une réalisation aisée dès l'instant où l'on connaît les corps à employer; enfin il confond souffleurs et Adeptes puisque seuls les premiers ignoraient ce qu'il convenait d'employer. On peut donc en conclure que Louis Figuier n'a pas poussé bien loin ses recherches dans le sens de la pratique opératoire. Aussi bien considérait-il que toute l'entreprise était vaine et vouée à l'échec dès le départ.

Voyons maintenant l'opinion d'Albert Poisson: « La matière du Grand Œuvre consistait en or et en argent unis au mercure et préparés d'une façon spéciale. L'or était pris comme riche en soufre, l'argent comme contenant un mercure très pur, quant au vif-argent il représentait le sel, moyen terme d'union. Ces trois corps préparés selon certains procédés étaient enfermés dans un matras de verre, l'œuf philosophique, fermé avec soin. Le tout était chauffé dans un fourneau nommé athanor. » Poisson, qui a lui-même œuvré en laboratoire au point d'y perdre la santé et de mourir très jeune, tuberculeux, était-il sincère lorsqu'il écrivit les lignes que nous venons de lire? On peut en douter. Je préfère supposer qu'il se montra volontairement « envieux », car je ne vois pas comment il aurait pu sincèrement se tromper à ce point. Voyons maintenant ce que dit un écrivain contemporain, Serge Hutin, dans son ouvrage *l'Alchimie* destiné à la collection *Que sais-je?*: « L'or et l'argent (auxquels on joignait parfois le vif-argent ou mercure vulgaire, qui était considéré comme particulièrement riche en sel, l'influence cachée qui tend à unir « les deux frères ennemis », le soufre et le mercure) constituaient ainsi la matière éloignée de la Pierre. Mais on ne pouvait les employer tels quels: ils devaient être purifiés de façon à constituer la matière prochaine du magistère, le mélange du soufre extrait de l'or et du mercure extrait de l'argent (cependant, d'après certains auteurs, l'or natif pouvait être employé directement)... Venait ensuite toute une série d'opérations ayant pour but d'obtenir, à partir de l'or et de l'argent, les deux principes opposés extraits des deux métaux parfaits. « L'or est le plus parfait de tous les métaux: c'est le père de notre Pierre, et cependant cela n'est pas la matière: la matière de la Pierre, c'est la semence contenue en l'or. » (Philalèthe, *Fontaine de la philosophie chymique.*) On comprend que Serge Hutin, qui n'est pas lui-même un homme de laboratoire, se soit laissé abuser par l'autorité de Poisson et les paroles tendancieuses de Philalèthe. Celui-ci a en effet parfaitement raison de dire que la semence de l'or est la matière de la Pierre, mais cela ne veut nullement dire qu'il faille extraire cette semence de l'or lui-même.

Guillaume Salmon, l'érudit auteur de la *Bibliothèque des Philosophes Chimiques*, fut lui-même alchimiste. Ce n'est cependant pas à titre personnel qu'il exposa les grandes lignes du magistère, mais en tant qu'historien de la science hermétique. Ecoutons-le donc: « Voici de quelle manière les philosophes assurent que la chose se fait. Le mercure des philosophes (qu'ils appellent la femelle) étant joint et amalgamé avec l'or (qui est le mâle) bien pur et en feuilles ou en limaille est mis dans l'œuf philosophal (qui est un petit matras fait en ovale, que l'on doit sceller hermétiquement, de façon que rien de la matière ne s'exhale); on pose cet œuf dans une écuelle pleine de cendres, qu'on met dans le fourneau, et lors ce mercure, par la chaleur de son soufre intérieur, excité par le feu que l'artiste allume au-dehors et qu'il entretient continuellement dans un degré et dans une proportion nécessaires, ce mercure, dis-je, dissout l'or sans violence et le réduit en atomes. »

Ces quelques lignes sont le type même du texte véridique et « envieux ». En effet, ce que dit Salmon n'est vrai qu'*à un certain moment* du magistère, dans sa dernière partie, alors qu'il le présente comme concernant le *début* de l'Œuvre. De plus, il ne précise pas ce qu'il faut entendre par « mercure des philosophes » et « or », ainsi — sans mentir — il parvient à égarer le lecteur.

Voyons maintenant l'opinion de Jacques Bergier qui, nous l'avons vu, parmi les non-initiés, est certainement celui qui possède les plus solides connaissances alchimiques. Et, effectivement, le *modus operandi* qu'il a décrit serre la vérité de très près, plus en tout cas que tout ce que j'ai pu découvrir dans d'autres ouvrages modernes. Je ne veux pas dire qu'il a réellement donné « la recette », mais les opérations qu'il explique — en clair — se rapprochent considérablement du magistère réel et peuvent, par conséquent, être prises comme base de départ pour un examen critique des textes traditionnels. « Nous allons maintenant, écrit-il, essayer de décrire avec précision ce que fait un alchimiste. Nous ne prétendons pas révéler la totalité de la méthode alchimique, mais nous croyons avoir, sur cette méthode, quelques aperçus d'un certain intérêt. Nous n'oublions pas que le but ultime de l'alchimie est la transmutation de l'alchimiste lui-même, et que les manipulations ne sont qu'un lent cheminement vers la « délivrance de l'esprit ». C'est sur ces manipulations que nous tentons d'apporter des renseignements nouveaux.

« L'alchimiste a d'abord, pendant des années, décrypté de vieux textes où « le lecteur doit s'engager privé du fil d'Ariane, plongé dans un labyrinthe où tout a été préparé consciemment et systématiquement afin de jeter le profane dans une inextricable confusion mentale ». Patience, humilité et foi l'ont amené à un certain niveau de compréhension de ces textes. A ce niveau, il va pouvoir commencer réellement l'expérience alchimique. Cette expérience, nous allons la décrire, mais il nous manque un élément. Nous savons ce qui se passe dans le laboratoire de l'alchimiste. Nous ignorons ce qui se passe dans l'alchimiste lui-même. Il se peut que tout soit lié.

« Notre alchimiste commence par préparer, dans un mortier d'agate, un mélange intime de trois constituants. Le premier, qui entre pour quatre-vingt-quinze pour cent est un minerai : une pyrite arsénieuse, par exemple un minerai de fer contenant notamment comme impuretés de l'arsenic et de l'antimoine. Le second est un métal : fer, plomb, argent ou mercure. Le troisième est un acide d'origine organique : acide tartrique ou citrique. Il va broyer à la main et mélanger ces constituants durant cinq ou six mois. Ensuite, il chauffe le tout dans un creuset. Il augmente progressivement la température et fait durer l'opération une dizaine de jours. Il doit prendre des précautions. Des gaz toxiques se dégagent : la vapeur de mercure et surtout l'hydrogène arsénieux qui a tué plus d'un alchimiste dès le début des travaux.

« Il dissout enfin le contenu du creuset grâce à un acide. C'est en cherchant un dissolvant que les alchimistes du temps passé ont découvert l'acide acétique, l'acide nitrique et l'acide sulfurique. Cette dissolution doit s'effectuer sous une lumière polarisée : soit une faible lumière solaire réfléchie sur un miroir, soit la lumière de la lune. On sait aujourd'hui que la lumière polarisée vibre dans une seule direction, tandis que la lumière normale vibre dans toutes les directions autour d'un axe.

« Il évapore ensuite le liquide et recalcine le

solide. Il va recommencer cette opération des milliers de fois pendant plusieurs années. Pourquoi? Nous ne le savons pas. Peut-être dans l'attente du moment ou seront réunies les meilleures conditions: rayons cosmiques, magnétisme terrestre, etc. Peut-être afin d'obtenir une « fatigue » de la matière dans des structures profondes que nous ignorons encore. L'alchimiste parle de « patience sacrée », de lente condensation de « l'esprit universel ». Il y a sûrement autre chose derrière ce langage para-religieux...

« Poursuivons notre description: au bout de plusieurs années d'un travail toujours le même, de jour et de nuit, notre alchimiste finit par estimer que la première phase est terminée. Il ajoute alors à son mélange un oxydant: le nitrate de potasse (1), par exemple. Il y a dans son creuset du soufre provenant de la pyrite et du charbon provenant de l'acide organique. Soufre, charbon et nitrate: c'est au cours de cette manipulation que les anciens alchimistes ont découvert la poudre à canon.

« Il va recommencer à dissoudre, puis à calciner, sans relâche, durant des mois et des années, dans l'attente d'un signe. Sur la nature de ce signe, les ouvrages alchimiques diffèrent, mais c'est peut-être qu'il y a plusieurs phénomènes possibles. Ce signe se produit au moment d'une dissolution. Pour certains alchimistes, il s'agit de la formation de cristaux en forme d'étoiles à la surface du bain. Pour d'autres, une couche d'oxyde paraît à la surface de ce bain, puis se déchire, découvrant le métal lumineux dans lequel sem-

(1) A noter que certains isotopes du potassium sont normalement un peu radioactifs.

blent se refléter, en image réduite, tantôt la Voie Lactée, tantôt les constellations.

« Ce signe reçu, l'alchimiste retire son mélange du creuset et le « laisse mûrir », à l'abri de l'air et de l'humidité, jusqu'aux premiers jours du prochain printemps. Quand il reprendra les opérations, celles-ci viseront à ce que l'on nomme, dans les vieux textes « la préparation des ténèbres ».

« Le mélange est placé dans un récipient transparent, en cristal de roche, fermé de manière spéciale. On a peu d'indications sur cette fermeture, dite fermeture d'Hermès, ou hermétique. Le travail consiste désormais à chauffer le récipient en dosant, avec une infinie délicatesse, les températures. Le mélange, dans le récipient fermé, contient toujours du soufre, du charbon et du nitrate. Il s'agit de porter ce mélange à un certain degré d'incandescence en évitant l'explosion. Les cas d'alchimistes gravement brûlés ou tués sont nombreux. Les explosions qui se produisent ainsi sont d'une violence particulière et dégagent des températures auxquelles, logiquement, on ne saurait s'attendre.

« Le but poursuivi est l'obtention dans le récipient d'une « essence », d'un « fluide », que les alchimistes nomment parfois « l'aile de corbeau »...

« L'alchimiste chauffe, laisse refroidir, chauffe à nouveau, et cela pendant des mois ou des années, observant à travers le cristal de roche la formation de ce qui est aussi nommé « l'œuf alchimique »: le mélange changé en un fluide bleu-noir. Il ouvre finalement son récipient dans l'obscurité, à la lumière seule de cette sorte de liquide fluorescent. Au contact de l'air, ce liquide fluorescent se solidifie et se sépare.

« On obtiendrait ainsi des substances tout à fait

nouvelles, inconnues dans la nature et ayant toutes les propriétés d'éléments chimiques purs, c'est-à-dire inséparables par les moyens de la chimie...

« Donc, notre alchimiste a ouvert son récipient de cristal de roche et obtenu, par refroidissement du liquide fluorescent au contact de l'air, un ou plusieurs éléments nouveaux. Il reste des scories. Ces scories, il va les laver, pendant des mois, à l'eau tri-distillée. Puis il conservera cette eau à l'abri de la lumière et des variations de température. Cette eau aurait des propriétés chimiques et médicales extraordinaires. C'est le dissolvant universel et l'élixir de longue vie de la tradition, l'élixir de Faust...

« Notre alchimiste se trouve donc maintenant en possession d'un certain nombre de corps simples inconnus dans la nature et de quelques flacons d'une eau alchimique susceptible de prolonger sa vie considérablement par le rajeunissement des tissus.

« Il va maintenant essayer de recombiner les éléments simples qu'il a obtenus. Il les mélange dans son mortier et les fait fondre à de basses températures, en présence de catalyseurs sur lesquels les textes sont très vagues. Ce travail va lui prendre encore plusieurs années.

« Il obtiendrait ainsi, assure-t-on, des substances ressemblant absolument aux métaux connus, et en particulier aux métaux bons conducteurs de la chaleur et de l'électricité. Ce serait le cuivre alchimique, l'argent alchimique, l'or alchimique... D'autres substances, nées de la manipulation alchimique, seraient plus surprenantes encore. L'une d'elles serait soluble dans le verre, à basse température et avant le moment de fusion de celui-ci. Cette substance, en touchant le verre légèrement amolli, se disperserait à l'intérieur, lui donnant une coloration rouge rubis, avec fluorescence mauve dans l'obscurité. C'est la poudre obtenue en broyant ce verre modifié dans le mortier d'agate, que les textes alchimiques nomment la « poudre de projection » ou « Pierre philosophale ». (Louis Pauwels et Jacques Bergier, *le Matin des Magiciens*.)

L'homme qui a écrit ces lignes a visiblement travaillé en laboratoire et atteint un certain stade du magistère. Quelques inexactitudes, concernant le moment de l'introduction du nitrate de potasse ou le stade de l'obtention de la médecine universelle, montrent que l'expérimentateur n'est pas allé jusqu'au bout de l'Œuvre, ce que Bergier n'a d'ailleurs jamais prétendu. Ces réserves faites. je considère ce texte comme essentiel pour l'étudiant qui, après l'avoir lu, peut aborder les traités traditionnels muni d'un « fil d'Ariane » qui lui permettra de ne pas s'égarer.

Maintenant que nous avons une base de départ, solide sinon totalement assurée, il convient de percer à jour, enfin, l'identité chimique réelle de la matière première, du feu secret et du mercure philosophique.

## 2

## LE SUJET DES SAGES

### La matière première

« Il y a un minéral connu des vrais savants qui le cachent dans leurs écrits sous divers noms, lequel contient abondamment le fixe et le volatil. »

Ainsi s'exprime l'alchimiste Le Breton, dans *les Clés de la philosophie spagirique*, et il ne fait là que reproduire l'opinion unanime de tous les philosophes, à savoir qu'il existe très effectivement dans la nature un certain corps, unique, qui est le sujet des Sages, c'est-à-dire la matière première du magistère. C'est là la base de départ d'où il faut faire démarrer notre enquête: un tel corps existe, il est unique, il n'y a pas à sortir de ces deux qualités. Demandons donc quelques précisions aux Adeptes dont nous savons de façon certaine qu'ils ont bien réalisé la Pierre philosophale. Ainsi le Cosmopolite, dans sa *Nouvelle Lumière chymique,* nous indique: « C'est pierre et non pierre; elle est appelée pierre par sa ressemblance; premièrement, parce que sa minière est véritablement pierre au commencement qu'on la tire hors des cavernes de la terre: c'est une matière dure et sèche qui peut se réduire en petites parties et qui se peut broyer à la façon d'une pierre. Secondement, parce qu'après la destruction de sa forme qui n'est qu'un soufre puant qu'il faut auparavant lui ôter, et après la destruction de ces parties qui avaient été composées et unies ensemble par la nature, il est nécessaire de la réduire en une essence unique, en la digérant doucement selon la nature en une pierre incombustible, résistant au feu et fondant comme cire: ce qu'elle ne peut faire qu'en reprenant son universalité. » Comme par ailleurs tous les philosophes affirment qu'il faut chercher cette substance dans le domaine métallique, car tout autre domaine serait trop éloigné de la perfection des métaux pour donner ensuite à la Pierre philosophale ses qualités transmutatoires, il est aisé d'inférer de ce texte que le sujet des Sages est un minerai métallique.

Dans les *Entretiens du roi Calid et du philosophe Morien,* nous trouvons maintenant cette précision: « C'est une pierre vile, noire et puante; qui ne coûte presque rien; elle est un peu pesante... ceci est la révélation et ouverture de celui qui la cherche. » Dans *La lumière sortant des ténèbres* nous lisons: « La matière est unique, et partout les pauvres la possèdent aussi bien que les riches. Connue de tous, elle est de tous méconnue. Dans son erreur, le vulgaire la rejette comme de la fange, ou il la vend constamment à vil prix, alors qu'elle est précieuse aux philosophes avertis. » Eugène Canseliet, dans sa préface aux *Demeures philosophales,* révèle: « Nous ne pensons pas davantage commettre une imprudence, en publiant que Fulcanelli nous confia être resté plus de vingt-cinq ans à rechercher cet or des sages qu'il avait sans cesse auprès de lui, sous la main et devant les yeux. Cet aveu, baigné de franchise, d'humilité où perçait presque du repentir, nous laissa, sur le moment, tout confondu. Au vrai son exemple ne constituait pas une exception. »

Il s'agit donc bien d'un minerai, et d'un minerai courant. Ne nous laissons cependant pas abuser par la mention de son peu de prix commercial, car les cours ont considérablement varié depuis l'époque où ont été écrits certains textes. Cela nous permet par ailleurs de rejeter toute identification de la matière avec un métal proprement dit, que ce soit l'or, l'argent ou le mercure.

Mais quel minerai choisir? En étudiant bien les textes les plus « charitables » on s'aperçoit que de nombreux Adeptes ont donné à leur matière première le nom de divers minerais bien déterminés, ou bien ont indiqué que leur sujet était de même nature que tel ou tel de ceux-ci. Je ferai grâce au lecteur de toute une série de citations pour arriver à cette conclusion qui est une révélation importante — voire une divulgation — car je crois que cela n'a jamais été exprimé de façon aussi nette et précise: la matière première est *un cinabre*.

Attention, je n'ai pas dit *le* cinabre, c'est-à-dire le minerai de sulfure de mercure, mais *un* cinabre, ce qui signifie que le sujet des Sages est le minerai du sulfure d'un métal. C'est d'ailleurs de là que vient la mention faite par le Cosmopolite de ce soufre puant qu'il faut ôter (1).

Voici déjà le problème circonscrit, et il l'est d'autant plus qu'il faut se souvenir que au Moyen Age de même que dans l'Antiquité, on connaissait seulement sept métaux, auxquels il faut join-

(1) Et qu'il ne faut pas confondre avec le « soufre des Philosophes » également contenu dans le minerai.

dre cependant le zinc, l'arsenic et l'antimoine. Donc, dix possibilités de sulfures seulement. Nous allons les passer successivement en revue en essayant de déterminer si tel ou tel philosophe n'aurait pas plus particulièrement suggéré l'un d'entre eux. Nous allons voir que c'est effectivement le cas; malheureusement plusieurs minerais ont été ainsi mis en avant, et il nous faudra donc en fin de compte faire un choix.

★

Le *cinabre,* ou sulfure de mercure, de formule HgS.

Le nom de ce minerai vient d'un mot indien qui signifie sang du dragon; or, cette appellation est aussi l'une de celles que l'on donne couramment au sujet des Sages. Plusieurs auteurs ont laissé entendre, ou même ont dit, que le sulfure de mercure était bien la matière première sur laquelle il fallait travailler. Et cela semblait évident puisqu'il s'agissait d'un minerai contenant en son sein les fameux soufre et mercure chers aux Philosophes. C'était malheureusement trop évident ainsi que le dit bien Dom Pernety dans son *Dictionnaire mytho-hermétique:* « Plusieurs chymistes ont mal à propos pris le cinabre vulgaire et naturel pour la matière de l'Œuvre des Philosophes: on ne saurait en tirer que du mercure vulgaire, le cinabre des Sages est leur mercure sublimé, purifié, fixé au rouge, qu'ils appellent soufre. » Et l'alchimiste contemporain Kamala-Jnana, dans son *Dictionnaire de philosophie alchimique*, indique: « Cinabre: minerai de sulfure de mercure, duquel on extrait le soufre et le mercure vendus dans le commerce. Ce soufre et ce mercure sont des corps morts, tués par le feu qui a servi à les séparer de leur gangue. Certains philosophes (comme Hermès) l'ont cité en tant que materia prima, mais il ne faut l'entendre que comme « objet de comparaison », la minière des Sages ne se traitant pas de la même façon; analogue mais non pareille, semblable mais non identique. »

C'est ce que nous disions au début, le sujet des Sages est *un* cinabre mais pas *le* cinabre.

L'*argentite,* ou sulfure d'argent, de formule $Ag^2S$.

Ce minerai étant rare et cher peut être éliminé d'office (1).

La *galène*, sulfure de plomb, de formule PbS.

Nous trouvons dans *les Demeures philosophales* une phrase de Fulcanelli qui pourrait vouloir indiquer ce minerai: « Ce symbole offre la même signification que la lettre G, septième de l'alphabet, initiale du nom vulgaire du sujet des Sages, figuré au milieu d'une étoile radiante (page 185). » Dans son propre ouvrage, *Alchimie,* Eugène Canseliet en parle également en disant: « Comprendre la lettre G, c'est exactement se montrer capable d'y ajouter les caractères qui manquent pour former le nom de la matière brute, à la fois connue et recherchée. Evidemment, galène vient tout de suite à l'idée, qui désigne aussi le sulfure naturel de plomb, seule minière valable pour le vil métal ayant à son avantage l'opinion du très ancien philosophe Artéphius, que nous allons lire dans l'irréprochable traduction de P. Arnauld,

(1) Il en est de même pour l'or.

sieur de la Chevalerie Poitevin: « L'Antimoine est des parties de Saturne, ayant en toutes façons sa nature, aussi cet Antimoine Saturnin convient au Soleil, ayant en soi l'argent vif dans lequel aucun métal ne se submerge que l'or. »

Ce sont là deux indications uniques et qui m'ont l'air bien « envieuses », c'est-à-dire destinées à égarer l'étudiant sur une fausse piste, car tous les ouvrages des autres philosophes affirment que le plomb est dans sa nature beaucoup trop éloigné de la perfection de l'or pour pouvoir être élevé à ce degré parfait qu'atteint la Pierre philosophale (1).

La *cogélite*, ou sulfure de cuivre, de formule CuS.

Il existe en fait plusieurs sulfures de ce métal, certains en composition avec le fer. Aucun n'était d'usage courant chez les alchimistes des siècles passés et je n'ai pu découvrir aucune allusion s'y rattachant.

L'*étain*.

Ce métal n'a pas de sulfure naturel courant aussi devrais-je l'éliminer s'il ne semblait avoir été désigné nommément par Roger Bacon dans son *Miroir d'Alquimie*. En effet, cet Adepte nous précise quelle est la nature de l'étain. « C'est un corps pur, imparfait, composé d'un mercure pur, fixe et volatil, brillant, blanc à l'extérieur, rouge à l'intérieur. Son soufre a les mêmes qualités. Il manque seulement à l'étain d'être un peu plus cuit et digéré. » Et plus loin il précise: « Il faut

(1) Le G en question désigne Géa, la Terre, qui contient, entre autres choses, le sujet des Sages!

donc choisir une matière qui contienne un mercure pur, clair, blanc et rouge, pas complètement parfait, mélangé également dans les proportions voulues selon les règles avec un soufre semblable à lui. » Le moine britannique aurait-il donc été plus « charitable » que ses collègues? J'ai bien peur au contraire qu'il ait été lui-même « envieux », car nul autre que lui n'a jamais parlé en faveur de l'étain.

L'*orpiment,* ou sulfure d'arsenic, de formule $As_4S_6$.

Sa couleur a trompé nombre de souffleurs, car ce sulfure est d'un beau jaune d'or. De plus certains d'entre eux savaient que l'arsenic jouait un certain rôle dans le magistère, tout en ignorant que c'était seulement en tant que synonyme philosophique du *sel.* C'est pourquoi on a souvent confondu ce minerai avec le sujet des Sages.

La *blende*, ou sulfure de zinc, de formule ZnS.

Seul Fulcanelli a suggéré que... peut-être... Mais, tout comme pour la galène, le Maître cherchait à brouiller les pistes.

La *pyrite*, ou sulfure de fer, de formule $FeS_2$.

C'est le minerai nommément désigné par Jacques Bergier dans le texte que nous avons lu au chapitre précédent, et que les philosophes ignorent ou désignent comme impropre à l'Œuvre. Ne serait-ce pas par « envie »? Bergier a identifié la pyrite de fer avec le sujet des Sages d'après l'ensemble de ses lectures et des expériences de laboratoires auxquelles il s'est livré. Je me suis moi-même livré à une recherche analogue et j'ai trouvé quelques notations de-ci de-là qui montraient que le fer n'était pas tellement impropre à l'Œuvre. Ainsi, dans *les Demeures philosophales*, Fulcanelli écrit: « L'affinité établissant l'identité chimique profonde de ces corps, il est logique de penser que le même esprit, employé dans les mêmes conditions, y déterminera les mêmes effets. C'est ce qui a lieu avec le fer et l'or, lesquels sont liés par une étroite affinité; quand les prospecteurs mexicains viennent à découvrir une terre sablonneuse très rouge, composée en majorité de fer oxydé, ils en concluent que l'or n'est pas loin. Aussi, considèrent-ils cette terre rouge comme *la minière et la mère de l'or* (1), et le meilleur indice d'un filon proche. Le fait semble pourtant assez singulier, étant donné les différences physiques de ces métaux. Dans la catégorie des corps métalliques usuels, l'or est le plus rare d'entre eux; le fer, par contre, en est certainement le plus commun, celui qu'on trouve partout, non seulement dans les mines, où il occupe des gîtes considérables et nombreux, mais encore disséminé à la surface même du sol... De tous les minerais classés, c'est la pyrite de fer qui est le plus vulgaire et le plus connu. »

Ce passage est important car il s'ajoute à diverses allusions plus ou moins allégoriques ou voilées des anciens philosophes; je pense particulièrement à cette phrase de Sendivogius: « Et pour parler plus clairement, c'est notre aimant, autrement dit notre acier... On l'appelle magnésie, parce que par une vertu aymantique et occulte, elle attire à soi le fils du Soleil, dans le même moment qu'elle

(1) C'est moi qui souligne.

prend son existence actuelle. » Aimant, acier, nous sommes encore dans le règne du fer.

Ne nous hâtons pas de conclure car il nous reste un dernier minerai à examiner qui présente lui aussi de solides prétentions à l'honneur d'être la matière philosophique.

La *stibine* ou sulfure d'antimoine, de formule $Sb_2S_3$ (1).

Il faut d'abord noter que la phrase d'Artéphius que nous citions tout à l'heure à propos de la galène peut tout aussi bien parler en faveur de l'antimoine. Il faut ensuite se souvenir que Basile Valentin consacra un traité entier, *le Char de triomphe de l'antimoine*, à cette substance, et que Philalèthe donna pour titre à l'un de ses ouvrages: *Expériences sur la préparation du mercure philosophique par le régule d'antimoine martial étoilé et l'argent.*

De son côté, Fulcanelli, dans *les Demeures philosophales,* s'exprime ainsi: « Les plus instruits des nôtres dans la cabale traditionnelle ont sans doute été frappés du rapport existant entre la *voie,* le *chemin* tracé par l'hiéroglyphe qui emprunte la forme du chiffre 4 et l'*antimoine minéral* ou *stibium,* clairement indiqué sous ce vocable topographique. En effet, l'oxysulfure d'antimoine naturel se nommait, chez les Grecs, *Στιμμι* ou *Στιβι* or, *Στιβια* est le *chemin,* le *sentier*, la *voie* que *l'investigateur (Στιβευς)* ou pèlerin parcourt en son voyage; c'est elle qu'il foule aux pieds *(Στειβω).* Ces considérations, fondées sur une correspon-

(1) Une autre variété de stibine, la kermésite, semble parfois désignée soit sous le nom de *kermès,* soit à travers l'allégorie d'un chêne.

dance exacte de mots, n'ont pas échappé aux vieux maîtres ni aux philosophes modernes, qui, en les appuyant de leur autorité, ont contribué à répandre cette erreur néfaste que l'antimoine vulgaire était le mystérieux *sujet* de l'Art. Confusion regrettable, obstacle invincible contre lequel se sont heurtés des centaines de chercheurs. » Ne concluons pas toutefois trop rapidement que Fulcanelli condamne définitivement le sulfure d'antimoine, et lisons le commentaire de ce même passage du maître par Eugène Canseliet dans son édition du *Mutus Liber*: « Que le disciple, en ce lieu, conserve pourtant toute sa prudence; la mise en garde, résolument développée par Fulcanelli sur près de cinq pages à l'occasion du même problème, pourrait fort bien ne cacher que le dessein d'enlever aux indignes le bénéfice d'une base solide, sûre et de facile acquisition. » Et il ajoute presque aussitôt: « Nous pourrions équitablement reprendre à notre bénéfice la parole du vieux Dujols et déclarer que, de la confidence, nous avons passé nous-mêmes presque à la répréhensible divulgation. »

Il nous faut maintenant trancher: le fer, ou l'antimoine? Je suis à peu près persuadé que les deux minerais ont été choisis par des alchimistes et qu'aucune des deux substances n'est totalement étrangère à l'Œuvre. Il ne faut pas non plus perdre de vue, en dehors du caractère d'unicité de la matière première, que sa caractéristique la plus fréquemment citée, celle à laquelle les vieux philosophes attachaient le plus d'importance, était son *universalité*. On devait la trouver partout, tout le monde la voyait ou la touchait constamment, les trois règnes végétal, animal, minéral en contenaient. Cela ne peut s'appliquer à l'antimoine mais convient admirablement au fer. D'autre part pourquoi dire fer *ou* antimoine? Pourquoi pas fer *et* antimoine, comme le fait d'ailleurs Bergier lorsqu'il suggère de prendre pour sujet une pyrite de fer antimoniée, c'est-à-dire où l'antimoine figure à l'état d'impureté? Ce sera quant à moi ma conclusion (1).

★

**Le feu secret ou premier agent**

« Pour satisfaire à votre demande, sachez qu'il n'y a qu'une seule matière et principale substance qui est la matière du magistère; que cette matière se fait un, que cet un est fait avec elle; et que l'on n'y ajoute ni en ôte quoi que ce soit », répond le philosophe Morien à une question du roi Calid.

On retrouve fréquemment une telle assertion sous la plume de nombreux Adeptes. Elle a parfois trompé des chercheurs qui ont pensé qu'aucune substance, en dehors de celles que contient la matière première, ne devait intervenir dans l'Œuvre. Il s'agit là d'une chausse-trape de plus placée sur la route du néophyte. Rien, certes, ne doit être, au plus strict, *ajouté* à la matière, mais il est également certain qu'il faut, pour en

(1) Conclusion renforcée par le fait suivant: en 1616, un Adepte anonyme publiait un ouvrage hermétique, *Les Noces chymiques*, dans lequel il prétendait donner la clef de l'alchimie par un calcul cabalistique. Il remplaçait les lettres du mot *alchimia* par leur valeur numérale, soit A = 1, L = 12, C = 13, H = 8, I = 9, M = 13, I = 9, A = 1, ce qui donne un total de 56. Or, 56 est le poids atomique du fer, ce qui est d'autant plus remarquable que la théorie des poids atomiques n'était pas encore découverte à l'époque. Mais ne devrions-nous pas plutôt dire *redécouverte*?

extraire le mercure philosophique, lui *appliquer* le feu secret, et ce feu est, lui, partiellement étranger à la Pierre. Je dis partiellement car, lorsqu'on interroge les alchimistes sur le point précis de savoir si le feu secret a les mêmes constituants que le sujet des Sages, ils répondent « non et oui ». Et ils ont raison, comme nous allons essayer de le démontrer.

Que peut bien être ce feu secret, cette eau sèche qui ne mouille pas les mains, c'est-à-dire cette substance qui brûle sans le secours d'une flamme? Plusieurs corps chimiques viennent à l'esprit, les acides, les bases fortes et certains sels. Nous pouvons exclure les acides et bases usuels qui sont des liquides, restent certains acides organiques faibles et des sels. Nous rencontrons aussitôt Basile Valentin qui nous déclare: « Le sel c'est le feu, l'eau qui ne mouille pas les mains. » Nous pouvons en conclure que le feu secret est bien un sel, qu'il se présente à nous sous une forme cristalline — puisqu'il ne mouille pas les mains — et qu'il est susceptible de se liquéfier, puisqu'il peut se transformer en « eau ». Ailleurs, Basile Valentin le qualifie d'« homme double igné », et il n'est pas le seul à signaler ce caractère double du sel. La conclusion là aussi s'impose avec évidence: il s'agit d'un sel double d'une substance métallique présente dans la matière première (1), sans doute sous forme d'impureté.

Voyons maintenant si les Adeptes ont indiqué ou cherché un tel sel. Jetons un coup d'œil sur le dessin de la douzième clé de Basile Valentin. Nous y voyons le feu brûlant au-dessus de quel-

(1) Puisque les alchimistes déclarent qu'un des constituants de la matière première est commun avec le feu secret.

que chose qui ne ressemble nullement à un fourneau mais bien à un tonneau; ailleurs il parlera de « la lessive concentrée de cendre de chêne ou carbonate de potasse ». Mais le tonneau fait aussi penser au tartre qui se dépose sur ses parois internes, et il ne faut pas oublier que l'appellation moyenâgeuse du carbonate de potasse n'était autre que sel de tartre. Ce qui nous ramène à Jacques Bergier qui, dans sa préparation, utilisait, en lieu et place de premier agent, l'acide tartrique qui est extrait en fait du tartre.

De même, Michael Maier, dans le troisième discours d'*Atalante fugitive*, déclare: « En effet, qui lave à l'aide de l'eau une chose impure lui procure le même effet que celui obtenu par tant de modes d'opérer. Car c'est par le feu, comme le dit le Jardinier des Philosophes, que les linges du roi Duenech, tachés par la sueur, doivent être lavés, et ils doivent être brûlés par les eaux. » On constate que l'anagramme du roi Duenech donne « du chêne », source de l'eau qui brûle.

A la page 171 du tome I des *Demeures philosophales* où Fulcanelli nous parle du mercure des Philosophes (qui n'a bien entendu aucun rapport avec notre feu secret) nous trouvons cette phrase: « De là vient que plusieurs Adeptes, voulant créer la confusion, l'ont appelé nitre ou salpêtre (sal petri, sel de pierre) et copié le signe de l'un sur l'image de l'autre ». Ailleurs (tome II, page 231) il ajoute: « Ceux qui sont instruits des qualités du sujet savent que le dissolvant universel est un véritable minéral, d'aspect sec et fibreux, de consistance solide, dure, de texture cristalline. C'est donc un sel, et non pas un liquide, ni un mercure coulant, mais une pierre ou sel pierreux, d'où ses qualificatifs hermétiques de salpêtre, de sel de sagesse ou sel alembroth... »

A son tour, Eugène Canseliet nous parle de ce salpêtre, c'est-à-dire du nitrate de potasse que Jacques Bergier citait précédemment: « Parmi les sels qui se montrent idoines à entrer dans la composition du feu secret philosophique, le salpêtre semblerait devoir tenir une place importante. Du moins l'étymologie le ferait-elle présumer. En effet, le grec nitron *(νιτρον)* qui désigne l'azotate de potasse, appelée vulgairement le nitre, tire son origine de *νιπτω*, niptô — ou *νιξω*, nizô — *laver*; or, on sait que les philosophes recommandent de laver avec le feu. Toutes leurs purifications, toutes leurs sublimations sont faites à l'aide de lavages ignés, de lavure, selon que l'écrit Nicolas Flamel. D'autre part, le salpêtre, lorsqu'il agit au contact des matières en fusion, en « fusant », se transforme partiellement en carbonate de potassium; il s'alcalise. »

Et nous voici revenus à notre sel de tartre précédemment cité. Ainsi donc notre feu secret pourrait bien n'être qu'un sel double de potassium, nitrate et tartrate, le potassium figurant lui-même dans la matière première, c'est-à-dire dans la pyrite de fer antimoniée, sous forme d'impureté. Il représenterait alors le sel, le principe d'union qui unit le soufre au mercure, car le potassium est le seul métal stable et courant à être normalement un peu radio-actif.

Mais attention, il ne faut pas employer ces corps tels quels, il faut utiliser, selon l'expression des alchimistes, le salpêtre philosophique et le sel de tartre philosophique. C'est là un autre de ces secrets du magistère sur lesquels les alchimistes n'ont jamais voulu s'expliquer. L'un d'eux consentit pourtant à me dire un jour que l'action de rendre un corps philosophique ressortissait à la physique et non à la chimie. Relisons dès lors les opérations décrites par Jacques Bergier en portant principalement notre attention sur l'utilisation de la lumière polarisée, et nous ne serons pas loin d'avoir découvert la solution.

★

**Le mercure philosophique**

Les souffleurs et nombre d'alchimistes ont attribué au mercure philosophique à peu près toutes les identités possibles, jusque et y compris les plus répugnantes, urine macérée, sang de nouveau-né, etc. De fait, si l'on cherche à découvrir quel est le corps qui correspond au mercure philosophique on ne le trouvera jamais, tout simplement parce que ce mercure n'est en rien extérieur à la matière première, mais en est au contraire extrait sous l'influence du feu secret. Nous avons vu qu'il ne faut rien ajouter à la matière initiale une fois l'action du premier agent commencée: c'est là une règle absolue. Il est par suite évident que le mercure philosophique ne peut provenir que de la matière initiale; tous les alchimistes que j'ai interrogés à ce sujet l'ont parfaitement admis et ont reconnu, que, sur ce point particulier, la difficulté ne gisait pas dans l'identification du produit mais bien dans le tour de main spécial nécessaire pour arriver à l'extraire de la minière des sages. C'est d'ailleurs ce qui va apparaître dès le prochain chapitre consacré à la réalisation pratique du magistère.

Quatrième planche du Mutus Liber

## 3

## LE MAGISTÈRE

Il convient tout d'abord de préciser un fait d'une importance extrême: le magistère ne se compose pas d'un Œuvre unique mais de trois œuvres parfaitements distincts. Or la plupart des traités d'alchimie étudient l'un de ces trois Œuvres, ou deux d'entre eux, comme s'ils étaient l'Œuvre complet et cela sans jamais préciser qu'ils omettent une partie très importante de la réalisation de la Pierre. Ce seul fait les rend inutilisables; il n'existe *aucun* traité qui étudie dans l'ordre et chronologiquement la succession des trois Œuvres! Au surplus, les appellations traditionnelles de matière première, mercure et soufre qui sont employées dans les trois Œuvres ne désignent pas les mêmes corps matériels dans chacune de ces parties du magistère! Disant cela, certes, je ne me rends pas seulement coupable d'un excès de « charité » mais de divulgation pure et simple. Pourtant, si, parce que l'on est persuadé de la réalité et de l'actualité de cet Art, on veut désocculter l'alchimie, il faut bien se livrer à ce débroussaillement indispensable.

Donc, dans un même traité, nous trouverons décrits deux Œuvres au maximum sur trois, et en outre, sachons-le, le soufre du second Œuvre pourra très bien avoir été appelé mercure dans le premier. Par suite, il ne sera pas possible de se fier à un seul auteur pour la réalisation totale du magistère puisque certaines phases seront absentes de ses écrits. Doit-on, pour autant, essayer de recomposer la marche à suivre en partant d'une mosaïque de traités? Surtout pas, car chaque philosophe a ses procédés, ses tours de main, voire ses marottes, et tous ne sont pas réductibles les uns aux autres. N'oublions pas qu'il ne s'agit en rien d'expériences scientifiques renouvelables à volonté, mais en quelque sorte de « recettes de cuisine », qui sont intimement liées à la personne de l'opérateur.

Puisqu'il y a trois Œuvres parfaitement différenciés, il est toutefois tout à fait possible de prendre pour guide un traité différent pour chacune des parties du magistère. On peut ainsi débuter avec Nicolas Flamel, poursuivre sous la houlette de Basile Valentin et se laisser guider jusqu'au but par Bernard le Trévisan. Il suffit alors d'établir une correspondance précise entre les diverses appellations des produits chez chacun de ces philosophes; cela demande une attention minutieuse, mais n'a rien d'impossible. Exceptionnellement, même, on peut faire appel à un second alchimiste pour préciser un point particulier de l'une des parties de l'Œuvre, si le guide choisi a trop laissé dans l'ombre telle ou telle manipulation; c'est cependant déjà là une opération plus compliquée et qu'on ne saurait conseiller au débutant.

Nous allons donc maintenant étudier chacune des parties du magistère à travers les enseignements du philosophe qui m'aura paru être le plus clair et le mieux assuré sur chacune d'elles. Je suivrai ainsi tour à tour Fulcanelli, Cycliani, puis Philalèthe.

## Le premier Œuvre

Il faut d'abord se procurer la matière première; ce point peut paraître banal et sembler ne comporter aucune difficulté, dès l'instant où l'on pense avoir identifié le minerai, mais il n'en est rien en pratique. A l'heure actuelle, tous les minerais sont soumis à une préparation chimique préalable susceptible d'enrichir leur teneur en métal, et cette préparation les rend tout à fait impropres à l'Œuvre (1). Il faut donc se rendre sur place, à la mine, et obtenir l'autorisation de visiter les filons.

En effet, comme nous l'apprend Armand Barbault dans *L'Or du millième matin,* il y a de la part de l'alchimiste une « prise de possession » de la matière qui est un véritable acte magique. Il faut que l'opérateur soit sur place et se laisse guider vers le minerai qui lui est destiné, je dirai presque prédestiné. Barbault précise que l'usage de l'astrologie, comme guide, est nécessaire dans cette phase, ce que je crois fort volontiers, et il assure que l'usage d'un médium pour choisir le gisement de la matière et procéder à la prise de possession de celle-ci est presque indispensable. En tout cas, qu'on se laisse mener par son instinct, par l'étude d'un ciel de naissance, ou par le truchement d'un médium, il faut être choisi par sa matière première autant que la choisir soi-même.

Quelle quantité prendre? Armand Barbault, lui,

(1) Basile Valentin disait déjà: « Toutes marchandises à vendre tirées des mines, valent chacune leur prix, mais lorsqu'elles sont falsifiées elles deviennent impropres. Elles sont en effet altérées sous un faux éclat et ne sont plus comme auparavant convenables à l'ouvrage. » *(Les douze clés de la Philosophie).*

a travaillé sur un kilo huit cents de terre tandis qu'un de mes amis, alchimiste lui-même, a acheté dès le départ deux cents kilos de minerai. En effet, une fois enlevée la gangue sulfureuse qui entoure la matière première, il reste assez peu de radicaux métalliques. Aussi je pense, qu'au départ, une centaine de kilos de minerai est nécessaire.

Le four qu'il faut construire doit permettre, selon la tradition, un chauffage continu au charbon de bois. On entend souvent, aujourd'hui, prohiber en alchimie l'usage des chauffages électriques ou au gaz, mais cette interdiction me paraît reposer seulement sur le besoin superstitieux d'imiter en tout le passé. Je pense au contraire que le chauffage électrique, grâce à sa constance et à la capacité de son réglage, doit être préféré à tout autre. Ensuite, il faut procéder à la fabrication du feu secret tel que je l'ai décrit précédemment; il s'agit ici d'une opération chimique et non alchimique, aussi il sera prudent de consulter un manuel du XVII^e^ ou du XVIII^e^ siècle indiquant la préparation de la crème de tartre ou autres substances. A ce propos, Eugène Canseliet nous dit dans son édition du *Mutus Liber*: « Nous ajouterons le conseil, assurément non négligeable, de ne point utiliser d'artifice dans le but que la solution du tartre devienne plus facile. Le double facteur du temps et de la patience, en l'occurrence, joue un grand rôle, et l'on devra, pour le mieux, consulter l'ouvrage de Nicolas Lémery, dans l'excellente édition que revit Théodore Baron, lui aussi docteur en médecine (*Cours de chimie*, Paris, 1756). »

Peut-on désormais commencer l'Œuvre? Non, car il existe deux périodes bien déterminées de l'année, clairement indiquées dans le *Mutus Liber*, et qui sont non seulement plus favorables à la réalisation du magistère mais même absolument impératives. Tous les écrits des philosophes le confirment. Voici d'ailleurs le commentaire, absolument limpide, d'Eugène Canseliet à la quatrième planche du *Mutus Liber*: « La quatrième estampe dévoile, positivement, l'un des plus grands arcanes de l'Œuvre physique. L'influx cosmique, en éventail immense de faisceaux droits, alternativement hachuré et piqueté, tombe depuis le centre du ciel d'un point qui se situe entre le soleil et la lune.

« Il n'y a pas d'auteur qui ait indiqué, aussi sincèrement, l'agent principal du mouvement et des transformations, à la surface comme au centre de la terre. Précisément, est-ce l'intervention de cet agent cosmique, qui différencie l'alchimie de la chimie orgueilleusement empirique et parallèle. Le secret se montre à ce point important que Magophon (le libraire Pierre Dujols) fit sans doute un très gros effort contre lui-même pour le dissimuler alors qu'il venait d'écrire ces quelques lignes pourtant fort significatives: « Sans le concours du ciel, le travail de l'homme est inutile. On ne greffe les arbres ni ne sème le grain en toute saison. Chaque chose a son temps. L'Œuvre philosophale est appelée l'agriculture céleste; ce n'est pas pour rien qu'un des plus grands auteurs a signé ses écrits du nom d'Agricola, et deux autres excellents Adeptes sont connus sous les noms de Grand Paysan et de Petit Paysan.

« Eh bien! oui, le bélier et le taureau de l'image, sur laquelle nous nous penchons présentement, correspondent aux deux signes zodiacaux, c'est-à-dire aux mois printaniers pendant lesquels l'opération, ayant pour but de récolter la fleur du ciel, est accomplie exactement telle qu'elle se trouve déterminée en cet endroit...

« On concevra facilement que c'est bien la rosée, et non toute autre chose, que le savant Jacob Sulat nous propose de récolter, et qu'il serait vain de trop subtilement philosopher sur une figure de sincérité presque naïve, avec l'idée qu'elle constitue une abstruse allégorie. Il s'agit, sans déguisement, de la manière simple que nous avons nous-mêmes, d'abord utilisée, il n'y a guère moins d'un demi-siècle, sauf la différence quant à l'installation de la pièce de linge sur des piquets (1). »

De son côté, Armand Barbault a raconté comment, à l'imitation du couple d'alchimistes du *Mutus Liber,* il recueillit à chaque aube la rosée des champs pendant les mois du bélier et du taureau (2) afin d'en imbiber sa matière première. C'est donc après cette époque, soit en mai, et uniquement à ce moment-là, qu'il faut commencer le magistère car la terre et l'air sont chargés de l'influx céleste du renouveau; il y a là une obligation absolue dont l'ignorance entraînerait l'échec de toute entreprise.

Nous nous trouvons donc en possession de la matière éloignée de la Pierre, du feu secret, d'une certaine provision de rosée, et d'un four; il nous faut encore quelques instruments, un mortier d'agate ou de toute autre substance très dure, un creuset et quelques cornues et matras. L'époque

(1) Voir page 316 la reproduction de cette quatrième planche du *Mutus Liber.*

(2) Du 21 mars au 20 mai.

de l'année est favorable, il est temps de commencer.

Il faut d'abord préparer la rosée de mai, qui n'est pas utilisable directement comme dans la préparation spagirique d'Armand Barbault. Ecoutons donc le Cosmopolite, dans sa *Nouvelle Lumière chymique*: « En effet, tu dois prendre ce qui est, mais qui ne se voit pas, jusqu'à ce qu'il plaise à l'artiste; c'est l'eau de notre rosée, de laquelle se tire le salpêtre des philosophes, par lequel toutes choses croissent et se nourrissent »; indication que nous compléterons par ces mots d'Eugène Canseliet: « Sous l'effet de la chaleur appliquée avec sagesse, grâce à son nitre subtil, la rosée élève et ennoblit tout sel que ce soit et, préférablement, ceux que la nature a réservés pour le Grand Œuvre. » (1) Le corps ainsi obtenu est le *lait de Vierge*.

Et maintenant les opérations commencent: la première est de pulvériser dans le mortier d'agate des blocs de matière première mélangés au sel double qui constitue le feu secret, puis d'imbiber le tout avec le sel tiré de la rosée de mai. Fulcanelli, au tome premier des *Demeures philosophales* nous l'explique en ces termes: « Si donc vous désirez posséder le griffon, qui est notre pierre astrale (2), en l'arrachant de sa gangue arsenicale, prenez deux parts de terre vierge, notre dragon écailleux (3), et une de l'agent igné, lequel est ce

(1) N'oublions pas que le nitre est le nom vulgaire du salpêtre, c'est-à-dire du nitrate de potassium, dont parlait Jacques Bergier dans son *modus operandi*.

(2) Ici, « griffon » et « pierre astrale » sont pris dans le sens de Pierre philosophale achevée.

(3) « Terre vierge » et « dragon écailleux » sont pris dans le sens de « matière éloignée » de la Pierre.

vaillant chevalier armé de la lance et du bouclier (1). Arès plus vigoureux que Ariès doit être en moindre quantité. Pulvérisez et ajoutez la quinzième partie de tout ce sel pur, blanc, admirable, plusieurs fois lavé et cristallisé, que vous devez nécessairement connaître (2). Mélangez intimement; puis, prenant exemple sur la douloureuse passion de Notre Seigneur, crucifiez avec trois pointes de fer (3), afin que le corps meure et puisse ressusciter. Cela fait, chassez du cadavre les sédiments les plus grossiers; broyez et en triturez les ossements; malaxez le tout sur un feu doux avec une verge d'acier. Jetez alors dans ce mélange la moitié du second sel, tiré de la rosée qui, au mois de mai, fertilise la terre et vous obtiendrez un corps plus clair que le précédent. Répétez trois fois la même technique; vous parviendrez à la minière de notre mercure (4) et aurez gravi la première marche de l'escalier des sages. Lorsque Jésus ressuscita, le troisième jour après sa mort, un ange lumineux et vêtu de blanc occupait seul le sépulcre vide... »

A titre de comparaison je vais reproduire ici quelques lignes de Philalèthe décrivant la même opération: « Il faut prendre de notre dragon igné qui cache dans son ventre l'acier magique, quatre parties; de notre aimant, neuf parties; mêle-les ensemble par un feu brûlant en forme d'eau minérale, au-dessus de laquelle il surnagera une écume à mettre à part. Laisse la coquille et prends

(1) C'est-à-dire le sel double qui constitue le feu secret.

(2) Il s'agit du sel obtenu à partir de la rosée de mai, ou lait de Vierge.

(3) Triple dissolution (solve).

(4) Il s'agit du mercure philosophique.

le noyau, que tu mettras séparément; purge-le et nettoie-le trois fois par le feu et le sel; et cela se fera aisément si Saturne a vu et considéré la beauté dans le miroir de Mars. » Les deux philosophes, avec des mots différents, disent en fait exactement la même chose. A noter qu'à partir des trois dissolutions il faut désormais opérer dans un creuset et faire très attention aux projections ignées qui entraînent des brûlures parfois mortelles. Reprenons Fulcanelli: « Quand vous percevrez dans le vaisseau un bruit analogue à celui de l'eau en ébullition, grondement sourd de la terre dont le feu déchire les entrailles, soyez prêt à lutter et conservez votre sang-froid. Vous remarquerez des fumées et des flammes bleues, vertes et violettes, accompagnant une série de détonations précipitées... » Ailleurs le célèbre Adepte contemporain déclare: « Limojon de Saint-Didier énonce donc une vérité primordiale lorsqu'il assure que « la Pierre des philosophes naît de la destruction de deux corps ». Nous ajouterons que la Pierre philosophale — ou notre mercure, sa matière prochaine — naît également du combat, de la mortification et de la ruine de deux natures contraires. Ainsi, dans les opérations essentielles de l'Art, voyons-nous que ce sont toujours deux principes qui en produisent un troisième et que cette génération dépend d'une décomposition préalable de ses agents. » Attention à l'emploi du mot mercure par Fulcanelli, qui est mis là pour égarer. En fait les deux corps extraits de la matière première et qu'il faut décomposer sont le mercure et le soufre des philosophes et le troisième corps qu'il nous faut obtenir au cours de ce premier Œuvre est le mercure philosophique. Venons-en donc à celui-ci et voyons comment Fulcanelli, au tome II de ses *Demeures philosophales,* nous explique son extraction:

« L'opération est d'autant plus importante qu'elle conduit à l'acquisition du mercure philosophique, substance vivante, animée, issue du soufre pur radicalement uni à l'eau primitive et céleste... Or, les deux voies de l'Œuvre nécessitent deux manières différentes d'opérer l'animation du mercure initial. La première appartient à la voie courte et comporte une seule technique par laquelle on humecte peu à peu le fixe — car toute matière sèche boit avidement son humidité — jusqu'à ce que la fusion réitérée du volatil sur le corps fasse gonfler le composé et le rende en masse pâteuse ou sirupeuse selon le cas. La seconde méthode consiste à digérer la totalité du soufre dans trois ou quatre fois son poids d'eau. Décantez ensuite la solution, puis desséchez le résidu et le reprenez avec une quantité proportionnelle de nouveau mercure. Quand la dissolution est achevée, on sépare les scories, s'il y en a, et les liqueurs rassemblées sont soumises à une lente distillation au bain. L'humidité superflue se trouve ainsi dégagée, laissant le mercure dans la consistance requise, sans aucune perte de ses qualités et prêt à subir la coction hermétique. »

Il ne faut pas oublier que ce mercure philosophique se présente sous la forme d'un sel, et que c'est ce sel qu'il faut recueillir après les sublimations réitérées.

★

### Le deuxième Œuvre

Notre matière première est donc arrivée au stade de matière prochaine de l'Œuvre et il faut maintenant, essentiellement sous l'influence du mercure philosophique qui en a été extrait et du lait de Vierge, l'amener au stade du *rebis,* de la chose double, qu'ensuite, dans le troisième Œuvre, il suffira de cuire jusqu'à son stade de perfection.

Les opérations de ce second Œuvre ont été décrites par plusieurs philosophes, à la réserve près qu'ils avaient l'air de parler du début du magistère. Parmi ces traités, j'ai choisi de citer ici celui de Cyliani, *Hermès dévoilé,* car il me semble décrire cette opération plus clairement et plus sincèrement que les autres.

« *Première opération: confection de l'azote ou du mercure des philosophes.*

« Je pris de la matière contenant les deux natures métalliques (1); je commençai par l'imbiber de l'esprit astral (2), peu à peu, afin de réveiller ses deux feux intérieurs qui étaient comme éteints, en desséchant légèrement et broyant circulairement le tout à une chaleur de soleil; puis réitérant ainsi et fréquemment, en humectant de plus en plus, desséchant et broyant, jusqu'à ce que la matière eût pris l'aspect d'une bouillie légèrement épaisse. Alors je versai dessus une nouvelle quantité d'esprit astral, de manière à surnager la matière, et laissai le tout ainsi pendant cinq jours, au bout desquels je décantai adroitement le liquide ou la

(1) C'est-à-dire la matière prochaine.
(2) Synonyme du lait de Vierge.

dissolution (1), que je conservai dans un lieu froid; puis je desséchai (1) derechef à la chaleur solaire la matière restée dans le vase en verre, qui avait environ trois doigts de hauteur; j'imbibai, broyai, séchai et fis dissoudre comme j'avais précédemment fait et réitérai ainsi jusqu'à ce que j'eusse dissous tout ce qui était susceptible de l'être, ayant eu le soin de verser chaque dissolution dans le même vase bien bouché, que je mis pendant dix jours dans le lieu le plus froid que je pus trouver. Lorsque ces dix jours furent écoulés, je mis la dissolution totale à fermenter dans un pélican pendant quarante jours, au bout desquels il se précipita par l'effet de la chaleur interne de la fermentation une matière noire. C'est alors que je distillai sans feu, le mieux qu'il me fut possible, le liquide précieux qui surnageait la matière contenant son feu intérieur, et le mis dans un vase en verre blanc, bien bouché à l'émeri, dans un milieu humide et froid.

« Je pris la matière noire et je la fis dessécher à la chaleur du soleil comme j'ai déjà dit, en réitérai les imbibitions avec l'esprit astral, les cessant aussitôt que j'apercevais la matière qui commençait à se sécher, et la laissant ainsi se dessécher d'elle-même, et cela, autant de fois qu'il fut nécessaire pour que la matière devînt comme une poix noire, luisante. Alors la putréfaction fut totale et je cessai le feu extérieur, afin de ne point endommager la matière en brûlant l'âme tendre de la terre noire. Par ce moyen, la matière parvint au fumier de cheval: à son imitation, il faut suivant

(1) C'est le grand principe des opérations alchimiques: *solve et coagula.*

le dire des philosophes, laisser agir la chaleur intérieure de la matière elle-même.

« Il faut ici recommencer le feu extérieur pour coaguler la matière et son esprit. Après l'avoir laissé dessécher d'elle-même, on l'imbibe peu à peu, de plus en plus, de son liquide distillé et réservé qui contient son propre feu, en broyant, imbibant et desséchant à une légère chaleur solaire, jusqu'à ce qu'elle ait bu toute son eau. Par ce moyen, l'eau est changée entièrement en terre et cette dernière, par sa dessiccation, se change en une poudre blanche que l'on appelle aussi air, qui tombe comme une cendre, contenant le sel ou le mercure des philosophes.

« Dans cette première opération, on voit que la dissolution, ou l'eau, s'est changée en terre, et celle-ci, par subtilisation ou sublimation, se change en air par l'art où s'arrête le premier travail.

« On prend cette cendre que l'on fait dissoudre peu à peu à l'aide de ce nouvel esprit astral, en laissant, après la dissolution et la décantation, une terre noire qui contient le soufre fixe. Mais en réitérant l'opération sur cette dernière dissolution, absolument comme nous venons de la décrire précédemment, on obtient une terre plus blanche que la première fois, qui est la première aigle, et l'on réitère ainsi sept à neuf fois. On obtient par ce moyen le menstrue universel, ou le mercure des philosophes (1), ou l'azote, à l'aide duquel on extrait la force active et particulière de chaque corps...

(1) Attention, ce deuxième « mercure des philosophes » n'est pas le constituant de la matière première, ainsi désigné au cours du premier œuvre. Il s'agit ici d'un nouveau sel résultant de l'opération précédente.

« *Deuxième opération: confection du soufre.*

« La teinture extraite de l'or (1) vulgaire s'obtient par la préparation de son soufre, qui est le résultat de sa calcination philosophique qui lui fait perdre sa nature métallique et le change en une terre pure; calcination qui ne peut avoir lieu par le feu vulgaire, mais seulement par le feu secret qui existe dans le mercure des sages, vu sa propriété double; et c'est en vertu de son feu céleste, secondé par la trituration, qu'il pénètre dans le centre de l'or vulgaire et que le feu central double de l'or, mercuriel et sulfureux, qui s'y trouve comme mort et emprisonné, se trouve délié et animé. Ce même feu céleste, après avoir extrait la teinture de l'or, la fixe par sa qualité froide et figeante, et devient parfaite, pouvant se multiplier en qualité ainsi qu'en quantité...

« Il faut donc commencer à résoudre l'or vulgaire en sa matière spermatique par notre eau de mercure ou notre azote. Pour y parvenir, il faut réduire l'or en une chaux ou oxyde d'un rouge brun très pur, et, après l'avoir lavé à diverses fois avec de l'eau de pluie bien distillée à petit feu, on le fera légèrement sécher à une chaleur de soleil: c'est alors qu'on le calcinera avec notre feu secret. C'est à cette occasion que les philosophes disent: les chimistes brûlent avec le feu, et nous avec l'eau.

« Après avoir imbibé et broyé fréquemment l'oxyde d'or bien calciné, ayant son humidité, et lui avoir fait boire son poids de sel ou de terre sèche qui ne mouille pas les mains, et les avoir bien incorporés ensemble, on les imbibera dere-

(1) Cet « or » désigne le principe mâle du compôt.

chef en augmentant successivement les imbibitions, jusqu'à ce que le tout ressemble à une bouillie légèrement épaisse. Alors on mettra dessus une certaine quantité d'eau de mercure proportionnée à la matière, de manière qu'elle surnage cette dernière; on laissera le tout à la douce chaleur du bain-marie des sages pendant cinq jours, au bout desquels on décantera la dissolution dans un vase que l'on bouchera bien et que l'on mettra dans un lieu humide et froid.

« On prendra la matière non dissoute, que l'on fera dessécher à une chaleur semblable à celle du soleil; étant suffisamment sèche, on recommencera les fréquentes imbibitions et triturations, comme nous l'avons précédemment dit, afin d'obtenir une nouvelle dissolution, que l'on réunira avec la première, en réitérant ainsi jusqu'à ce que vous ayez dissous ce qui peut l'être et qu'il ne reste plus que la terre morte de nulle valeur. La dissolution étant terminée et réunie dans le vase en verre bien bouché, dont nous avons précédemment parlé, sa couleur est semblable à celle du lapis-lazuli. On placera ce vase dans un lieu le plus froid que faire se pourra pendant dix jours puis on mettra la matière à fermenter, comme nous l'avons dit dans la première opération, et, par le propre feu interne de cette fermentation, il se précipitera une matière noire; on distillera adroitement et sans feu la matière, en mettant le liquide séparé par la distillation, qui surnageait la terre noire, dans un vase bien bouché et dans un lieu froid.

« On prendra la terre noire, séparée par distillation de son liquide; on la laissera se dessécher d'elle-même, puis on l'imbibera derechef avec le feu extérieur, c'est-à-dire avec le mercure philosophique...

« Lorsque la matière est blanche, la coagulation étant terminée, on la fixe en portant la matière à une plus grande dessication à l'aide du feu extérieur, en suivant la même marche que nous avons suivie dans la coagulation précédente, jusqu'à ce que la couleur blanche soit changée en couleur rouge, que les philosophes appellent l'élément du feu...

« Alors on procède à la séparation du pur, de l'impur de la matière: c'est le dernier degré de la régénération, qui se fait par la solution. Pour y parvenir, après avoir bien broyé la matière, et l'avoir placée dans le vase sublimatoire, haut, comme nous l'avons déjà dit, de trois à quatre doigts, en bon verre blanc et d'une épaisseur double à celle de l'ordinaire, on verse dessus de l'eau mercurielle, qui est notre azote, dissous dans la quantité d'esprit astral qui lui est nécessaire, et précédemment indiqué, en graduant son feu de manière à l'entretenir dans une chaleur tempérée, et lui donnant sur la fin une quantité de ce mercure philosophique, comme pour fondre la matière. Par ce moyen on porte toute la partie spirituelle de cette dernière dans l'eau, et la partie terreuse va au fond; on décante son extrait, et on le met dans la glace, afin que la quintessence huileuse se rassemble et monte au-dessus de l'eau et y surnage comme une huile, et l'on jette la terre restée au fond, comme inutile, car c'est elle qui tenait emprisonnée la vertu médicinale de l'or; ce qui fait qu'elle est de nulle valeur.

« On sépare cette huile surnageante à l'aide d'une plume blanche de pigeon, bien lavée et mouillée; et l'on prend garde de ne point en perdre, car elle est la vraie quintessence de l'or vulgaire régénéré, dans laquelle les trois principes se trouvent réunis, ne pouvant plus être séparés l'un de l'autre.

« L'huile obtenue ainsi par la séparation est la teinture, ou le soufre, ou le feu radical de l'or, ou la véritable coloration; elle est aussi le vrai or potable ou la médecine universelle pour tous les maux qui affligent l'humanité (1). On prend, aux deux équinoxes, de cette huile, la quantité nécessaire pour teindre légèrement une cuillerée à soupe de vin blanc ou de rosée distillée, vu qu'une grande quantité de cette médecine détruirait l'humide radical de l'homme, en le privant de la vie.

« Cette huile peut prendre toutes les formes possibles, et se former en poudre, en sel, en pierre, en esprit, etc., par sa dessiccation, à l'aide de son propre feu secret. Cette huile est aussi le sang du lion rouge. Les Anciens la représentaient sous l'image d'un dragon ailé qui se repose sur la terre.

« Enfin, cette huile inconsumable est le mercure orifique. Etant faite, on la partage en deux portions égales; on en conserve une partie à l'état d'huile dans un petit bocal en verre blanc, bien bouché à l'émeri, que l'on conserve dans un lieu sec, pour s'en servir à faire les imbibitions dans les règnes de Mars et du Soleil, comme je le dirai à la fin de la troisième opération et l'on fait dessécher l'autre portion jusqu'à ce qu'elle soit reproduite en poudre, en suivant les mêmes moyens que j'ai indiqués précédemment pour dessécher la

(1) Cyliani est ici « envieux ». Il s'agit seulement d'une médecine d'ordre inférieur.

pierre et la coaguler: alors on partage cette poudre pareillement en deux portions égales, on en fait dissoudre une partie dans quatre fois son poids de mercure philosophique, pour imbiber l'autre moitié de la poudre réservée. »

★

## Le troisième Œuvre

Nous voici donc en possession de notre rebis qu'il faut maintenant amener à la perfection par la coction, c'est-à-dire pour parler plus simplement par la cuisson. C'est là une opération simple en apparence mais qui est en fait une des plus difficiles à réaliser dans la pratique: il y a une succession de régimes de chaleur à observer et pousser trop les feux ou au contraire laisser refroidir la matière amène à tout perdre. Bien des alchimistes arrivés jusqu'à ce point n'ont jamais pu aller au-delà après être restés des années penchés sur leur fourneau.

Qui plus est, cette succession de régimes est généralement amputée du premier régime par les philosophes « envieux », et ainsi le troisième Œuvre est perdu dès le départ sans que l'opérateur s'en doute. C'est pourquoi nous allons devoir maintenant abandonner Cyliani puisque nous le voyons déclarer: « C'est alors que commence le premier degré, appelé celui de Saturne », ce qui montre que dès cet instant son traité devient mensonger. A ma connaissance un seul philosophe a été assez « charitable » pour révéler la succession réelle des régimes, et c'est Philalèthe, qui estimait sans doute s'être montré suffisamment « envieux » au cours de son traité pour accepter de dire une partie de la vérité sur la fin, que nous allons suivre maintenant à partir du chapitre 23 de son *Entrée ouverte au palais fermé du Roi.*

« Sache donc que dans tout notre ouvrage nous n'avons qu'un seul régime *linéaire,* qui n'est autre chose que de décuire et digérer. Et néanmoins ce seul régime-là en comprend plusieurs autres en soi, que les envieux ont cachés en leur donnant beaucoup de noms qui sont différents, et en parlant comme si c'étaient différentes opérations. Pour moi, à cause que j'ai promis candeur et sincérité, j'en traiterai beaucoup plus ouvertement; de sorte que tu seras obligé d'avouer que je suis en cela plus ingénu que pas un; car ce n'est pas notre coutume de parler clairement d'une chose de cette importance.

« *Chapitre 24.*

« *Du premier Régime de l'Œuvre, qui est celui du Mercure philosophique.*

« Je commencerai par le Régime du Mercure, qui est un secret, dont pas un des Philosophes n'a jamais parlé. Pense bien qu'ils ont tous commencé par le second ouvrage, c'est-à-dire par le régime de Saturne et ils n'ont donné aucune lumière à l'Artiste commençant, de ce qui se fait avant que la *noirceur* apparaisse, laquelle est un des principaux signes de l'Œuvre. Le bon Bernard, comte de Trévisan, n'en a même rien dit; car il enseigne dans sa parabole que le Roi lorsqu'il vient à la Fontaine, ayant laissé toutes les personnes étrangères, entre tout seul dans le Bain, ayant une robe de drap d'Or, qu'il dépouille et la donne à Saturne, qui, en échange, le couvre d'un vêtement de velours noir. Mais il ne dit point en combien de temps le

Roi quitte et dépouille cette robe de drap d'or, et ainsi il passe sous silence tout un régime entier, qui peut être de quarante jours, parfois de cinquante. Durant ce temps-là les pauvres apprentis se fondent sur des expériences qu'ils ne connaissent pas. Depuis qu'une fois la noirceur commence à paraître jusqu'à la fin de l'Œuvre, les nouveaux signes qui paraissent tous les jours dans le vaisseau donnent assez de satisfaction à l'Artiste; mais il faut avouer qu'il est ennuyeux d'être cinquante jours dans une telle incertitude, sans guide et sans aucune marque qui puisse assurer ceux qui travaillent.

« Je dis donc que depuis le moment où le compôt (1) a commencé à sentir le feu dans le fourneau jusqu'à ce que la noirceur apparaisse, tout cet intervalle c'est le régime du mercure, c'est-à-dire du mercure philosophique, qui travaille tout seul durant tout ce temps-là, son compagnon (l'or vulgaire) (2) demeurant mort un espace de temps convenable, et c'est ce que personne n'a encore découvert avant moi.

« Quand tu auras donc conjoint ensemble les matières, qui sont l'or et notre mercure, ne t'imagine pas comme font les vulgaires alchimistes que l'Occident (ou dissolution) de l'Or doive arriver tout aussitôt après. Non, je t'assure que cela ne se fait pas ainsi. J'ai attendu longtemps avant que la paix et le calme fussent faits entre le feu et l'eau. Et de ceci les envieux n'ont dit qu'un seul mot, lorsque dans le premier ouvrage ils ont appelé

(1) Philalèthe désigne ainsi le rebis plus le mercure philosophique.

(2) Comprendre le métal contenu dans le rebis.

leur matière *rebis*, c'est-à-dire une chose qui est faite de deux choses, ainsi que le poète l'a dit:

*Rebis n'est qu'une chose, étant faite de deux,*
*Toutes deux unies en une.*
*Il se dissout afin qu'en Soleil ou qu'en Lune*
*Les spermes soient changés, qui sont principes*
*[d'eux.*

« ... Prends le corps que je t'ai montré, c'est-à-dire l'Or vulgaire et mets-le dans l'eau de notre *mer*, laquelle ne perde point la chaleur qu'elle a acquise auparavant pendant un grand nombre de mois qu'elle aura été travaillée et disposée: décuis continuellement cet Or avec un feu qui lui soit propre, de sorte que dans ton vaisseau tu voies monter une rosée et un brouillard qui retomberont incessamment en gouttes jour et nuit. Je t'apprends que dans cette circulation le mercure monte tout tel qu'il est en sa première nature et que le corps demeure en bas (au fond du vaisseau) tout de même en sa première nature, jusqu'à ce que par un assez long temps le corps commence à retenir quelque peu de l'eau, et ainsi le corps et l'eau sont faits l'un et l'autre participants des degrés et qualités qu'ils ont chacun séparément, c'est-à-dire que le corps communique sa fixité à l'eau et l'eau fait part de sa volatilité au corps.

« ... Ainsi par l'entremise de l'âme, l'esprit est réconcilié avec le corps et ils s'unissent tous deux dans la couleur noire et cela arrive dans cinquante jours au plus tard. Cette opération s'appelle le régime du mercure parce qu'il circule, étant élevé en haut, et que le corps de l'Or est bouilli en bas dans le fond du vaisseau en ce même mercure. Et dans cette même opération, le corps est passif jusqu'à ce que les couleurs apparaissent, qui commencent à se faire voir tant soit peu vers le vingtième jour, pourvu que l'ébullition se fasse bien et sans aucune interruption ni relâche. Ensuite ces couleurs s'augmentent et se multiplient, se changent et se diversifient jusqu'à ce qu'elles se terminent dans la noirceur très noire, qui arrivera au cinquantième jour, si les destins favorables appellent à ce bonheur.

« *Chapitre 25.*

« *Du second Régime de l'Œuvre qui est celui de Saturne ou du plomb.*

« Le régime de mercure étant achevé (ce que l'on reconnaît parce que son opération est de dépouiller le Roi, c'est-à-dire l'Or de ses habits dorés, d'attaquer et lasser par divers combats de Lion jusqu'à ce qu'il soit aux derniers abois) le Régime prochain de Saturne lui succède.

« ... Et ce Régime est fort droit et linéaire à l'égard de la chaleur, parce qu'il n'y a qu'une couleur seule et unique qui est le noir très noir, qui paraisse; mais il n'y a ni fumée ni vent ni aucun symbole ou indice de vice et l'on n'y remarque autre chose, si ce n'est que la composition paraît quelquefois toute sèche et parfois qu'elle bout en façon et consistance de poix fondue. Oh! que c'est une chose affreuse à voir. Aussi est-ce proprement une représentation de la mort éternelle et un deuil de la léthargie physique: mais que c'est une chose qui doit causer de joie à l'Artiste qui en suit la conduite! Car ce n'est pas une noirceur ordinaire qui paraît ici, mais c'est une noirceur si excessive qu'à force d'être noire elle paraît luisante et resplendissante. Que si tu vois une fois la Matière s'enfler comme de la pâte dans le fond du vaisseau, réjouis-toi car tu dois savoir que cela te marque qu'il y a un esprit vivifiant qui est renfermé au-dedans et qui redonnera la vie à ces corps morts dans le temps que le Tout-Puissant a prescrit pour cela.

« Je t'avertis ici de prendre surtout bien garde à ton feu, que tu dois ménager et conduire bien judicieusement; car je te jure en bonne foi que si dans ce Régime-ci tu fais sublimer quelque chose de tes Matières, pour avoir trop poussé le feu, tout ton ouvrage sera perdu sans ressource. Contente-toi donc, comme le Bon Trévisan, d'être détenu en prison quarante jours et quarante nuits et laisse demeurer la Matière qui est encore tendre au fond du vaisseau qui est le nid où se fait la conception...

« L'Or vulgaire s'exhaussant et dignifiant par la vertu de notre mercure manifeste par ordre tous les degrés métalliques qu'il a en lui et devient ainsi l'Or philosophique animé et animant.

« *Chapitre 26.*

« *Du troisième Régime qui est celui de Jupiter ou de l'étain.*

« Au noir Saturne, succède Jupiter qui est d'une couleur différente. Car après que la Matière a été dûment putréfiée et pourrie, et que la conception a été faite dans le fond du vaisseau, tu verras encore par le bon plaisir de Dieu des couleurs qui se changeront souvent et une autre sublimation qui circulera. Ce Régime n'est pas long, car il ne dure pas plus de trois semaines. Durant ce temps-là toutes sortes de couleurs qu'on ne saurait imaginer paraîtront et l'on n'en peut rendre aucune raison certaine. Les pluies seront alors plus abondantes de jour à autre, et enfin, après toutes ces choses qui sont très agréables à voir, il paraît au côté du vaisseau une blancheur en façon de petits filaments ou comme des cheveux (Nicolas Flamel l'appelle blancheur capillaire). Quand tu verras cela, réjouis-toi car c'est une marque que tu as heureusement parachevé le Régime de Jupiter...

« *Chapitre 27.*

« *Du quatrième Régime qui est celui de la Lune ou de l'argent philosophique.*

« Le Régime de Jupiter étant parachevé, sur la fin du quatrième mois, le signe du croissant de la Lune t'apparaîtra, et tu dois savoir que tout le Régime de Jupiter a été employé à laver le Laton (1). L'esprit qui fait cette *lotion,* ou qui lave, est fort blanc et pur en sa nature, mais le corps qui doit être lavé est d'un noir très noir, à cause de ses impuretés: dans le passage du noir au blanc, paraissent toutes les couleurs intermédiaires qui, disparaissant, font que tout devient blanc, non pas pourtant qu'il soit parfaitement blanc dès le premier jour; mais du blanc il viendra au très blanc peu à peu, et par degrés.

« Tu dois savoir que dans ce Régime tout le compôt devient à la vue comme de l'argent-vif coulant, et c'est ce qu'on appelle sceller la mère dans le ventre de son enfant qu'elle a enfanté auparavant...

« Mais avant que ce Régime soit achevé, le composé prendra mille formes différentes. Car les fleuves venant à se grossir avant toutes sortes de coagulation, le composé se liquéfiera et se coagulera cent fois dans un jour... A la fin tu auras de petits grains très blancs qui ressembleront aux

(1) Autre appellation du rebis arrivé à ce stade de coction.

atomes du soleil et d'ailleurs si beaux que jamais homme n'en a vus de pareils.

« Rendons des grâces immortelles à Dieu qui a eu la bonté de conduire l'Œuvre jusqu'à cette perfection. Car c'est alors la véritable teinture parfaite pour le blanc, quoiqu'elle ne soit encore que du premier ordre et par conséquent qu'elle n'ait que peu de vertu et d'efficacité en comparaison de cette puissance admirable qu'elle acquerra si l'on réitère et refait sa préparation du second ordre.

« *Chapitre 28.*

« *Cinquième Régime qui est celui de Vénus ou du cuivre.*

« Ici tu dois bien prendre garde à bien conduire ton feu; car c'est une maxime indubitable que la Pierre, pour être parfaite, doit être fusible. Ainsi si tu lui donnes le feu plus fort qu'il ne faut, ta Matière se vitrifiera et, étant fondue, elle s'attachera aux côtés de ton vaisseau et tu n'en saurais rien faire de plus ni lui donner davantage de perfection... Cela arrive depuis le milieu du Régime de la Lune jusqu'au septième ou dixième jour de celui de Vénus.

« Il faut donc augmenter seulement un peu le feu et de telle sorte que la chaleur ne puisse pas faire devenir la composition vitrifiée, c'est-à-dire coulante comme du verre fondu. Mais il faut que la chaleur soit douce parce que, par ce moyen, la Matière se fondra et s'enflera d'elle-même, et avec l'aide de Dieu, elle recevra un esprit qui volera et montera en haut, portera et enlèvera la Pierre avec soi, et il produira et fera naître de nouvelles couleurs. La première de toutes sera la verdeur de Vénus, qui durera longtemps, car elle ne disparaîtra entièrement qu'après vingt jours. Ensuite viendra la couleur bleue, puis la livide ou plombée et, sur la fin du Régime de Vénus, la couleur de pourpre, pâle et obscure...

« Quand donc tu verras la verdeur, sache qu'elle contient et enferme dans soi la vertu de germer. Ainsi prends bien garde en cet endroit que cette agréable verdeur ne se change en vilain noir par la trop grande chaleur, mais gouverne ton feu avec prudence, et par ce moyen tout ce Régime sera fait dans quarante jours, et tu y remarqueras toute la vertu amoureuse de la régénération et végétation.

« *Chapitre 29.*

« *Du sixième Régime qui est celui de Mars ou du fer.*

« ... La couleur dominante dans ce régime est une ébauche et un commencement d'orangé mêlé et lavé d'un jaune tirant sur le brun limoneux et, outre cela, il fait parade des couleurs de l'iris et de celles de la queue de Paon; mais elles ne font que passer.

« Dans ce Régime la consistance de la composition est plus sèche et il semble que la Matière prenne plaisir à se déguiser en prenant diverses formes...

« Sache que *notre Terre vierge* reçoit lors de sa dernière façon, afin que le fruit du Soleil, c'est-à-dire de l'Or y soit semé et qu'il mûrisse. Ainsi tu dois continuer à entretenir toujours une bonne chaleur, et assurément vers le trentième jour de ce régime tu verras paraître la couleur orangée, qui dans deux semaines après qu'elle aura commencé de paraître, teindra toute la matière de sa couleur.

« *Chapitre 30.*

« *Du septième Régime qui est celui du Soleil ou de l'Or philosophique.*

« Te voilà maintenant bien proche de la fin de ton Œuvre, et tu l'as presque achevé. Tout paraît dans le vaisseau comme si tout était de l'Or très fin et le lait de la Vierge qui y circule, avec lequel tu fais imbibition et abreuves cette matière, devient fort orangé...

« Considère qu'il y a presque sept mois que tu attends et qu'il n'est pas à propos de détruire et de perdre tout en moins d'une heure. C'est pourquoi tu dois agir avec très grande précaution, d'autant plus que tu es plus proche de la fin et de la perfection de ton Œuvre...

« Après avoir attendu douze ou quatorze jours, tu remarqueras dans ce Régime du Soleil ou de l'Or philosophique que la plus grande partie de la Matière deviendra humide, même en quelque façon pesante; cependant elle ne laissera pas d'être toute emportée *dans le ventre du vent* (1).

« Enfin vers le vingt-sixième jour de ce Régime, elle commencera à se dessécher puis elle se liquéfiera, deviendra coulante et se congèlera, et ensuite elle se liquéfiera encore cent fois le jour jusqu'à ce qu'elle commence à se graveler, en sorte que toute la Matière paraîtra divisée en petits grains: après quoi elle se réunira en une masse et de jour à autre elle prendra mille formes différentes et cela durera deux semaines ou environ.

« Enfin, par l'ordre de Dieu, la lumière de ta Matière jettera des rayons si vifs qu'à peine le pourrais-tu imaginer. Quand tu verras paraître

(1) Allusion à la *Table d'Emeraude.*

cette lumière tu dois attendre bientôt la fin de ton Œuvre, car tu verras cette fin désirée trois jours après, parce que la Matière se mettra toute en grains aussi menus que les atomes du Soleil et elle sera d'une couleur rouge si foncée, qu'à force d'être rouge elle paraîtra noire, comme est le sang d'un homme bien sain quand il est pris et caillé. Et tu n'aurais jamais pu croire que l'Art eût pu donner une telle teinture à l'Elixir, parce que c'est une créature admirable et qui n'a pas sa pareille dans toute l'étendue de la Nature, tant s'en faut qu'il se puisse rien trouver au monde qui lui soit parfaitement semblable. »

★

**La multiplication**

La clarté des opérations décrites par Eyrénée Philalèthe est suffisante pour qu'il soit inutile de les commenter. Après le septième régime donc, et si Dieu ou la chance l'a voulu, nous avons « le soufre rouge incombustible » qui est véritablement la Pierre philosophale mais pas encore complètement achevée. Il faut encore la multiplier, c'est-à-dire lui faire subir le cycle complet des opérations auxquelles a été soumise la matière première.

Philalèthe précise d'ailleurs au chapitre 31: « Cependant, quand tu seras parvenu jusqu'ici, ne t'imagine pas que ce soit la fin de tes travaux et que tu n'aies plus rien à faire; car tu dois encore passer outre, réitérer et faire une seconde fois la circulation de la roue (c'est-à-dire recommencer les opérations que tu viens de faire) afin que de ce soufre incombustible tu aies l'élixir. » Cela tous les philosophes le signalent mais ils se montrent « envieux », là également, dans le sens qu'ils n'indiquent pas s'il faut recommencer les opérations à partir du premier Œuvre ou seulement du second ou du troisième. Je préciserai donc qu'il s'agit de recuire la Pierre selon les régimes de Philalèthe, c'est-à-dire lui faire jouer le rôle de *rebis* à partir du moment où on le soumet à l'action conjuguée du mercure philosophique et du feu extérieur.

C'est une fois cette nouvelle coction achevée que l'heureux alchimiste se trouve en possession de la véritable médecine universelle, dont une dilution homéopathique deviendra son élixir de longue vie. Comme nous l'avons vu au début de cet ouvrage, notre nouvel Adepte aura également fait fermenter sa Pierre avec de l'or — dans la proportion d'une partie pour quatre d'or — afin d'obtenir la poudre de projection nécessaire à son essai de transmutation.

La méthode d'élaboration de la Pierre philosophale que nous venons d'examiner est celle de la voie humide qui est pratiquement la seule qu'abordent les traités alchimiques. Toutefois, certains d'entre eux font état d'une voie sèche beaucoup plus rapide mais aussi beaucoup plus difficile à réaliser. Pourtant, dans le *Mystère des Cathédrales* (page 140) Fulcanelli écrit: « Peu d'alchimistes consentent à admettre la possibilité de deux voies, l'une courte et facile nommée voie sèche, l'autre plus longue et plus ingrate dite voie humide. Cela peut tenir à ce fait que beaucoup d'auteurs traitent exclusivement du procédé le plus long, soit parce qu'ils ignorent l'autre, soit parce qu'ils préfèrent garder le silence plutôt qu'en enseigner les principes. » Plus loin, il ajoute: « Dans celle-ci (la voie sèche), il faut « cuire le sel céleste, qui est le mercure des philosophes, avec un corps métallique terrestre, dans un creuset et à feu nu, pendant quatre jours. »

Une fois de plus nous nous trouvons devant l'embrouillamini habituel des textes hermétiques. Fulcanelli semble accepter l'idée de deux voies, mais il indique que la voie sèche est plus facile alors que tous les autres philosophes qui l'ont évoquée précisent au contraire qu'elle est beaucoup plus difficile; de plus il donne une précision de temps, quatre jours, qui ne signifie pas grand-chose dès l'instant qu'on n'a pas un point de comparaison bien assuré.

J'ai soigneusement collationné les textes anciens ou modernes se rapportant à ce sujet et j'ai pu en dégager les principes suivants: il existe non pas une ou deux, mais trois voies pour réaliser le magistère. La *voie humide*, qui est celle que nous avons décrite, et dans laquelle les opérations durent trois ans environ en admettant que toutes les manipulations réussissent du premier coup. La *voie sèche*, qui dure quelques semaines seulement et se fait à creuset ouvert, le feu secret y jouant alors un rôle plus important que dans la précédente méthode. Pour le philosophe qui possède déjà à fond la pratique de l'Art hermétique, cette voie est plus facile que la précédente — d'où l'affirmation de Fulcanelli — mais par contre pour le débutant elle est fort malaisée, voire pratiquement impossible. Enfin la *voie brève*, qui dure trois ou quatre jours, et où on opère à creuset ouvert et à de très hautes températures. Cette dernière méthode est extrêmement dangereuse, en raison des risques d'explosion, et elle est donc réservée aux seuls Adeptes supérieurs. Je crois utile de préciser encore que les corps chimiques correspondant au feu secret, au lait de Vierge et au mercure philosophique ne sont pas exactement les mêmes dans les trois voies.

Trois ans est donc la durée minimum du temps à consacrer au magistère philosophal, mais n'oublions pas que nous avons vu Denis Zachaire, Bernard le Trévisan, Nicolas Flamel et tant d'autres errer pendant plus de vingt ans avant de voir la fin de leurs recherches. En cette seconde moitié du XX^e siècle, Armand Barbault a mis plus de douze ans à réaliser ses premières solutions d'or potable, six ans de plus pour entrevoir sa médecine du second ordre, et rien ne prouve qu'il ne mettra pas autant de temps à élaborer la Pierre, si même il y parvient. Il faut donc compter qu'une vingtaine d'années, dont un quart consacré à l'étude et les autres à la pratique de laboratoire, sont le minimum nécessaire, aujourd'hui comme hier, pour accomplir l'Œuvre philosophique. Nous avons vu, d'autre part, qu'il fallait y apporter des soins constants, particulièrement pendant le troisième Œuvre. Il ne faut pas oublier non plus qu'installer un laboratoire coûte cher de nos jours et que le minerai d'où l'on tire la matière première est loin d'être à aussi bon marché qu'au Moyen Age; aussi il est malheureusement évident que seul un homme très fortuné peut entreprendre la réalisation du magistère et lui consacrer les vingt ou trente ans nécessaires.

Les grands Adeptes qui ont trouvé la Pierre étaient des gens fort riches, nous dirions aujourd'hui millionnaires: Raymond Lulle, Denis Zachaire, Bernard le Trévisan possédaient des biens de famille extrêmement importants. Albert le Grand jouissait d'une fortune personnelle considérable et obtint de son ordre de pouvoir en jouir sa vie durant; Arnauld de Villeneuve était un médecin fort à la mode et payé très cher. Par contre, Nicolas Flamel, qui ne jouissait que d'une honnête aisance, eut beaucoup de mal à poursuivre le magistère et Paracelse, qui était pauvre, n'arriva à rien. Je me permets d'insister sur ce point car si cet ouvrage venait à susciter des vocations d'alchimistes, je voudrais que tous ceux qui seraient tentés d'entreprendre le magistère soient parfaitement conscients qu'il leur faut un minimum de vingt années d'indépendance financière totale devant eux... (1)

Je ne saurais mieux terminer cette étude pratique de la réalisation de l'Œuvre philosophique qu'en citant la conclusion de Basile Valentin à son traité *Révélation des mystères des teintures des sept métaux*: « Mais ce que mes yeux ont vu, ce que mes mains ont touché et que ma raison sans tromperie a compris, rien ne peut m'empêcher de le

(1) Il y a un autre point qu'il me faut signaler aux éventuels praticiens, et dont je n'ai guère parlé jusqu'ici car cela n'intéressait pas directement l'ensemble des lecteurs, c'est qu'il faut connaître à fond la chimie minérale avant de pouvoir œuvrer au laboratoire. Entendons-nous bien, je ne veux pas parler de la chimie moderne qui n'a plus rien à voir avec l'alchimie, mais celle, disons du XVIIIe siècle, qui découlait encore assez directement des opérations des souffleurs menées à l'imitation de l'Art hermétique. On y trouve parfaitement décrites les opérations de sublimation, de calcination, de dissolution, etc., qui interviennent au cours des trois Œuvres.

croire et d'en admettre les effets en cette vie, excepté la mort qui sépare toute chose.

« ... Après ces motifs de l'amour divin, l'affection envers le prochain m'y a invité (1), pour témoigner que je lui veux autant de bien qu'à moi-même. Comme aussi à mes ennemis et persécuteurs médisants de cette divine science, afin que je puisse cueillir sur leur tête les charbons ardents.

« En troisième lieu, que tous ces adversaires contradicteurs puissent connaître celui qui a le plus erré et qui a révélé le plus de secrets de la nature, et si j'ai mérité d'être blâmé et les autres d'être loués, et aussi afin que ce grand secret ne soit enseveli dans les ténèbres ni noyé dans les grandes eaux du torrent des années: mais qu'il puisse luire par les rayons de la vraie lumière, hors du naufrage et hors de la multitude des idiots. Et que, par la publication d'une vraie et certaine confession, il y avait beaucoup de témoignages et autorités irréprochables qui puissent prouver la vérité de mes écrits. »

(1) L'auteur indique pourquoi il a écrit ce traité.

# CONCLUSION: L'ART ROYAL

Au cours des pages qui précèdent, je crois avoir suffisamment démontré la réalité de l'alchimie pour convaincre le plus incrédule. Je sais cependant que l'esprit faussement scientifique, hérité du XIXe siècle, n'admettra jamais une vérité qui le gêne. C'est là une attitude commune à beaucoup de savants, murés dans leurs habitudes de pensée, et qui, déjà en 1758, avait été parfaitement définie par Dom Joseph Pernéty, dans la préface de son *Dictionnaire mythohermétique:* « Mal à propos traite-t-on de fous les philosophes hermétiques: n'est-ce pas se donner un vrai ridicule que de décider hardiment que l'objet de science est une chimère parce qu'on ne peut pas le pénétrer ou qu'on l'ignore absolument? C'est en juger comme un aveugle des couleurs. Quel cas les gens sensés doivent-ils donc faire des jugements critiques de quelque censeur sur cette matière puisque tout le mérite de ces jugements consiste dans le froid assaisonnement de quelques bons mots à l'ombre desquels ils cachent leur ignorance, et qu'ils sèment faute de bon grain, pour faire illusion à des lecteurs imbéciles, toujours disposés à leur applaudir. Méritent-ils qu'on fasse les frais d'une réponse? Non: on peut se contenter de les envoyer à l'école du sage. Moins dédaigneux et moins méprisant que ces censeurs bouffis d'orgueil et d'ignorance, et aveuglés par le préjugé, Salomon regardait les hiéroglyphes, les proverbes, les énigmes et les paraboles des philosophes comme un objet qui méritait toute l'attention et toute l'étude d'un homme sage et prudent. »

On m'objectera cependant que les preuves que j'ai présentées sont fondées sur le témoignage humain, et qu'un tel témoignage est faillible. Cela est exact mais se ramène à un simple problème de statistique: si j'avais seulement présenté deux ou trois relations de transmutation, il n'aurait guère été possible d'en tenir compte; mais c'est un grand nombre de fois que le phénomène se produisit, et devant un plus grand nombre encore de témoins. Puis-je ajouter que je n'ai rapporté, dans ce livre, qu'à peine la moitié des cas de projections dont la trace historique demeure? Je crois qu'il est bon de relire ici une phrase d'un grand savant contemporain, Camille Flammarion: « Le nombre de ces relations est d'autant plus digne d'attention — défalcation faite des illusions, des erreurs, et même des farces — que nous devons légitimement tenir compte de la mentalité moyenne des êtres humains, de leur esclavage mental, de leur couardise et de leur lâcheté. » (*Les Maisons hantées*, page 296.)

Camille Flammarion, qui s'est lui-même heurté à cette absence d'esprit scientifique chez ses propres collègues, a magnifiquement démontré son point de vue à propos des aérolithes, ces pierres qui tombent du ciel et qui furent si longtemps niées par la science. Sa démonstration nous intéresse doublement, d'abord parce qu'elle est applicable à la transmutation métallique, ensuite parce qu'elle met en scène le chimiste français Lavoisier qui fut le principal artisan du rejet de l'alchimie par la science officielle.

Ainsi que nous l'apprend Camille Flammarion, un certain abbé Bachelay avait vu une pierre tomber du ciel à ses pieds, phénomène courant et parfaitement admis de nos jours, et en avait fait une communication à l'Académie des sciences. Cette communication fut soumise à l'expertise de Lavoisier. Voici un extrait du rapport de ce dernier à l'Académie: « Nous avons été chargés, M. Fongeroux, M. Cadet et moi, de rendre compte à l'Académie d'une observation communiquée par M. l'abbé Bachelay sur une pierre qu'on prétend être tombée du ciel pendant un orage.

« Il n'y a peut-être pas de pierre dont l'histoire fût aussi étendue que celle des pierres de tonnerre, si l'on voulait rassembler tout ce qui a été écrit à ce sujet par les différents auteurs. On peut en juger par le grand nombre de substances qui portent ce nom. Cependant, malgré l'opinion accréditée parmi les Anciens, les vrais physiciens ont toujours regardé comme fort douteuse l'existence de ces pierres. On peut consulter à ce sujet un mémoire de M. Lémery, imprimé parmi ceux de l'Académie, année 1700.

« Si l'existence des pierres de tonnerre a été regardée comme suspecte dans un temps où les physiciens n'avaient presque aucune idée de la nature du tonnerre, à plus forte raison doit-elle le paraître aujourd'hui que les physiciens modernes ont découvert que les effets de ce météore étaient les mêmes que ceux de l'électricité. Quoi qu'il en soit, nous allons rapporter fidèlement le fait qui a été communiqué par M. Bachelay; nous examinerons ensuite quelles sont les conséquences qu'on peut en tirer... (*Je saute la relation de l'abbé Bachelay, parfaitement circonstanciée et probante, mais qui ne nous intéresse pas ici.*)

« Nous croyons donc pouvoir conclure, d'après la seule analyse, et indépendamment d'un grand nombre d'autres raisons qu'il serait inutile de détailler, que la pierre présentée par M. Bachelay ne doit point son origine au tonnerre, *qu'elle n'est point tombée du ciel*, qu'elle n'a pas été formée non plus par des matières minérales mises en fusion par le feu du tonnerre, comme on aurait pu le présumer; que cette pierre n'est autre qu'une espèce de grès pyriteux qui n'a rien de particulier, si ce n'est l'odeur *hépathique* qui s'en exhale pendant la dissolution par l'acide marin; ce phénomène, en effet, n'a pas lieu dans la dissolution des pyrites ordinaires. L'opinion qui nous paraît la plus probable, celle qui cadre le mieux avec les principes reçus en physique, avec les faits rapportés par M. l'abbé Bachelay et avec nos propres expériences, c'est que cette pierre, qui peut-être était couverte d'une petite couche de terre ou de gazon, aura été frappée par la foudre et qu'elle aura été ainsi mise en évidence; la chaleur aura été assez grande pour fondre la superficie de la partie frappée, mais elle n'aura pas été assez longtemps continuée pour pouvoir pénétrer dans l'intérieur; c'est ce qui fait que la pierre n'a point été décomposée. »

Et Camille Flammarion de conclure: « Ce rapport de Lavoisier à l'Académie des sciences nous inspire des réflexions directement associées aux recherches qui nous occupent ici. *Des témoins ont vu tomber la pierre*, en plein jour le 13 septembre 1768, en rase campagne; ils l'ont ramassée, elle est là; on l'examine et l'on conclut... qu'elle n'est pas tombée du ciel! Les idées préconçues empêchent de reconnaître la vérité. L'opinion populaire associant ces pierres au tonnerre était fausse, on n'a pas l'idée de récuser la théorie et d'imaginer qu'il peut y avoir une autre explication. Le témoignage y est considéré comme nul et, de nos jours encore, une certaine école, amie du paradoxe, continue d'enseigner que les témoins, quels qu'ils soient, n'ont aucune valeur probante. »

C'est cette même malhonnêteté intellectuelle qui a poussé certains écrivains scientifiques modernes à faire passer Van Helmont ou Helvétius pour des alchimistes car leur témoignage était irréfutable; mais il ne faut pas nous laisser arrêter par ces combats d'arrière-garde menés par les sophistes: la transmutation métallique existe, c'est là un point qu'on peut considérer comme acquis.

Il est intéressant d'autre part de remarquer que le savant choisi par Camille Flammarion pour illustrer un bel exemple d'esprit non scientifique est précisément Lavoisier, l'homme qui révolutionna la chimie et fit rentrer l'Art hermétique dans le domaine des superstitions moyenâgeuses. Comment s'y prit-il? Eh bien, à peu près de la même façon que pour sa réfutation des pierres tombant du ciel. Il prit une hypothèse de Lémery relative aux corps simples, eh oui! le même Lémery à l'autorité duquel il se réfère dans son mémoire à l'Académie, et il transforma cette hypothèse en un dogme de la foi chimique: « Un corps simple est un corps indécomposable par les moyens connus jusqu'à aujourd'hui. » Par suite, de même que l'abbé Bachelay n'avait pu voir de pierre tomber du ciel puisqu'il n'y a pas de pierre au ciel, de même la transmutation métallique n'avait pu être effectuée, puisque les métaux sont des corps simples indécomposables. Voilà qui est formel, mais Arnauld de Villeneuve ne l'était pas moins lorsqu'il écrivait dans *le Chemin du Chemin*: « Chaque chose est composée des éléments en lesquels on peut la décomposer. Citons un exemple impossible à nier et facile à comprendre: la glace à l'aide de la chaleur se résout en eau, donc c'est de l'eau. Or, tous les métaux se résolvent en mercure; donc ce mercure est la matière première de tous les métaux. J'enseignerai plus loin la manière de faire cette transmutation, détruisant ainsi l'opinion de ceux qui prétendent que la forme des métaux ne peut être changée. Ils auraient raison si l'on ne pouvait réduire les métaux en leur matière première, mais je montrerai que cette réduction à la matière première est facile et que la transmutation est possible et faisable. » La science moderne a donné tort à Lavoisier mais elle n'a toujours pas admis l'opinion de Maître Arnauld et des autres Adeptes. Tout comme le chimiste du XVIIIe siècle, elle refuse d'admettre qu'il puisse exister une science parallèle, aux principes différents et qui par suite lui échappent. Si les chimistes modernes ont complètement renouvelé les conceptions de Lavoisier, ils ont en revanche conservé son dogme de l'impossibilité de la transmutation métallique par des moyens alchimiques; or, nous savons que cette transmutation a été effectuée et qu'elle s'effectue encore. Je suis donc parfaitement certain qu'un jour, prochainement sans doute, la réalité du fait alchimique sera reconnue par la science officielle tout comme les pierres du ciel, niées par Lavoisier, sont aujourd'hui définitivement admises.

Cette étude s'est essentiellement préoccupée des aspects pratiques et tangibles de l'Art alchimique afin de bien montrer sa réalité matérielle. En effet, un certain nombre d'écrivains, qui avaient étudié les textes hermétiques et conclu, fort justement, que la transmutation métallique était un but indigne de l'Adepte, en avaient déduit que l'alchimiste cherchait uniquement sa réalisation spirituelle et décrivait symboliquement, à travers le magistère, les étapes de sa quête intérieure où le corps humain était à la fois matière première et athanor de l'Œuvre. Ils parlèrent alors d'*alchimie spirituelle;* ce contresens complet venait d'une étude insuffisante des textes. Ayant acquis un premier niveau de compréhension, à savoir que le philosophe hermétique n'était pas un faiseur d'or, ils n'avaient pu parvenir au deuxième niveau qui leur aurait révélé la clé véritable du Grand Œuvre.

Il ne faudrait cependant pas négliger l'aspect symbolique des textes et des manipulations hermétiques. Il y a là une étude très importante à faire, mais qui dépasse largement le cadre du présent ouvrage; je signalerai seulement que les descriptions de chaque phase du magistère peuvent être comprises à plusieurs niveaux: d'abord la pratique, ensuite l'inter-réaction entre cette pratique et le manipulateur, enfin le rôle général de ce dernier dans l'harmonie du Grand Œuvre. Par exemple, dans le texte de Cyliani décrivant les opérations du deuxième Œuvre, nous avons vu qu'il fallait imbiber la matière avec de l'esprit astral, corps dont le synonyme philosophique est *lait de Vierge*.

Ceci signifie, d'abord, sur le plan matériel, qu'il faut effectivement imbiber la matière première de l'Œuvre avec la solution saline désignée, mais, sur un autre plan, il ne faut pas oublier que ce lait de vierge est symboliquement celui de la vierge Marie, mère de Dieu (1), et que donc l'opérateur doit être en état de grâce par rapport à elle, enfin, et c'est un troisième plan, que, dans la perspective du Grand Œuvre, on est arrivé à l'instant où l'intervention divine est nécessaire pour que les phénomènes se déroulant dans l'œuf philosophique passent du stade chimique au stade alchimique.

Il y aurait bien d'autres sujets qui auraient pu être abordés dans ce livre, certains très mystérieux et qu'on n'évoque généralement qu'à mots couverts soit par manque d'information, soit parce que les implications économiques et politiques sont trop graves pour être portées à la connaissance du public. Par exemple, au ministère de l'Industrie et du Commerce, il y a un service qui étudie les mouvements du marché de l'or à travers le monde. Un de ses employés a un jour révélé à un de mes amis que deux pays vendaient des quantités anormalement importantes d'or, très supérieures à ce qu'ils pouvaient extraire de leur sol ou de leurs réserves bancaires... Par ailleurs, et sans remonter jusqu'à la légende des Neuf supérieurs inconnus qui gouverneraient le monde à son insu, il y a des bruits persistants, parfois des informations, qui

(1) Ce qui ne signifie pas qu'il faut être chrétien pour pratiquer l'alchimie. Le philosophe, à travers Marie, Jésus, etc., évoque les attributs de la divinité que ces personnages symboliques représentent. Il croit au principe créateur, appelé Dieu, mais ne pratique pas forcément une religion pour autant.

font état de l'existence d'un petit groupe d'immortels qui vivraient cachés au milieu de notre société et essaieraient de l'orienter selon leur désir. Ces personnages auraient entre autres, dit-on, la faculté de pouvoir se déplacer dans le temps. Une personne de ma connaissance s'est un jour rendue à l'improviste chez un alchimiste de ses amis, un de ces véritables alchimistes qui vivent cachés et œuvrent secrètement, et le trouva en conversation avec un homme vêtu en habits du XVII$^{e}$ siècle. L'alchimiste, apparemment très gêné, éconduit le visiteur qui était pourtant un de ses intimes: aurait-il agi ainsi si la personne qui se trouvait en sa compagnie était seulement vêtue pour aller à un bal masqué (ce qui d'ailleurs eût été surprenant vers midi)? De tout cela donc, et d'autres choses encore, je ne dirai rien pour une raison simple: c'est que je ne sais rien d'assuré.

Ce que je sais, par contre, c'est que l'alchimie, hier comme aujourd'hui, est l'expression d'une réalité immuable. Aussi se pose la question: d'où vient-elle? Arrivés à ce point de notre étude, la légende d'Hermès ne saurait plus nous satisfaire. Comment un tel savoir scientifique, sur bien des points en avance sur notre science officielle, aurait-il pu se développer dans des civilisations où la technique était embryonnaire et les théories de la matière inexistantes? Je crois que la réponse va nous être fournie par le physicien atomiste Frederick Soddy, qui reçut le prix Nobel pour sa découverte des isotopes. Il a, en effet, écrit dans son ouvrage, *Le Radium, interprétation et enseignement de la radioactivité:* « Il est curieux de réfléchir, par exemple, à la remarquable légende de la Pierre philosophale, qui est une des croyances les plus anciennes et les plus universelles, et dont l'origine, si loin que nous puissions remonter dans les traces du passé, ne saurait être avec certitude rapportée à sa vraie source. On attribuait à la Pierre philosophale le pouvoir non seulement d'effectuer la transmutation des métaux, mais aussi d'agir comme l'élixir de vie. Or, quelle qu'ait été l'origine de cette association d'idées, apparemment dénuée de sens, elle se montre en réalité comme l'expression très correcte et à peine allégorique de notre actuelle manière de voir. Il ne faut pas un grand effort d'imagination pour arriver à voir dans l'énergie la vie même de l'univers physique: et on sait, aujourd'hui, que c'est grâce à la transmutation que jaillissent les sources premières de la vie physique de l'univers. Cet antique rapprochement du pouvoir de transmutation et de l'élixir de vie n'est-il donc qu'une simple coïncidence? Je préfère croire que ce pourrait bien être un écho venu de l'un des nombreux âges où, dans les temps préhistoriques, des hommes ont suivi avant nous la route même que nos pieds foulent aujourd'hui. Mais ce passé est probablement si reculé que les atomes qui en furent contemporains ont eu littéralement le temps de se désintégrer totalement...

« Laissons encore un instant notre imagination vagabonder librement dans ces régions idéales. Supposons que cette hypothèse, qui s'est présentée d'elle-même à nous, soit vraie et que nous puissions avoir confiance en le mince fondement constitué par les traditions et les superstitions transmises jusqu'à nous depuis les temps préhistoriques. Ne pourrions-nous pas voir en elles une certaine justification de cette croyance que les hommes de quelque race éteinte et oubliée sont parvenus non seulement aux connaissances que nous avons si récemment acquises, mais encore aux capacités qui ne sont pas encore les nôtres? »

C'est là, je crois, la réponse à notre quête: l'alchimie est le souvenir de la science d'une race qui foula le sol terrestre bien avant le déluge. L'objection des paléontologistes, qui mettent en avant l'absence de corps humains fossiles et des restes d'une telle civilisation, pour refuser d'en admettre la possibilité, ne tient que dans une étroite marge de temps. Dès que l'on recule jusqu'à la dernière grande glaciation aux pôles plus aucune vérification n'est possible car aucun fossile ne peut être retrouvé. Or, on sait aujourd'hui que ces régions connurent dans un lointain passé un climat tropical totalement modifié à la suite d'un gigantesque cataclysme affectant toute la Terre. Il est donc permis de supposer là une civilisation qui se serait maintenue à travers les âges géologiques dans de tout petits groupes ethniques, probablement des cités sous-marines, qui gardaient le souvenir de la catastrophe qui détruisit leur civilisation (peut-être une guerre atomique) et, également, la connaissance de certaines techniques scientifiques de leur grande époque. L'alchimie et sa sœur jumelle, l'astrologie, ne seraient alors que des résidus, de petites parcelles d'un savoir oublié enfoui dans l'inconscient collectif de la race, et susceptible de refleurir à travers certains individus sous l'inspiration divine.

En cette fin de XX^e^ siècle, où nous sommes à nouveau à la veille d'un cataclysme à l'échelle planétaire, l'Œuvre alchimique redevient primordiale car elle se présente comme une des rares planches de salut de l'homme. Il est en effet particulièrement menacé à un moment où la civilisation matérialiste, mécanique et athée qui est la nôtre, l'aliène déjà presque complètement et s'apprête à le détruire. Les machines qu'il construit de ses mains l'asservissent peu à peu, et nous nous dirigeons vers une civilisation robotique où le pouvoir réel sera détenu par de gigantesques ordinateurs que l'homme se sera donné pour maîtres. Certains peuples asiatiques, les Indiens en particulier, ont la possibilité d'échapper à cet enfer grâce au yoga et à quelques autres techniques de concentration mentale, mais l'implantation de ces techniques en Occident — qui est due au désespoir — est vaine car elles sont mal adaptées à notre forme d'esprit. La voie alchimique, par contre, nous donne un moyen de nous élever jusqu'à l'état d'*éveil,* cet état où nous cessons d'être le jouet, et pour tout dire la marionnette, des événements extérieurs pour en devenir l'un des maîtres. L'alchimie nous donne également le moyen de nous affranchir des contingences terrestres, de nous libérer de la hantise des maladies et de prolonger notre vie au-delà du terme ridiculement court qui lui a été initialement assigné.

Face aux guerres menaçantes, face au péril atomique, face au bruit et à l'agitation de la vie moderne, face à la civilisation mécanisée de demain, je ne vois guère que deux attitudes possibles: la prière ou le Grand Œuvre.

J'ai acheté un mortier d'agate.

« Physique souterraine » de Becchner (XVIIIe siècle).
In *Bibliotheca esoterica* de Dorbon

# ANNEXE

Quelle que soit l'opinion qu'on ait sur l'élixir de longue vie, on doit reconnaître que les vertus médicinales de la Pierre sont certaines. Voici un tableau récapitulatif de la durée de vie des alchimistes ou souffleurs qui ont possédé la Pierre. J'en ai exclu ceux qui avaient été assassinés (Zachaire, Kelly, le Cosmopolite) et ceux pour lesquels nous ignorons les dates de naissance et de décès (Basile Valentin, Philalèthe, Lascaris, Sehfeld).

| | | | |
|---|---|---|---|
| Albert le Grand | 1193-1280, | mort à | 87 ans. |
| Arnauld de Villeneuve | 1240-1313, | » | 73 ans. |
| Roger Bacon | 1214-1294, | » | 80 ans. |
| Bernard le Trévisan | 1406-1490, | » | 84 ans. |
| John Dee | 1527-1608, | » | 81 ans. |
| Nicolas Flamel | 1330-1418, | » | 88 ans. |
| Comte de Saint-Germain | Fin XVII$^{e}$-1784, | » | 86 ans au moins. |
| Raymond Lulle | 1235-1315, | » | 80 ans. |
| Michel Sendivogius | 1566-1646, | » | 80 ans. |

Ce qui nous donne une moyenne d'âge de 82 ans, alors que la moyenne d'âge générale pour la période considérée était de 38 ans.

# GLOSSAIRE

## des principaux noms propres et termes hermétiques cités dans cet ouvrage

### A

ABRAHAM LE JUIF: Auteur du livre que Nicolas Flamel aperçut en rêve.

AQUIN Saint Thomas d': Théologien, philosophe et amoureux de science du XIII$^{e}$ siècle.

Adepte: Alchimiste qui est supposé avoir réalisé la Pierre philosophale.

AGRICOLA Georges: Alchimiste du XVI$^{e}$ siècle.

Agriculture céleste: Synonyme de l'art alchimique.

AGRIPPA Henri-Cornélius: Magicien et souffleur du XVI$^{e}$ siècle.

Aigle: Synonyme de sublimation chez Philalèthe.

ALBERT LE GRAND (Saint): Adepte, savant et philosophe du XIII$^{e}$ siècle.

Alchimiste: Personne qui travaille au laboratoire à l'élaboration de la Pierre philosophale, mais n'y est pas encore parvenue.

Alkaest: Nom donné par Paracelse au dissolvant universel.

ALTUS: Pseudonyme de Jacob Sulat, auteur du *Mutus Liber*.

Amoureux de science: Personne initiée à l'alchimie, mais qui n'œuvre pas au laboratoire.

Androgyne: Surnom de la matière première contenant les principes mâle et femelle: soufre et mercure des philosophes. Son synonyme hermétique est hermaphrodite.

Archimiste: Chimiste cherchant à réaliser la transmutation métallique par des voies directes ou « particulières ».

Argent-vif: En général il s'agit du mercure commun mais parfois du mercure teingeant élaboré au cours du magistère.

ARNAULD DE VILLENEUVE: Adepte et médecin du XIIIe siècle.

Arsenic: Dans les vieux traités, antérieurs au XVIe siècle, ce mot désigne le sel des philosophes.

ARTEPHIUS: Adepte du XIIe siècle environ.

Athanor: Fourneau où l'on place l'œuf philosophique pendant la cuisson de la matière philosophale.

## B

BACON Roger: Adepte et moine franciscain britannique du XIIIe siècle.

Bain du Roi: Liquide composé de la solution du lait de Vierge et du mercure philosophique dans lequel baigne la matière première, arrivée au stade du rebis (voir ces mots).

BARBAULT Armand: Alchimiste et spagiriste contemporain.

BASILE VALENTIN: Adepte et moine bénédictin du XVe siècle.

BERGIER Jacques: Ecrivain scientifique contemporain.

BERIGARD DE PISE: Philosophe italien du XVIIe siècle.

BERNARD LE TRÉVISAN: Adepte du XVe siècle. On l'appelle encore le Bon Trévisan ou Bernard, comte de la Marche Trévisane.

BÖTTGER Jean-Frédéric: Alchimiste du XVIIe siècle, qui au lieu du secret de l'or a découvert celui de la fabrication de la porcelaine de Saxe.

BOYLE Robert: Physicien et chimiste britannique du XVIIe siècle.

## C

CALID le Roi: Calife ou sultan du XIe siècle environ, qui se serait adonné à l'alchimie.

CARO Roger: Alchimiste contemporain.

CHAMPAGNE Jean-Julien: Illustrateur des ouvrages de Fulcanelli. Décédé en 1932.

Chaos: Nom de la matière première à son stade de matière éloignée. Chez certains auteurs, désigne n'importe quelle partie de l'Œuvre à n'importe quel moment.

Charitable: Cette expression désigne un alchimiste qui fait des révélations véridiques.

Chêne: Il s'agit de l'arbre commun. Un composant du feu secret est tiré de sa cendre.

Chrysopée: Terme technique de la transmutation d'un métal en or.
Cinabre: Minerai de sulfure de mercure, qui a été souvent pris à tort pour la matière première.
Coction: Cuisson de la matière philosophique dans l'athanor.
Cohobation: Distillations successives qui concentrent un produit.
Compôt: Il s'agit du contenu de l'œuf philosophique; s'écrit parfois compost.
COSMOPOLITE Le: Adepte de la fin du XVIe siècle dont le véritable nom était Alexandre Sethon.
Crachat de lune: Synonyme du feu secret.
CYLIANI: Alchimiste du XIXe siècle.

## D

DEE John: Savant, magicien et souffleur britannique du XVIe siècle.
DIGBY Chevalier: Chymiste du XVIIe siècle.
Dissolvant universel: Ce liquide, ou alkaest, sert de dissolvant pour les trois parties du magistère; son nom d'universel ne signifiant nullement qu'il dissolve toutes les matières.
Dragon: Ce mot désigne en général le soufre des philosophes mais, en composition, il peut avoir des sens très différents. Par exemple le dragon écailleux n'est autre que la matière éloignée.
DUJOLS Pierre: Libraire spécialisé dans les ouvrages hermétiques au début de ce siècle. Il a écrit quelques études sur l'alchimie sous le pseudonyme de Magophon.

## E

Eau sèche qui ne mouille pas les mains: Synonyme du feu secret, mais chez certains auteurs cette expression désigne le mercure philosophique.
Elixir de longue vie: Pierre philosophale diluée à dose homéopathique.
Envieux: Ce terme désigne un alchimiste dont les enseignements sont mensongers.
Esprit astral: Voir lait de Vierge.

ESPAGNET Président Jean d': Adepte bordelais du début du XVIIe siècle.

## F

Feu contre nature: C'est le feu obtenu par le charbon, le gaz ou l'électricité.

Feu naturel: C'est le principe igné contenu dans la matière.

Feu secret: C'est un sel double préparé par l'artiste. Son synonyme est premier agent.

FIGUIER Louis: Ecrivain scientifique du XIXe siècle.

Fil d'Ariane: Indications permettant aux étudiants de s'y retrouver à travers le dédale des expressions philosophiques. Le présent livre doit être considéré, non comme un traité, mais comme un fil d'Ariane pour les futurs étudiants.

FLAMEL Nicolas: Adepte et écrivain public du XIVe siècle, mort au début du XVe.

FLAMMARION Camille: Astronome et savant français, décédé en 1925.

FULCANELLI: Adepte contemporain.

## G

GEBER: Adepte arabe du VIIIe siècle.

GERBERT: Alchimiste français du Xe siècle, né à Aurillac, devint pape sous le nom de Sylvestre II.

GLAUBER Rodolphe: Alchimiste allemand du XVIIe siècle.

Grand Œuvre: Cette expression désigne le but final des opérations alchimiques, dont la première étape est la réalisation de la Pierre philosophale.

## H

Harmoniac: Sel ou acide en « harmonie » avec les composants du magistère.

HELVÉTIUS Jean-Frédéric: Médecin hollandais du XVIIe siècle.

Hermaphrodite: Voir androgyne.

HERMÈS TRISMÉGISTE: Roi d'Egypte fabuleux, à qui la légende attribue la fondation de l'alchimie et la paternité de plusieurs traités hermétiques.

Hermétique: Qui vient des enseignements d'Hermès.

Homme double igné: Expression de Basile Valentin désignant le sel double qui constitue le feu secret.

HORTULAIN l': Alchimiste célèbre pour son commentaire de la *Table d'Emeraude* qui réussit à être aussi obscur que le texte initial!

HUSSON Bernard: Amoureux de science contemporain.

## J

JEAN XXII: Pape du XIVe siècle qui fulmina une bulle contre les alchimistes, alors qu'il avait lui-même écrit un traité sur la transmutation métallique et que les fabuleuses richesses qu'il laissa avaient probablement une origine alchimique.

JOLIVET-CASTELOT: Archimiste du début du siècle.

JUPITER: Synonyme de l'étain.

## K

KELLY Edward: Souffleur britannique du XVIe siècle.

Kermès: Au sens propre il s'agit d'une variété de chêne. Au sens philosophique, ce mot désigne la kermésite qui est un minerai proche de la stibine.

KHUNRATH Henri: Philosophe hermétique de la fin du XVIe siècle.

## L

Lait de Vierge: Sel obtenu grâce à l'action de la rosée de mai.

LASCARIS: Adepte du XVIIIe siècle.

LAVOISIER Antoine-Laurent de: Chimiste français du XVIIIe siècle.

LEIBNIZ Gottfried Wilhelm: Philosophe et mathématicien allemand du XVIIe siècle, décédé en 1716.

LENGLET DU FRESNOY Nicolas: Prêtre et historien du XVIIIe siècle. Il fut alchimiste lui-même et œuvra en laboratoire. Octogénaire, il mourut brûlé vif en tombant dans le feu alors qu'il s'était assoupi.

LIMOJON DE SAINT-DIDIER: Alchimiste français du XVIIe siècle.

LULLE Raymond: Adepte du XIIIe siècle, né à Palma de Majorque.
Lune: Synonyme de l'argent. Peut aussi représenter l'un des deux principes contenus dans la matière première; est alors utilisé conjointement avec le mot Soleil.

## M

Magnésie végétale: Synonyme de matière première.
Magistère: Ensemble des opérations qui amènent à la réalisation pratique de la Pierre philosophale.
MAIER Michel: Médecin et alchimiste du début du XVIIe siècle.
MAGOPHON: Voir DUJOLS.
MANGET Jean-Jacques: Médecin genevois et amoureux de science du XVIIe siècle, qui édita la *Bibliotheca chemica curiosa.*
MARIE LA JUIVE: Femme alchimiste d'Alexandrie qui vécut au IVe siècle après Jésus-Christ.
Mars: Synonyme du fer.
Matière éloignée: Il s'agit du minerai brut directement extrait de la mine.
Matière première: Minerai naturel contenant en son sein le soufre, le mercure et le sel des Philosophes. Ce minerai comporte une gangue de soufre puant, selon l'expression du Cosmopolite, qu'il faut ôter et qu'il ne faut pas confondre avec le soufre des Philosophes.
Matière prochaine: Cette expression désigne la matière première après qu'elle ait subi les manipulations du premier Œuvre.
Matras: Ballon de verre à long col.
Médecine universelle: C'est la Pierre philosophale diluée. En arrêtant les opérations à l'Œuvre au blanc, on obtient des médecines d'ordre inférieur.
Menstrue: Synonyme de dissolvant.
Mercure: Vif-argent du commerce. L'expression « notre mercure » peut désigner à peu près n'importe quoi, allant de la matière première au mercure philosophique, etc.
Mercure des Philosophes: C'est le corps femelle compris dans la matière première.
Mercure philosophique: C'est le sel extrait de la matière première sous l'action du feu secret.

Minière des Sages: Synonyme de matière première au stade de matière éloignée.

MORHOFF Georges: Médecin, écrivain et amoureux de science du XVIIe siècle.

MORIEN le Philosophe: Alchimiste romain d'Alexandrie qui aurait vécu vers le Xe ou XIe siècle. Ses entretiens avec le roi Calid font encore autorité, mais ne prouvent l'existence ni de l'un ni de l'autre.

Multiplication: Dernière phase du magistère qui sert à augmenter la puissance de la Pierre. Il s'agit en fait d'une nouvelle coction.

## N

Nitre: Synonyme de salpêtre.

Noces chymiques: Mariage du soufre et du mercure des Philosophes dans l'œuf philosophique.

Nostoc: Algue microscopique qui n'a rien à voir avec l'Œuvre philosophique, mais qui, citée par quelques alchimistes comme moyen de comparaison, a induit nombre de chercheurs en erreur.

## O

Œuf philosophique: Cette expression désigne le ballon de verre qui contient la matière philosophique au moment de sa cuisson finale.

Œuvre: Ce mot peut désigner soit tout le magistère soit une de ses parties. On distingue alors le premier Œuvre qui amène la matière éloignée de la Pierre au stade de matière prochaine, le deuxième Œuvre qui conduit au stade du rebis et le troisième Œuvre qui se termine par la Pierre philosophale.

Or des Sages: Désigne en général le soufre de la matière première; parfois la matière éloignée.

Or alchimique: Il s'agit d'un métal transmuté en or, et qui est d'ailleurs indiscernable de l'or naturel car ce corps n'a qu'un seul isotope stable.

Or philosophique: Désigne en général la matière première ou l'un de ses composants. Est parfois synonyme de Or des Sages.

Or potable: C'est un médicament découvert par Paracelse.
Or vulgaire: Il s'agit du métal du commerce.
Orpiment: Minerai naturel du sulfure d'arsenic qui a été souvent pris à tort pour la matière première de l'Œuvre.
Ouroboros: C'est le serpent qui se mord la queue, symbole du Grand Œuvre alchimique.

## P

PARACELSE Théophraste: Médecin et alchimiste suisse du XVIe siècle.
Particulier: Ce mot désigne un « procédé particulier » qui permet de transmuter directement les métaux en or sans passer par la confection de la Médecine Universelle, d'où son nom. Basile Valentin en enseigne au moins un dans ses ouvrages.
PERNETY Dom Antoine Joseph: Moine français, érudit et historien du XVIIIe siècle.
PERRENELLE: Femme de Nicolas Flamel.
PHILALÈTHE Eyrénée: Adepte britannique du XVIIe siècle.
Philosophe hermétique: Cette expression désigne celui qui connaît la Théorie du Magistère.
Pierre des Philosophes: Synonyme de matière première de l'Œuvre.
Pierre philosophale: Désigne le produit terminé de l'Œuvre alchimique.
POISSON Albert: Alchimiste et écrivain de la fin du XIXe siècle.
Poudre de projection: Ce corps est obtenu par la fermentation de la Pierre philosophale avec le métal qu'on désire obtenir, en général l'or.
Premier agent: Synonyme de feu secret.
Projection: Synonyme de transmutation métallique.
Pyrite de fer: Minerai naturel de sulfure de fer.

## Q

Queue de paon: Cette expression désigne une succession de couleurs qui apparaissent au cours d'un des régimes de la coction.
Quintessence: Ce mot a plusieurs significations. Il peut dési-

gner le radical métallique obtenu après dissolution. Il peut être employé comme synonyme de l'Œuvre au rouge. Il peut s'appliquer à une substance sanguine qui apparaît au cours de la coction.

## R

RABELAIS François: Ecrivain français du XVIe siècle qui fut bénédictin, médecin, professeur d'anatomie et curé de Meudon mais aussi, ce que l'on sait moins, philosophe hermétique.

RHASÈS: Alchimiste et médecin arabe qui vécut vers le Xe siècle.

Rebis: C'est la substance double qui provient des deux premiers Œuvres et cuit au cours du troisième à l'intérieur de l'œuf philosophique.

Régimes de Philalèthe: Ces sept régimes désignent la succession des températures qu'il faut appliquer à l'œuf philosophique pendant la coction.

Retorte: Sorte de cornue.

RIPLEY George: Adepte britannique du XVe siècle.

Rosée de mai: Il s'agit de la rosée des champs, qui doit être ramassée en mars et avril et servir en mai.

Rose-Croix: Société secrète fondée par l'alchimiste, plus ou moins légendaire, Christian Rosenkreutz.

ROSENKREUTZ Christian: Ce personnage est supposé avoir vécu au XIVe siècle, atteint l'état d'Adepte, et acquis l'immortalité. On prétend le retrouver sous les traits de Philalèthe et du comte de Saint-Germain.

## S

SAINT-GERMAIN Comte de: Alchimiste, et peut-être Adepte, du XVIIIe siècle. Le comte constitue une des énigmes historiques les plus irritantes. Il est supposé, à l'heure actuelle, vivre dans un palais de Venise!

SALMON Guillaume: Alchimiste et écrivain du XVIIe siècle et du début du XVIIIe siècle.

Salpêtre: C'est le nitrate de potasse, de formule $NO_3K$.

Saturne: Synonyme du plomb

Sceau d'Hermès: Ou fermeture hermétique, désigne un liquide huileux qui surnage le compôt et empêche la pénétration de l'air.

SCHMIEDER Karl Christoph: Professeur et historien allemand du XIXe siècle. Son *Histoire de l'Alchimie*, parue en 1832, reste la meilleure étude jamais publiée sur la question.
SEHFELD: Alchimiste autrichien du XVIIIe siècle.
Sel: C'est le trait d'union qui relie le soufre au mercure des Philosophes. Avant Basile Valentin et Paracelse on appelait souvent le sel arsenic, ou on le passait sous silence.
SENDIVOGIUS Michel: Alchimiste morave du XVIIe siècle qui recueillit les œuvres du Cosmopolite, épousa sa femme et se fit passer pour lui.
SETHON Alexandre: Voir COSMOPOLITE.
Soleil: Synonyme de l'or. Employé avec la Lune, ils désignent souvent les deux composants de la matière première.
Solve et Coagula: Ces deux mots latins résument la plupart des manipulations du magistère car on dissout les corps et on coagule les esprits volatils pendant les deux premiers Œuvres.
Souffleur: Faux alchimiste qui essaye de transmuter les métaux en or par n'importe quel moyen et dans l'unique but du profit. Notre chimie est née de leurs recherches désordonnées qui leur fit découvrir de nombreux corps nouveaux.
Soufre: C'est le principe mâle compris dans la matière première.
Spagirie: Mot créé par Paracelse pour désigner l'art de faire des préparations médicinales ou chimiques en se servant des techniques alchimiques.
SPINOZA Baruch: Philosophe hollandais du XVIIe siècle.
STARKEY George: Médecin britannique du XVIIe siècle qui connut Philalèthe en Amérique anglaise.
Stibine: Minerai naturel de sulfure d'antimoine.
Sublimation: Action de transformer un corps solide en vapeur sans passer par l'état liquide.
Sujet des Sages: Autre appellation de la matière première.

## T

Tartre: La crème de tartre est le tartrate acide de potassium qui provient du tartre purifié de l'intérieur des tonneaux.
Terre: L'expression « notre terre » désigne en général la matière première.
TIFFEREAU: Archimiste du début du XIXe siècle.
Transmutation: Opération alchimique qui consiste à changer

un métal en un autre et qui n'est réalisable par la science actuelle qu'avec les moyens de la physique.

## V

Vaisseau: Synonyme de vase. Ce mot désigne le récipient, généralement en verre ou en poterie, qui contient la matière philosophique. Ce peut être une cornue, un matras, un ballon, etc.

VAN HELMONT Jean-Baptiste: Médecin et chimiste du XVIIe siècle.

Vénus: Synonyme du cuivre.

Vieillard: Notre vieillard, ou le père des métaux, est une expression qui désigne la minière des Sages.

Vif-argent: Nom ancien du mercure.

Vitriol: Aucun rapport avec le sel qui porte ce nom, il s'agit du dissolvant philosophique, ainsi désigné dans l'œuvre de Basile Valentin.

Voie: Il y a trois voies permettant d'accomplir le magistère philosophal, une appelée voie brève, l'autre humide, l'autre sèche. Elles varient à la fois par leur durée, leur difficulté, et par les manipulations qu'elles supposent.

Vulcain lunatique: Synonyme de feu secret.

## Z

ZACHAIRE *Denis*: Adepte du sud-ouest de la France du XVIe siècle.

ZOZIME LE PANAPOLITAIN: Adepte du IIIe ou IVe siècle après Jésus-Christ, qui vécut à Alexandrie.

# BIBLIOGRAPHIE

Les ouvrages qu'il faut avoir lus sont précédés d'un astérisque. J'ai volontairement limité au maximum les livres anciens à consulter en bibliothèque. Cette bibliographie, loin de prétendre être complète, vise uniquement à être pratique et utile au lecteur.

*Ouvrages généraux sur l'Alchimie:*


ALLEAU René — Aspects de l'Alchimie traditionnelle. *Editions de Minuit, Paris, 1953.*

BARBAULT Armand — L'Or du millième matin. *Editions Publications Premières, Paris, 1969. Rééd. J'ai Lu, A 242*.*

CARO Roger — Concordances alchimiques (1968), chez l'auteur « les Angelots », Chemin de la Madrague, 83-Saint-Cyr-sur-Mer.

FIGUIER Louis — * L'Alchimie et les Alchimistes. *Hachette, Paris, 1856.* Réédition abrégée, *SGPP-Denoël, 1970.*

KAMALA-JNANA — Dictionnaire de Philosophie Alchimique. *Editions Charlet, Argentière, 1961.*

GANZENMULLER W. — L'Alchimie au Moyen Age. *Editions Aubier, 1940.*

GRILLOT DE GIVRY — Le Musée des Sorciers, Mages et Alchimistes (1929), *Editions Tchou, Paris, 1966.*

HOLMYARD E. J. — L'Alchimie, *Editions Arthaud, 1979.*

HUSSON Bernard — Transmutations alchimiques. *J'ai lu, 1974.*

HUTIN Serge — L'Alchimie. Collection « Que sais-je? ». *Paris, 1967.*

HUTIN Serge et CARON M. — Les Alchimistes. *Editions du Seuil, Paris, 1964.*

LENGLET DU FRESNOY Nicolas — * Histoire de la Philosophie hermétique. *Amsterdam, 1742 et Paris, 1744.*

MANGET Jean-Jacques — * Bibliotheca Chemica Curiosa. *Genève, 1702.*

MARCARD René — Petite Histoire de la Chimie et de l'Alchimie. *Editions Delmas, Bordeaux, 1938.*

POISSON Albert — * Théories et Symboles des Alchimistes. *Chacornac, Paris, 1891.*

SALMON Guillaume — * Bibliothèque des Philosophes Chimiques. *Paris, 1672.*

SCHMIEDER Karl Christoph — * Geschichte der Alchemie, *Halle, 1832.*

D'YGÉ Claude — * Nouvelle assemblée des Philosophes Chymiques. *Dervy-Livres, Paris, 1954.*


*Traités d'Alchimie récemment édités ou réimprimés:*


ALBERT LE GRAND — Le Grand et le Petit Albert. Précédés d'une étude historique de Bernard Husson. *Nouvel Office d'Editions, 1970.*

ALTUS — Mutus Liber. *Editions Derain, Lyon, 1942.*

— * L'Alchimie et son livre muet. *Editions Pauvert, 1967.* - Introduction et explications d'Eugène Canseliet.

BASILE VALENTIN — Révélation des mystères des teintures des sept métaux. *Editions de Psyché, 1954.*

— * Les douze clés de la Philosophie. *Editions de Minuit, 1956.* - Introduction et explications d'Eugène Canseliet.

BERNARD LE TRÉVISAN — La parole délaissée in *Nouvelle assemblée des Philosophes Chymiques*, Dervy-Livres, *1954*.

CANSELIET Eugène — Deux Logis alchimiques. *Editions Schemit, 1946.*

— * Alchimie, *Editions Pauvert, 1964.*

CYLIANI — Hermès dévoilé (1832). *Editions Chacornac, 1961.*

FLAMEL Nicolas — * Le Livre des Figures hiéroglyphiques, suivi de Le Sommaire philosophique et Le Désir désiré. Etude historique d'Eugène Canseliet. *Editions SGPP-Denoël, 1970.*

FULCANELLI — Le Mystère des Cathédrales (1926). Préfaces d'Eugène Canseliet. *Editions Pauvert, 1964.*

— * Les Demeures philosophales (1930). Préfaces d'Eugène Canseliet. *Editions Pauvert, 1965.*

HUSSON Bernard — * Deux Traités Alchimiques du XIXe siècle:
1) Cours de philosophie hermétique par L. P. F. Cambriel (1843).
2) Hermès dévoilé, par Cyliani (1832).
*Editions de l'Omnium Littéraire, 1964.*

LE BRETON — Les Clefs de la Philosophie spagirique (1722). - Préface de René Alleau. *Editions Caractères, 1957.*

MAIER Michel — Atalante fugitive (1618). Introduction et notes d'E. Perrot. *Librairie de Médicis, 1969.*

PARACELSE — Les sept Livres de l'Archidoxe magique. *Editions Niclaus, 1960.*

PHILALÈTHE Eyrénée — * L'Entrée ouverte au palais fermé du Roi. Nouvelle traduction de M. Préaud. *Editions SGPP-Denoël, 1970.*

POISSON Albert — * Cinq traités d'Alchimie. *Editions Chacornac, 1893.*
1) Le chemin du chemin, par Arnauld de Villeneuve.
2) La clavicule, par Raymond Lulle.
3) Le miroir d'Alquimie, par Francis Bacon.
4) Le trésor des trésors, par Paracelse.
5) Le composé des composés, par Albert le Grand.
(Ouvrage épuisé et rare aujourd'hui.)

*Principaux traités d'Alchimie des anciens Philosophes:*

Ces ouvrages étant souvent difficiles à consulter, même dans les grandes bibliothèques, je signalerai tous ceux qui ont été réédités par G. Salmon dans sa *Bibliothèque des Philosophes Chimiques*, en français ou par J.-J. Manget dans la *Bibliotheca Chemica Curiosa*, en latin. On consultera également avec profit le recueil d'Elias Ashmole, *Theatrum Chemicum Britannicum*, paru en Angleterre, en 1652.

AGRICOLA G. — De Re Metallica, 1556.
ALAIN DE LILLE — De Lapide Philosophico, 1599.
ANDRAE J.-V. — Les Noces chymiques de Christian Rosenkreutz, 1459. - Traduit par Auriger, *Paris 1928.*
ARNAULD DE VILLENEUVE — * Le Grand Rosaire.
La nouvelle Lumière.
— Le Trésor des trésors.
— La Fleur des fleurs.
— Le Miroir d'Alchimie, en recueil
— *Francfort, 1603.*
ARTEPHIUS — Traité de la Pierre philosophale, *1612.*
BASILE VALENTIN — * Le char de triomphe de l'Antimoine, *1604.*
BERNARD LE TRÉVISAN — Traité de la philosophie naturelle des métaux, in Salmon. Tome II.

| | |
|---|---|
| LE COSMOPOLITE | * La Nouvelle Lumière chymique. *Paris, 1723.* |
| DEE John | Monade Hiéroglyphique, *1613.* |
| D'ESPAGNET le Président | La Philosophie naturelle restablie en sa pureté. *Paris, 1651.* |
| FLAMEL Nicolas | * Explication des figures hiéroglyphiques du cimetière des Saints Innocents à Paris, in Salmon. T. II. |
| — | Le Livre des Laveures. |
| — | Le Sommaire Philosophique. |
| — | Le désir désiré. |
| GEBER | * La Somme des perfections du Magistère, *1682.* |
| GLAUBER | Opera Chymica, *1658.* |
| HERMÈS (attribué à) | * Les sept chapitres d'Hermès. |
| — | De Lapidis Physici secreto. |
| — | Testamentum, in Manget. T. I. |
| JEAN XXII | Ars Transmutatoria, *Lyon, 1557.* |
| KHUNRATH Heinrich | Amphitheatrum Sapientiae Aeternae, *1609.* |
| LULLE Raymond | * Testament. |
| — | Codicille, *1572.* |
| — | De Alchimia, Magia Naturali, *1546.* |
| MARIE LA JUIVE | Dialogue de Marie et d'Aros sur le Magistère d'Hermès, in Salmon. T. I. |
| MORIEN | * Entretiens du roi Calid et du philosophe Morien. |
| PHILALÈTHE Eyrénée | * L'Entrée ouverte au palais fermé du Roi. *Amsterdam, 1667*, in Salmon. T. IV. - Traduit également par Lenglet du Fresnoy mais moins fidèlement, dans son *Histoire de la Philosophie Hermétique.* |
| — | La Fontaine de la Sapience chymique, *1669.* |
| STOLCIUS D. | Viridarium Chymicum, *1624.* |
| SYNÉSIUS | De l'Œuvre des Philosophes, in Salmon. T. II. |

ZACHAIRE Denis — * Opuscule de la philosophie naturelle des métaux, in Salmon. T. II.

ANONYME — * La Lumière sortant par soi-même des Ténèbres. *Paris, 1692.*

ANONYME — * Turba Philosophorum, ou l'assemblée des disciples de Pythagoras appelée le code de la Vérité, in Salmon. T. II.

*Ouvrages divers.*

BURCKHARDT Titus — L'Alchimie, Science et Sagesse. *Editions Planète, 1961.*

ELIADE Mircea — Forgerons et Alchimistes. *Editions Flammarion, 1956.*

EVOLA Julius — La Tradition Hermétique, *Editions Traditionnelles, 1968.*

HELVÉTIUS Jean-Frédéric — Vitulus Aureus (*Amsterdam*), *1667.*

JUNG C. G. — Psychologie et Alchimie. *Editions Buchet-Chastel, 1970.*

KERVRAN Louis C. — Transmutations biologiques. *Librairie Maloine, 1963.*

PAUWELS Louis et BERGIER Jacques — Le Matin des Magiciens. *Editions Gallimard, 1961.*

PERNÉTY Dom Joseph — * Dictionnaire Mytho-Hermétique. *Paris, 1758.*

VAN HELMONT Jean-Baptiste — L'Aurore de la Médecine (*Amsterdam*), *1648.*

WIRTH Oswald — Le Tarot des Imagiers du Moyen Age. *Editions Tchou, 1966.*

*Revues*: Le Voile d'Isis, Atlantis, Planète, Initiation et Science.

## TABLE DES MATIÈRES

Les illustrations de ce texte sont des photos:
Roger VIOLLET.

2986

Impression Brodard et Taupin
à La Flèche (Sarthe) le 21 novembre 1990
1875D-5 Dépôt légal novembre 1990
ISBN 2-277-22986-5
1er dépôt légal dans la collection : déc. 1976
Imprimé en France
Editions J'ai lu
27, rue Cassette, 75006 Paris
*diffusion France et étranger : Flammarion*